수정판

DIRECT READING & UNDERSTAND

HOTEL · CONDOMINIUM · SKI · GOLF · CASINO

Hotel & Resort English

정천석 · 우성근 · 이명희 공저

백산출판사

머리말

글로벌화 시대에 한국을 방문하는 개인과 단체관광의 외국인 수가 증가하고, 한편으로는 동·하계 올림픽, 각종 국제대회, 대형 컨벤션회의 등의 국내 유치가 활발해짐에 따라 호텔과 리조트, 카지노, 각종 레저 시설에도 외국인들의 이용이 이제는 널리 보편화되고 있다.

호텔에서 외국인이 현관에 도착하면서부터 도어 – 벨 – 입실 - 식당 이용 – 각종 부대시설 이용 – 퇴실하기까지 현장에서 여러 가지 상황이 발생하게 된다.

현장에서 어떤 상황에 부딪혀서, 그것을 막상 외국인과 영어로 말하려고 해도 적절한 표현법이 잘 떠오르지 않고, 외국인이 두려움의 대상이 되어버리고 지금까지 배운 영어는 아무 쓸모가 없어져버리는 실정이다.

우리는 유치원에서부터 대학교 졸업 후 직장과 성인이 되어도 여전히 많은 시간을 투자하여 영어와 씨름하면서 배워왔지만, 대부분이 그다지 효과를 보지 못하고 있다. 영어는 하나의 의사소통에 불과하다. 그러나 지금까지 영어를 단순한 의사소통이 아닌 학문으로 배워왔다. 무엇보다도 가장 효율적인 방법으로 외국어를 습득해나가는 것이 중요하다.

가장 효과적인 영어습득 방법을 제시하면 다음과 같다.

하나, 영어는 주어, 동사로 시작해서 움직이는 순서대로 앞으로 나아가야 한다.
둘, 언어는 습관이다. 한국식 사고로 절대(never) 뒤로 돌아보지 말아야 한다.
(한국식의 역으로 해석)
셋, 읽기, 듣기, 쓰기, 말하기는 모두 하나이다. 이해될 때까지 집중적으로 읽는다.
스스로 읽기를 해서 이해하고 스스로 학습하는 것이 필요하다.

읽어서 이해가 가능하면 듣기는 귀로 들어서 이해하는 것이다.

듣기는 바로 듣고서 이해가 되어야 한다. (가급적 많이 들어야 한다.)

듣기는 듣고서 소리를 그대로 따라서 흉내를 낸다.

넷, 다음 단계에서는 영어를 이해할 수 있으면 계속 반복적인 훈련이 필요하다.

다섯, 또한 어휘력이 필요하다.

영어를 공부로 생각하지 않고 단순히 영어를 공부한다는 의무감에서 벗어나야 한다.
하나의 목표를 설정하고 자신감을 가지고 많은 시간과 노력이 필요하다.
또한, 무엇보다 영어에 친숙해질 때까지 영어에 많이 노출되는 것이 중요하다.

다시 강조하자면, 외국어를 완벽히 습득하기 위해서는 한국식 사고의 틀에서 완전히 벗어나 영어식 사고의 틀에서 영어를 순차적으로 말하면서 동시에 이해를 해나가는 훈련이 필요하다. 대화를 나오는 순서대로 말하면서 머릿속에 바로 이해를 해야 한다. 영어문장을 분석하고 한국식 구조로 해석해 나간다면 모국어가 아닌 영어를 결코 습득할 수가 없다.

본 교재는 그동안 현장에서 호텔, 리조트, 콘도, 스키장, 골프장, 카지노에서 실제로 사용되는 생동감 있는 현장 영어로, 지금까지 근무하면서 경험한 것을 토대로 작성하였다. 종사원을 대상으로 한 강의내용과 지금까지 영어회화 교재를 다시 정리하여 누구나 쉽게 상황별로 직독 직해가 가능하도록 하였으며, 영어회화 공부를 보다 효율적으로 습득하는데 중점을 두었다.

또한, 대화를 말하면서 동시에 머릿속에서 바로 이해를 하는 동시통역방법의 영어교재로 쓰여졌다.

아무쪼록 꾸준히 습득하여 이 교재가 호텔 레저업계 관광 종사자와 영어에 관심이 있는 학생, 일반 성인 모두에게 혼자서도 영어를 쉽게 익히고 이해하는데 길잡이가 되었으면 한다.

저자 씀

Contents

How to read & understand english directly

01. 영어의 구성요소 12
02. 영어의 어순 15
03. 기본형식 5가지 패턴 15
04. 동사의 시제 17
05. Be 동사 + pp형 17
06. 순차영어 해석 방법 18

A note of caution in talking to foreigner at the hotel

01. Apology & greeting expressions 20
02. How to read number 25
03. The use of preposition 28
04. Each country's currency 29

Uniform service

01. Doorman 30

- Valet service _30
- Call taxi service _31
- Calling a taxi urgently _31
- Inquiring about rental car _32
- Shuttle bus _33
- Ushering into Hotel lobby _34
- Leaving the Hotel _35
- Greeting a repeat guest at the door _36

02. Bellman 37

- Showing to the room _37
- Pet room _37
- Newspaper delivery service _38
- Smart phone charging service _38
- Free WI-Fi access _39
- Baggage room _40
- Coming to collect guest's bags _41
- Recommending local restaurant _41

03. Front desk 42

- Check in _42
- Check out (Front cashier) _47

Other Miscellaneous Situations

- Mistaken reservations _60
- Assigning a room _61
- Prohibited items and harassing calls _62
- Lost or misplaced items _63
- Being locked out _64
- Phone calls _65
- Asking for Extra Bed _67
- Switching on the Electricity _67
- Looking for a guest _67
- Fax service _69

House Keeping

- Useful expressions _70
- Dealing with calls / from guest rooms _77
- Visiting for repair service _79
- Checking out _81
- Electricity _82
- Mechanical Problem _85
- Problem with gas range _87
- Laundry service _90
- Ordering additional bedding and changing towels _91
- When a guest has checked into an uncleaned room _92
- Lost items _92
- Electric light is out in the bathroom _94
- Problem with electric appliances _95
- When the TV has a bed reception _95
- Operation problem with night table _96
- When the telephone is out of order _96
- How to operate the air conditioner _97
- Inadequate heating _97
- Linen department _100

Call center

01. Room reservations 111
- Useful expressions _111
- Reservation 1, 2, 3, 4, 5, 6, 7, 8, 9, 10, 11 _112
- By remitting money to you _127
- Peak season reservation _128

02. Operator 130
- Greetings and more procedures _130
- Speaking to a customer service _131

Food & Beverage

01. Restaurant 139
- Useful expressions _139
- Taking an order at the coffee shop _140
- Taking an order at the Korean restaurant _141
- Taking an order at the western restaurant _142
- Lunch & Dinner _143
- Korean restaurant (Arirang) _145
- Sky lounge _145
- Bar _146

02. Income department 151
- Useful expressions _151
- Restaurant cashier _153

03. Restaurant reservation 157
- Taking a reservation by phone _157
- Fully booked (Refusing the phone reservation) _157
- A table by the window _158
- Cancelling the reservation _159
- Receiving & seating in the restaurant _160
- Coffee shop waitress and guest _164
- Recommending today's speciality _165
- Ordering meat _166
- Recommending Korean food _167

Sports

01. Ski 170
- Customer service _170
- At the ski repair shop _175
- At the ski boots room _176
- At the ski rental _177
- Ski patrol _179
- At the ski school _181
- At the ski lift _182

02. Golf 184
- Asking about golf booking _184
- Nonmember golf booking _184
- At the public golf course _185
- Observing the rules of etiquette _186

Facilities

01. Swimming pool 188
02. Golf range 190
03. Sauna 193
04. Bowling 194
05. Reception & Information about sauna & swimming pool 196
06. Convenient store 199
- At the cash register _199
- When the customer wants to know / the location of an item _200
- When the customer wants to buy / certain items / the convenient store does not carry _200
- When the customer wants to buy / some medicine _200
- When the customer wants a delivery _201

07. Baby sitting 202
08. Clinic 203
- Expressing aches & pain _203
- Other expression _205

Information

- Asking for directions / for the fastest way / to get to the condo _208
- Buying the souvenirs _208
- Buying the tour bus ticket _209
- Looking for the changing room _209
- Asking / how to get to front desk / at the sky condo? _210
- Asking / about the accommodation facilities _210
- Buying phone cards _210
- Asking about / where the pay phone is? _211
- Facilities information 1, 2, 3 _212
- Transportation 1, 2, 3, 4 _214
- Directions _217
- Sightseeing _219
- Information for golf course _219
- Youth hostel information _220
- Condition of ski slope _221
- Location of drug store & clinic center _222
- Example of question asked frequently _222

Other information

- Information 1, 2, 3, 4, 5, 6, 7 _225

Complaints handling

01. Useful expressions ······ 233
02. Complaint about room problem ······ 235
03. Complaint about food ······ 235
04. Complaint about lost & found ······ 237
05. Complaint about misinformation ······ 238
06. Delay in room service order ······ 239
07. Food problem at buffet restaurant ······ 239
08. Being refused service by shuttle bus driver ······ 241

Casino

01. Dealer work shifts at the casino table ······ 243

- When Dealer is about to take his scheduled break _243
- When Dealer is being relieved / by the next shift's dealer _244
- Buying chips _244
- At the cashier's window _244
- Money count(change) _245
- Betting _246

02. Blackjack table games 247
- Hit & stay _247
- Blackjack _248
- Split _249
- Double down _250
- Insurance _250
- Surrender _251

03. Explanation of blackjack game rules 251
- Blackjack _251
- Split _252
- Double down _252
- Insurance _253
- Surrender _253
- Even money _254

04. Baccarat table games 254

05. Explanation of baccarat game rules 257

06. Baccarat game types 262

07. Roulette game 262
- At the roulette table _262

08. Understanding of roulette game procedure 263

09. Roulette wheel number sequence 264

10. Layout of roulette table 265
- Inside bets _265
- Outside bets _267

11. Tai sai 269
- At the Tai sai table _269
- Game rules _269
- Explaining how to play _269
- In case of unforeseen occurrences, / while the game is in progress _270
- Settlement _272

Terms

01. Hotel Terms 274

02. Ski Terms 282

03. Golf Terms 286

04. Casino Terms 296

HOTEL · CONDOMINIUM · SKI · GOLF · CASINO

Hotel & Resort English

How to read & understand english directly

영어를 읽고서 바로 이해하는 방법

01. 영어의 구성요소

1) None(명사) : 사람, 사물 등 이름이 있는 이 세상의 모든 사물

- 고유명사 (특정하여 쓰이는 대상, 고유의 이름; 태백산, 한강, 사람이름 등)
- 보통명사 (일정한 모양, 형태를 가진 사람, 사물의 대상; 책, 땅, 배, 기계)
- 집합명사 (여러 개체가 모인 집합체 가족, 국민, 경찰, 양 떼),
- 물질명사 (헤아릴 수 없는 것; 설탕, 물)
- 추상명사 (성질, 상태 등 눈으로 보이지 않는 형체; 행복, 자유, 정의, 진실)
- 명사상당 어귀 (to + 동사 : ~하는 것) : to eat 먹는 것, to go 가는 것
  (동사 + ing : ~하는 것) : buying 사는 것, seeing 보는 것
  (접속사 + 주 + 동 : ~가 ~하는 것) : What I want / is ~
  내가 원하는 것 /

- To see / is / to believe.
  보는 것은 믿는 것이다.
- What I want / is money.
  내가 원하는 것은 /
- Going (to the school) / is my duty.
  가는 것은 (학교로) /
- I / know / that he is a hotelier.
  나는 / 안다 / 그가 호텔리어라는 것을.

2) Adjective(형용사) : 명사를 수식하거나 서술 / 형용사 상당 어귀 (to + 동사, 동사 + ing)

- 명사수식의 경우 : ~ㄴ happy boy (운 좋은 소년), sad movie (슬픈 영화)
  서술형의 경우 : **~하다** The boy / is happy. (그 소년은 / 행복하다)
  The movie is sad. (그 영화는 / 슬프다)

- 형용사상당 어귀 :
  - to + 동사 : **~할**　book to read. (읽을 책) / water to drink. (마실 물)
  - 동사 + ing : **~하는**　reading book (읽는 책) / sleeping baby. (잠자는 아기)
    - ☞ 그러나 뒤에 여러 **수식어**가 붙을 경우 ; 어순이 바뀜
  - baby / sleeping / in the room. (방에서 잠자는 / 아기)

    서술형　He / is sleeping. (그는 / 자고 있는 중이다)
  - 동사의 pp형 : **~한**　sold book. (팔린 책) / broken glass. (깨진 유리)
    - ☞ 그러나 뒤에 여러 **수식어** 가 붙을 경우 ; 어순이 바뀜
  - glass broken / by the wind. (바람에 의해 깨진 / 유리)

    서술형　This book / is sold / well. (이 책은 / 팔린다 / 잘)

    The glass / is broken. (유리가 / 깨어져 있다)

3) Adverb(부사) : 때, 장소, 위치, 방법을 나타냄 / 동사, 형용사를 수식 / 독립적으로 사용

- always(항상), here(여기), there(저기), very, much
- 형 + ly (~하게) : easily(쉽게), quickly(빠르게), hardly(거의 ~아니다), happily, sweetly
- 부사상당 어귀 : 주어진 기본 문장 틀 외에 없어도 무방 (단지 추가 설명 덧붙임)
  - to + 동사 : **~하기 위하여**　I came here / to meet you. (온 목적을 설명)

    나는 왔어 여기에 /(왜?) 만나기 위하여 당신을.

    ~하니　I am (so) sad / to hear the bad news (원인설명)

    나는 (너무) 슬퍼 /(왜?) 들으니 나쁜 소식을.

4) Proposition(전치사) : 진 + 닝 = 구 (전치사 뒤에는 항상 명사가 옴)

* of, for, to, on, under, from, about, before, by, behind

- 형용사구 : 앞의 명사를 꾸밈 (명사 + 전치사 + 명사)
  - government for the people. (국민을 위한 정부)
  - The color of the cover / is / brown.

    커버의 색상은 / ~ 이다 / 브라운.
- 부사구 : 동사, 형용사, 다른 부사를 수식, 추가설명, 독립적으로 사용
  - English book / is / on the desk.

    영어 책이 / 있다 / (어디에?) 책상 위에.

- In short, / I can't work / in a dark.

간단히 말해서, / 나는 일을 할 수 없다 / 어두움 속에서.

(독립적으로 사용)　　　　　　　　　　(동사를 수식)

- 전치사의 목적어로 사용 시 : 전치사의 목적어로 명사상당 어귀가 옴

 * 원래는 목적어를 가질 수 없지만 전치사를 사용하여 목적어를 만듬

- I / am proud / (of) working / for a computer company.

나는 / 자랑스러워한다 / 다니는 것을 / 컴퓨터회사에.

(of : 무엇을?)　(어디에?)

- I / am not sure / (of) what time I should meet you.

나는 / 확실치 않아 / 몇시에 내가 당신을 만날 지를.

(무엇이?) of의 목적어가 (접속사 + 주어 +동사)

5) Conjunction(접속사) : 접속사 + 주어 + 동사 = 절(절의 종류 : 명사절, 형용사절, 부사절)

- 명사절 : 주어, 목적어, 보어위치에서 명사 역할을 함.

- That he is rich / is / true. (명사상당 어귀)

그가 부자라는 것은 / 어떠하다? / 사실이다.

- I know / that you are right. (that는 막연한 접속사)

나는 알아요 / 당신이 옳다는 것을.

(무엇을?)

- 형용사절 : 앞의 명사를 수식하는 역할을 한다.

- The boy / [who wears a shirt] / is / my friend.

그 소년은 / 셔츠를 입고 있는데 / ~이다 / 내 친구.

[어떤 소년?] 접속사가 앞 boy(명사)를 수식

- Alcohol [which is sold] / is / bad / for the body.

알코올은 / 판매되고 있는데 / ~하다 / 나쁘다 / (어디에?)몸에.

[어떤 알코올?]

- 부사절 : 문장에서 독립적으로 쓰인다.(접 + 주 + 동) / 없어도 무방

- I am sorry / because I was late (yesterday).

저는 죄송해요 / (왜?) 내가 늦었기 때문에 (언제? 어제)

- He is (very) healthy / though he is poor.

그는 (매우) 건강해 / 비록 ~할지라도 그가 가난해도.

02. 영어의 어순

영어의 어순은 항상 주어(S) ⇒ 동사(V)의 주어진 위치 어순으로 진행이 되어야 한다.

- S(Subject : 주어) : ~은, ~는, ~이, ~가
  * 명사나 명사 상당어귀가 올 수 있다.
- V(Verb : 동사) : be 동사 [am, are, is] ~이다(존재) / ~하다(상태)
  일반 동사 [go, come, die, sleep] / 움직임, 동작을 나타냄
- C(Compliment : 보어) : SC(주격보어 : 주어를 설명) / OC(목적 보어 : 목적어 설명)
  * 명사(상당 어귀), 형용사(상당 어귀)가 올 수 있다
- O(Object : 목적어) : ~을, ~를, ~에게 * 명사(상당 어귀)가 올 수 있다.

☞ 부사(ad)와 부사상당 어귀는 기본 형식의 문장 구성 요소에 들어가지 않음

03. 기본형식 5가지 패턴

영어는 5개의 기본 패턴을 절대 벗어날 수 없으며, 5개의 패턴 외에는 추가된 수식어(형용사, 부사, 부사구, 접 + 주 + 동)로 인해 문장이 복잡해진다.

1) S + V1 (주어 동사만으로 완전한 문장이 성립)

☞ 그 외의 문장(괄호 안)은 부사(수식어)로 없어도 크게 무방함.

- The baby / cry / (loudly)(in the room).
  아기가 / 운다 / (어떻게? 크게)(어디서? 방에서)

(목적어를 가질 수 없는 동사 come, look, walk, work, die, sit, go, run, listen)

* 영어는 동사가 워래부터 이미 정해져 있다.

(×) I came Seoul ⇒ (O) I came / to Seoul (to)라는 진치사가 와야 한다.

(×) I look her ⇒ (O) I look / at her. (at) 전치사가 필요하다.

- I / go / (to the school)(early) (in the morning) / (when mom sleep).
  나는 / 간다 / (학교로) (일찍) (아침에) /(엄마가 잠잘 때).
  어디로? 언제? 언제? / 언제?

Students / run / (with teacher) (on the ground).

학생들이 / 달린다. (누구와 함께?) (어디를?)

2) S + V2 + C (반드시 주어를 설명하는 말이 와야 성립됨. / 주로 명사, 형용사)

- I / am / a student. / (of Tourism Dept.)(now). ⇒ (명사가 오면 ; 존재를 나타냄)

  나는 / ~(누구)이다 / 학생. (무슨 과 학생? 관광학과의) (언제? 현재)

- You / are / kind. ⇒ (형용사가 올 경우 ; 성질이나 상태를 나타냄)

  당신은 / ~(어떠)하다 / 친절한.

3) S + V3 + O (반드시 목적어를 가지는 동사가 온다 : ~을, ~를)

- I / love / you.

  나는 / 사랑한다 / (누구를?)당신을.

(study, eat, drink, want, like, hit, read, do, see, watch, hear, lost, miss)

4) S + V4 + IO(사람) + DO(사물) ⇒ IO(간접목적어 : 사람 / DO(직접목적어)

- I / give / Chul-soo / a book.

  나는 / 준다 / (누구에게?)철수에게 / (무엇을?)책을.

(수여동사 : teach 가르쳐주다, ask 부탁하다, make 만들어주다, buy 사주다)

5) S + V5 + O + OC(반드시 목적어를 설명)

- We / elected / Bill / president. (Bill is president인 것을 설명)

  우리는 / 뽑았다 / (누구를?)빌을 / (무엇으로?) 대통령으로.

- We / call / Mr. Kim / Doctor Kim. (Mr. Kim is Doctor Kim이라고 설명)

  우리는 / 부른다 / Mr.김을 / 닥터 김이라고.

  (누구를?) / (Mr. 김을 무엇으로?)

- I / found / room / empty. [room(목적어)을 설명]

  나는 / 발견했다 / 방을 / 빈 것을.

  (무엇을?) (방을 설명)

- I / had / room maid / clean my room. [룸 메이드가(목적어) 청소를 하다]

  나는 / 시켰다 / 룸 메이드를 / 청소하도록 나의 방을.

  (누구를?) / (룸메이드를 설명)

04. 동사의 시제

- I study / english. (현재 상태 : 공부한다)
- I studied / english yesterday. (과거 : 공부했다)
- I am studying / english now. (현제 진행형 : 공부하고 있다)
- I was studying / english. (과거 진행형 : 공부하고 있었다)
- I have studied / english / for 10 years. (쭉~ 공부해 왔다 / 10년 동안 : 기간의 계속)
  have eaten / dog meat / once. (먹은 적이 있다 / 개고기를 / 한번 : 지금까지 경험)
  * have pp는 과거 10년 전부터 지금까지 동작이 계속되거나, 완료, 경험을 나타냄
- I have been studying english for 10 years. (10년간 쭉 공부해오면서 지금도 하고 상태)
- I had studied english for 3 years / when I was in high school. (3년간 공부했었다)
  * 과거완료 : 지금이 아닌 고등학교 다닐 때의 과거를 회상하면서 동작이 3년간 계속되있음
- I should have studied english. (공부를 했었어야만 했다 : 실제로는 하지 못했음을 표현)
- He must have studied english. (공부했음에 틀림없다)

05. Be 동사 + pp형

주어가 어떤 일을 당하거나, 피해를 입는 이미로 쓰임
반드시 목석어를 취할 수 있는 동사가 와야 함

- I / surprised / my mom. 내가 / 놀라게 했다 / (누구를?)엄마를
  → I / was surprised. (나는 / 놀랐다)
- Birds / eat / the fish / in the river. 새들이 / 먹는다 / (무엇을)물고기를 / 강에서
  → Birds / were eaten. (새들이 / 잡아 먹혔다)
- I hit (내가 쳤다) => I was hit (내가 부딪혔다)
- I robbed (내가 강도질했다) => I was robbed (내가 강탈당했다)

- I love (내가 사랑한다) =〉 I am loved (내가 사랑 받는다)

* 다음의 목적어가 올 수 없는 동사는 (be + pp형태)의 사용이 불가능하다 (×) ;
  Birds ~~were flied~~, I ~~was gone~~, I ~~am walked~~, I ~~was come~~, I ~~am slept~~. (사용불가능)

06. 순차영어 해석 방법

영어는 기본 문형(5개의 패턴) 외에 추가되는 수식 언어는 꼬리에 꼬리를 물면서 순차적으로 설명을 해나가면서 계속해서 앞으로 말을 이어간다.

- A short time later, / the woman / with blond hair / came / to the office / to attend a meeting.
  (언제?)잠시 후에, / 그 여자가 /(어떤 여자?)금발머리를 하고서 / 왔다 / (어디로?)사무실로 / (왜?)회의에 참석하기 위해.

- Someone was watching the man [/who/ is studying / in the room] / (through a hole / in the curtain).
  누군가가 보고있었다 그 남자를 [공부를 하고 있는 남자를 / 방에서] / (구멍을 통해서 / 커텐에 있는).
  [그 남자는 어떤 남자?] / (어디서 보고 있나?)

- Americans / elected / Donald Trump [who is millionaire]/ President of the USA / in 2016.
  미국인들은 / 선출했다 / 트럼프를 [백만장자인데] / 미국의 대통령으로 / 2016년에
  누구를? [트럼프는 누구?] / 어떻게 했나? / 언제?

- The excessive use of / drink with caffeine / [which makes / a person / feel good / for a long time] / lead to / caffeine intoxication.
  과도한 이용은 / 음료수에 카페인이 들어간 것의 / [(**이런 음료수의 과도한 이용이**) 만드는데 / 사람을 / 기분 좋게 / 한참동안이나] / 이르게 한다 / 카페인 중독으로.

- This apartment / [**where** I live / with my family / in seoul] / is a good place / to live in.

이 아파트는 / **내가 살고 있는 곳으로** / 내 가족과 함께 / 서울에서] / 좋은 장소 이다 / 살기에.
[어떤 아파트?] [누구랑?] [어디서?]

- A guest / wearing glasses / is talking / to the manager / who is in charge of marketing department / this afternoon.

한 고객이 / (어떤 고객?) 안경을 끼고 있는데 / 이야기하고 있다 / (누구에게?) 지배인에게 / (지배인은 누구?) 마케팅을 부서를 담당하고 있는 직원 / (언제?) 오늘 오후에.

A note of caution in talking to foreigner at the hotel

호텔에서 외국인과 대화할 때 주의할 점

01. Apology & greeting expressions(사과와 인사 표현)

1) 일상적으로 사용하는 적절치 못한 표현/호텔에서 어울리는 영어표현

부적절한 표현		공손한 표현
What's your name?	➡	May I have your name, please.
Do you want some coffee?	➡	Would you like some more coffee ma'am?
Come here, please.	➡	Could you come this way, please.

2) 속어 사용은 금물

OK, sure, Yeah 등의 표현

Hey, Uh-huh, Hang on (기다리다)

3) 친절한 안내와 대답, 정확한 정보 제공

I don't know는 사용하지 않음(매우 불친절한 대답)

만약, 본인이 잘못 들은 경우;

Just a moment, please. I'll check that for you. (확인해 보겠습니다)

4) 고객의 말에 대한 맞장구 또는 재확인을 할 때; Yes와 같은 의미

I see, sir. Certainly, sir. (잘 알겠습니다)

Yes로 대답할 시에 고객은 본인이 한 것을 승낙했다고 이해함

5) 부정의 대답을 하고 싶을 경우

I'm afraid ~ (죄송하지만, ~입니다)

I'm afraid, we have no vacancies on that day. (죄송하지만, 그날은 빈방이 없습니다)

6) 고객응대 시

eye contact, smile(미소), good posture(바른 자세), greeting(인사),
adding a "sir"(존칭사용)

7) 손의 동작에 주의

영어로 의사가 통하지 않을 경우 손이나, 몸 전체의 동작을 첨가해서 부족한 전달내용을 보충할 수 있다

(NOTICE: 방향 표시는 손바닥을 이용한다. *손가락 사용은 금물)

☞ **금기사항** 어린아이의 머리를 만지는 행위는 금물

8) 호칭 사용에 주의

여성의 경우 연령에 관계없이 ma'am을 사용(여성이 젊은 경우도 ma'am을 붙임)

고객을 부를 경우 Excuse me, sir. (ma'am)을 사용

Miss나 Mr.로만 부르지 않음

어린이를 부를 경우; boy나 girl로 부르지 않는다. (Excuse me가 적절함)

9) 가능하면 투숙객의 얼굴과 이름을 잘 기억해준다.

공손한 기본표현들

✔ **질문할 때 기본표현 4가지**

May I ~ ? / Could you ~ ? / Would you ~ ? / Shall I ~ ? /

✔ **자신이 무엇을 하기를 원할 경우에 ;** May I ~?를 사용

May I have the key to my room? (제 방 열쇠 좀 주실래요?)

May I have a glass of orange juice, please? (오렌지 주스 한잔 주시겠어요?)

✔ **고객에게 무엇을 부탁할 경우에 ;** Could you ~?를 사용(☞발음주의 : 쿠쥬~)

Could you pull over your car, please? (차를 한쪽으로 붙여 주시겠습니까?)

☞ **Would you ~ ?를 사용할 경우 ;** 윗사람이 아래 사람에게 말하는 느낌과 당신한테는 가능합니까? 라는 느낌이 될 수 있음

✔ **고객이 좋아하고 싶은 것을 들을 때 ;** Would you ~ ? (~ 하시겠습니까?)를 사용

Would you like some coffee? (☞발음주의 : 우쥬~)

✔ **의문사(how, when, where, what time, why, which) + would you ~ ?**

고객의 희망사항을 여쭈어 볼 수 있음 ;

When would you like to leave? (언제 출발하실 건가요?)

How long would you like to stay? (얼마동안 투숙하실 것입니까?)

Which day would you like to go sightseeing? (언제 관광하시겠습니까?)

✔ **자신의 판단을 고객에게 권할 때 ;** shall I ~ ?를 사용

Shall I bring you some water, sir? (물 갖다 드릴까요?)

혹은, Would you like me to ~?

인사

✔ **고객을 마주치면 인사**

(오전 중) Good morning, ~.

(주간) Good afternoon, ~.

(오후 6시 이후) Good evening, ~.

Good morning[afternoon, evening] sir. Are you checking out? (안녕하세요, 고객님, 퇴실하시겠습니까?)

고객의 이름을 붙여서 부를 수 있음.

전화 응답이나 회사명, 부서명을 Good morning ~ 이후에 직접 붙여 쓸 수 있음

지나치게 sir, (ma'am)을 쓸 경우 역효과로 상황에 따라 생략해도 무방함

✔ **고객을 기다리게 할 경우;**

Just moment, please.

Thank you for ~ing, sir. / Thank you for waiting, sir. (고객님! 오래 기다리셨습니다)

I'm sorry to have kept you waiting. (오래 기다리게 해서 죄송합니다)

Could you wait a little longer, please? (잠시만 기다려 주시겠습니까?)

✔ **고객 부탁 시 거절할 경우;** No라고 말하지 않음

I'm afraid ~ 다음에 그 이유를 붙인다.

I'm afraid we don't have room available, sir. (죄송하지만, 객실이 없습니다)

Excuse me, sir ~ (관심을 끌거나, 다른 누구를 부를 때, 호명하는 것처럼 할 경우)

죄송합니다만, 실례하지만 ~.

Excuse me, sir, Could I see your passport, please?

✔ **고객에게 잘못을 사과할 경우;**

we are sorry ~, (자신의 실수인 경우 I am sorry ~, 라고 말한다)

☞ I am sorry, I am sorry를 동일한 감각으로 반복해서 계속 말하지 않는다.

I'm sorry for the inconvenience. (불편을 드려 죄송합니다)

(책임자가 사과를 할 경우) I'd like to apologize for ~ing[명사] (~에 대해 사과드립니다)

✔ **동의를 얻을 경우 ;**

Would you mind ~ing? / (Would you) mind if + s + v~?

(~한다면 꺼려하시겠습니까? = ~해도 괜찮겠습니까?) 부정의 질문 뜻

질문 (Would you) mind if I check out 2 hours later? (2시간 늦게 나가도 좋습니까?)

대답 Yes, We would (예, 그렇게 해 드릴 수 없습니다) : 예, 꺼려합니다.

No, not at all. 또는 I don't mind. (아니오, 그렇게 하셔도 됩니다) : 꺼려하지 않습니다.

✔ **고객에게 무엇을 건네 줄 때;**

here is your room key. (객실 키 여기에 있습니다)

here you are. (여기 있습니다)

here it is. (여기 있습니다)

☞ please(부탁합니다)는 적절치 못한 표현의 대답

✔ **등록 절차를 끝낸 후 고객에게 마무리 인사를 건넬 경우;**

Have a nice day. (좋은 하루 되십시오)

(여자고객과 함께일 경우 : have a good time은 부적절한 표현; 오해의 소지가 있음)

Please enjoy your stay. (편히 쉬십시오)

Have a good night. (Good sleep은 적절치 못한 표현)

✔ **고객이 check in 시에**

We hope you will enjoy your stay. (편히 쉬십시오)

✔ **고객이 check out 시에**

We hope you have enjoyed your stay. (즐겁게 보내셨습니까?)

✔ **작별인사를 할 때**

We hope to see you again soon. (다시 이용해 주시기를 바랍니다)

Thank you for staying with us. (저희 호텔을 이용해주셔서 고맙습니다)

✔ **알아듣지 못 했을 때**

pardon me?↗ or I beg your pardon?↗ (다시 한 번 말씀해 주시겠습니까?)

Notice: 억양에 주의 I beg your pardon?↘ (용서해 주십시오)

Could you repeat that, please? (죄송하지만, 한 번 더 부탁드립니다.)

I'm afraid I don't understand. (죄송하지만, 알아듣지 못했습니다)

Could you speak more slowly, please? (죄송하지만, 천천히 말씀해 주시겠습니까?)

✔ 이해하기 힘들 경우

Excuse me, sir. Do you mean[that] ……? (죄송하지만, 고객님께서 하신 말씀이 ~입니까?)

Do you mean it's not ready yet? (아직 준비되지 않았다는 뜻입니까?)

02. How to read number(숫자 읽는 법)

4자리씩 나누어 생각

100 다음만 and를 넣어서 읽기

✔ 120을 말할 경우

(영) one (a) hundred and twenty / (미) and를 생략

a grand = a thousand (1,000개)의 의미

일상회화에서는 thousand(1,000)와 hundred(100) 사이에 and를 넣을 필요가 없다.

✔ and를 넣어야 할 경우

① 상업상 숫자를 상대방에게 확실히 제시해야만 할 경우

② 100자리에 0이 들어갈 경우. 예) 8,012 (eight thousand and twelve)

✔ 천 단위 숫자 읽기

3,400원 : Three thousand four hundred won

5,680원 : Five thousand six hundred and eighty /

Fifty six hundred and eighty (미국)

✔ 만 단위 숫자 읽기

51,893 : Fifty-one thousand eight hundred and ninety-one

백만, 10억, 일조(millions, billions, trillions)

☞ -teen과 -ty의 발음 시 주의;

seventeen [ˌsevnˈtiːn] (17) 세븐틴 / seventy [ˈsevnti] (70) 세븐티

A 15 (fifteen) days, please. (15일로 해 주세요.)

B I'm sorry, did you say one five or five oh. (죄송합니다만, 15인지 50일인지요?)

→ 혼동하기 쉬운 숫자를 확인할 경우;

one five(15)라든가 five zero(50)라는 표현을 써서 서로간에 확인

✔ **0 읽는 법**

① Zero [zíərou] 발음에 주의 : 지어로(제로가 아님)

② Oh [ou]

③ naught [nɔ́ːt]

0.5% (zero point five percent) / 707 (seven oh seven) / 0051(double oh five one)

✔ **영문 숫자를 효과적으로 읽는 방법;**

① 숫자를 우측에서부터 3자리로 묶어 상자에 넣는다.

② 제일 먼저 좌측 칸 안의 숫자를 우측에서부터 차례로 읽는다.

/ 2 4 9, / 3 4 7, / 6 5 8 / (2억 4천 9백 / 3십 4만 7천 / 6백 5십 8)

million그룹 thousand 그룹 **(미국식** 백만 단위 : 249 / 천 단위 : 347/)

(읽기 순서) Two hundred and forty -nine <u>million</u> (백만 단위)

three hundred and forty -seven <u>thousand</u> (천 단위)

six hundred and fifty eight

✔ **건물층수 읽기;** 23층 : The twenty-third-floor

✔ **분수 읽기;** 5분의 3 three fifths [분모 : 서수(fifths) / 분자 : 숫자(three)로 표시]

2 1/2 two and a half

✔ **비율 읽기;** 2 : 1 two to one

✔ **30분;** half, 15 quarter, 45 three quarters, 4/1 a quarter

✔ **연도 읽기;** 2018년 twenty eighteen (2자리씩 그룹지어 읽는다 : 미국은 and 생략)

✔ **배수 및 회수 말하기;** - times / 3배(회) 이상부터는 -times

한 배(once), 두 배(twice), 세 배(three times)

✔ **순서 말하기;** ~번째, ~회째

first time, second times, third times, fourth times, fifth times

✔ **정확하지 않는 수량 말하기;**

dozens of, scores of (몇 십의) / hundreds of (몇 백의) / thousands of (수천의) /

millions of (몇 백만의)

tens of millions of people (몇 천만 명의 사람)

hundreds of thousands of dollars (몇 십만 달러)

약, 정도 : about, around, roughly, approximately / somewhere, around (대충 ~정도)

03. The use of preposition(전치사의 사용)

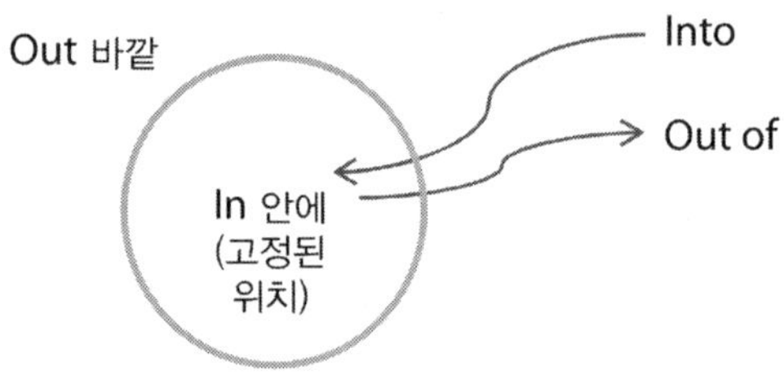

In to : 안으로(외부에서 내부로 이동)
Out of : ~의 밖으로,
~의 안에서 밖으로,
~에서 벗어나서,
~을 잃어(성질, 상태),
~에서(원인)

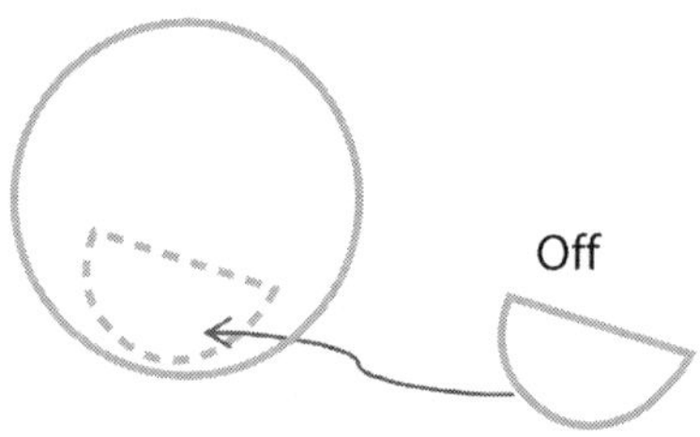

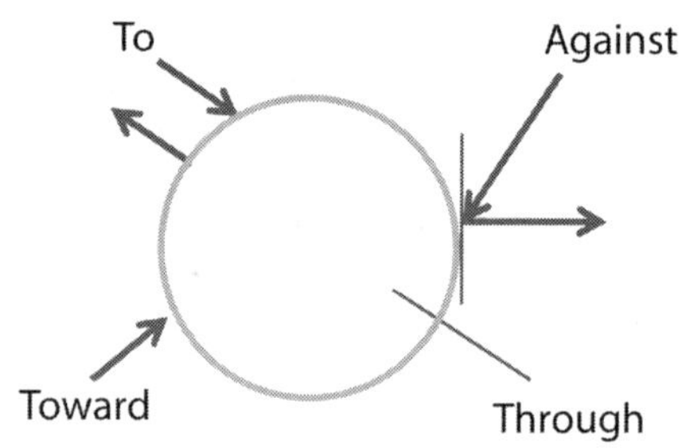

Off : (공간, 시간상) 멀리, (완전히) 벗어나서, 떨어져
Around : 공간 주변 어딘가
Beside ~ : ~옆에(Next to~)
Near, By, About : 주위에

To : (~에) 방향을 지닌 그곳으로(이동성)
Toward : (~쪽으로) 목적지 방향을 향해(운동성)
For : ~향해서(~행) / Bus for Seoul(서울행 버스)
Through : ~을 관통하여(전체를 지나감)
Against : ~와 대항(반대)하여, ~와 싸우며(부딪혀서)

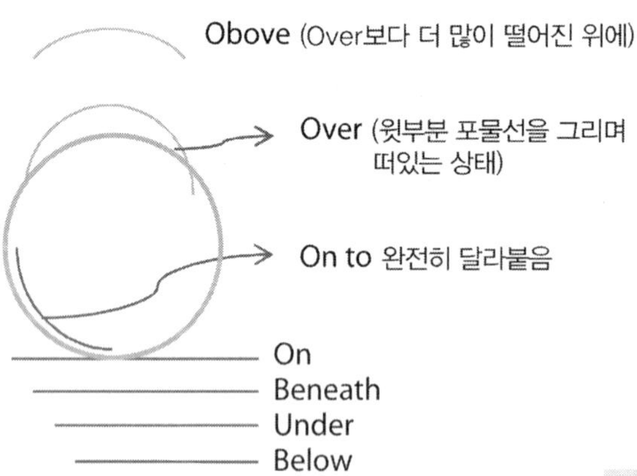

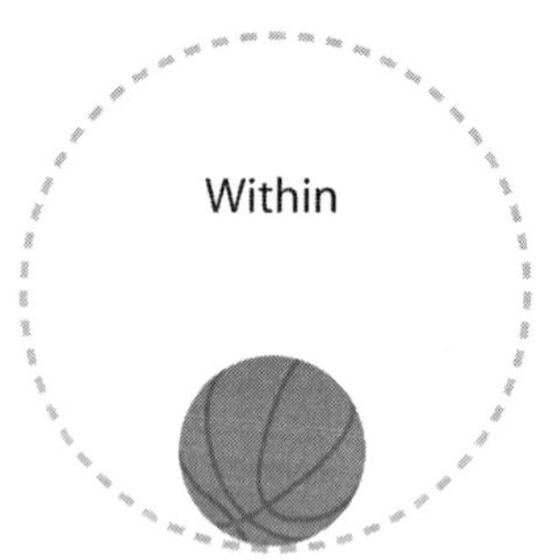

On : (~위에 붙어 있음) 접촉
Beneath : (표면에 붙은 상태의 아래)
Under : (~밑에 깔리는 그림)
Below : (Under보다 더 떨어진 아래)

Within : ~범위 이내에(공이 원의 공간 내에서만 움직임: 시간, 거리, 장소)
Untile : ~까지(어떤 특정시간의 계속)
By : ~까지(어느 특정한 시간 전까지 완료)
Along : (~을 따라서)

04. Each country's currency(각국의 화폐단위)

1) Abbreviation / with place & currency (국가와 통화의 / 약어)

KRW (한국 원) / USD (미국 달러) / HKD (홍콩 달러) / JPY (일본 엔)

GBP (영국 파운드) / CAD (캐나다 달러) / AUD (호주 달러) /

AED (아랍에미레이터 디어램) / MXP (멕시코 페소) /

EU€ (Euro['jʊroʊ] 유럽 연합의 화폐 단위)

- European Union = euro
- USA = dollar
- Japan = yen
- China = yuan
- Britain, Ireland, Israel, Egypt = pound
- Germany = mark
- France = france
- Hong Kong, Taiwan, Singapore = dollar
- Malaysia, Canada, Australia = dollar
- Mexico, Philippine = peso
- U.S.S.R = roble
- Italy = lira
- India, Pakistan = rupee
- Thailand = baht
- United Arab Emirates = dirham

Uniform service

유니폼 서비스

01. Doorman

Valet Service (주차 서비스)

D　Good afternoon, sir. Welcome to our hotel. Do you want / valet parking?

도어맨　어서 오십시오. 고객님. 발렛주차 서비스를 / 원하십니까?

G　How much / do you charge / for one day?

고객　얼마입니까 / 요금이 / 하루에

D　The rate is 15,000 won / a day.

도어맨　요금은 15,000원입니다 / 하루에

G　Yes, please do.

고객　예, 그렇게 해주세요.

D　Then, we'll park it / for you. Here's your claim check, sir.

도어맨　그러면, 저희가 주차해드리겠습니다 / 고객님을 대신해. 여기에 주차확인증이 있습니다.

G　Thanks a lot. I have a suitcase and a small bag / in a trunk of my car.

고객　고마워요. 서류용 가방과 작은 가방이 있어요 / 차량 트렁크에.

D　Our bellman / will take care of them.

도어맨　저희 벨맨이 / 가방을 잘 가져다줄 것입니다.

G　Thank you.

고객　고마워요.

Call taxi service (콜택시 서비스)

G I want to go to the village / to have dinner.

고객 마을에 갈려고 합니다 / 저녁을 먹으러.

D Would you like to use / a taxi, sir?

도어맨 이용하시렵니까? / 택시를.

G Yes, call a taxi / for me, please. How long will it take / to the village?

고객 예, 택시를 불러주세요 / 저를 위해. 얼마나 걸리나요? / 마을까지.

D It takes / about five minutes, sir.

도어맨 시간이 걸립니다 / 약 5분 정도.

G And / how much / is the taxi fare?

고객 그리고 / 얼마입니까? / 택시요금은.

D It costs 6,000 won / in a call taxi, sir.
Extra charges are applied / on taxi fares / after midnight.

도어맨 6,000원입니다 / 콜택시가.
추가요금이 붙습니다 / 택시요금에 / 심야 이후에는

G Oh, yes, That's OK.

고객 아. 그래요. 좋습니다.

Calling a taxi urgently (긴급 콜택시 서비스)

G Something urgent / came up / and / I have to go to Seoul. Please call a taxi.
How much / would the taxi fare be / from here to Seoul?

고객 어떤 급한 일이 / 생겨서 / 제가 서울을 가야만 해요. 택시를 불러주세요
얼마이죠? / 택시요금이 / 여기서 서울까지가.

B I'll ask the taxi driver / right away sir. / It costs 200,000 won.

벨맨 제가 기사에게 물어보겠습니다 / 속시. / 비용이 200,000만원입니다.

G I don't think / it is reasonable.

고객 생각이 안 되는군요 / 요금이 적절하다고는.

B Do you think / the fare is (a little) expensive?
But / all drivers in this area / would require / to pay same fee.

고객 생각이 되십니까? / 요금이 (다소) 비싸다고.
그렇지마는 / 이 지역의 모든 기사들이 / 요구할 것입니다 / 똑같은 요금을 지불하도록.

G I was thinking / 150,000 won would be the fair offer. / Well, I can't help it.

고객 저는 생각하고 있었는데 / 150,000원이면 적당한 제시일 것이라고. / 음~. 저로써는 어쩔 수 없네요.

B　I will call a cab / for you. / Please wait (here) / for a minute.
벨맨　택시를 불러드릴게요 / 당신을 위해서. / (여기서) 기다려 주시겠어요 / 잠시만.

— The taxi is arrived. —
— 택시가 도착한다 —

B　Where is your destination, sir?
Would you like me / to give direction / to the taxi driver?
벨맨　목적지가 어디십니까?
제가 / 방향을 드릴까요? / 택시운전사에게.

G　Hilton Hotel in Hanmam-dong.
Ask the taxi driver / to go straight / to Hilton Hotel.
고객　한남동 힐튼호텔.
운전사에게 부탁하세요 / 곧장 가도록 / 힐튼 호텔로.

B　When nature call, / you can (also) ask taxi driver / to stop / at one of the expressway rest areas.
I asked taxi driver / to take you / to your destination / safely.
벨맨　소변이 마려우시면, / 기사에게 (또한) 부탁할 수 있어요 / 세워달라고 / 고속도로 휴게소 중 한 곳에.
택시기사에게 부탁했습니다 / 고객님을 모셔다 드리라고 / 목적지까지 / 안전하게.

G　Thank you very much.
고객　감사해요.

B　You're welcome, sir.
벨맨　아닙니다.

Inquiring about rental car (렌터카 문의)

G　Can you arrange / to rent a vehicle / for us.
Where can I rent a car?
고객　알아봐 줄 수 있나요 / 차량을 빌릴 수 있도록 / 저희들을 위해서
차량을 어디서 빌리죠?

B :　I'll find out for you. = I'll check for you.
There'ar two of the rental car companies / in this area.
벨맨　제가 알아봐 드리겠습니다.
2개의 렌터카 회사가 있습니다 / 이 지역에.

G　What should I expect to pay / for a rental car?
How much does it cost / to rent a car?
고객　얼마를 제가 지불을 예상해야 되나요 / 차 렌트하는 비용에 대해서.

비용은 얼마입니까? / 차량을 빌리는데.

B What kind of model / do you want / among car models, / the small car, midsize car, large car(luxury car) / and RV(Recreational Vehicle)

벨맨 어떤 차종을 / 원하십니까? / 차종 중에, / 소형차, 중형차, 대형차 / 그리고 레저용 차량

G A RV please, / how much do they charge / for one day?

고객 RV로 빌리고 싶은데 / 얼마이지요? / 하루요금이.

B It cost 30,000 won / a day.

They will require / a deposit of 100,000 won, / copy of international driver's licence and ID (identification)

You are (also) asked / to accept car user agreement / after reading policy terms.

벨맨 비용은 30,000원입니다 / 하루에.

그들은 요구할 것입니다 / 100,000의 예치금과, / 국제운전면허증과 신분증 복사를.

(또한) 요구를 할 것입니다 / 차량이용약관에 동의할 것을 / 계약약관을 읽은 후에

G What should I do / if I contract with rental car company?

고객 어떻게 하면 되요? 제가 렌터카 회사와 계약을 하려면.

B A staff of rental car will visit you / with document and vehicle / (you wanted).

벨맨 렌터카 회사 직원이 당신을 방문할 것입니다 / 서류와 차량(= 당신이 요구한 차량)을 가지고서.

Shuttle bus (셔틀 버스)

G How can I get to the town.

고객 시내까지 어떻게 갑니까?

D There's a free shuttle bus / you can take.

The shuttle bus runs / every half an hour.

도어맨 무료셔틀 버스가 있는데 / 타실 수 있습니다.

셔틀버스는 운행합니다 / 매 30분마다

G Then, where can I get the bus.

고객 그러면, 어디서 버스를 탈 수 있나요?

D Go out this front door / then / go down / and / step across the road.

You will see / a sign of bus stand / in English.

도어맨 이 정문을 나가셔서 / 그리고서 / 쭉 내려가서 / 길을 건너세요.

보일 것입니나 / 버스승강장 표지판이 / 영어로 쓰여 있어요.

G What should I get the bus back / to here?

고객 어떻게 버스로 돌아오나요? / 이곳까지.

D You can get on / the other side of the street, / opposite the bus stop / you are getting off.

도어맨 타실 수 있습니다 / 길 반대편에서. / 버스승강장 반대편에 있는 / 당신이 내리려는 곳.

G Oh! I see. Can I have / a detailed shuttle bus schedule.

고객 아! 알겠어요. 구할 수 있나요 / 자세한 셔틀버스 시간표를.

D There's bell desk / in the hotel lobby, sir / and / our bell man give bus schedule.

도어맨 벨 데스크가 있습니다 / 호텔로비에 / 그리고 / 저희 벨맨이 버스시간표를 줄 것입니다.

G Oh, I see. Thank you very much.

고객 알겠어요. 고마워요.

구문해설

- **claim check** [kleɪm tʃek] : (옷·주차 등의) 번호표, 보관증, 수하물 인환증
- **take care of ~** : ~을 돌보다, ~에 조심하다, 신경을 쓰다, ~을 소중히 하다
- **apply** [əˈplaɪ] : 적용하다, 지원하다, 신청하다
- **urgent** [ˈɜːrdʒənt] : 긴급한, 시급한 / 불특정대상(something, anything) + 형용사(to 동사 : something new 새로운 것 something strange 이상한 것, something to eat 먹을 것
- **reasonable** [ˈriːznəbl] : 가격이 적당한, 타당한, 합리적인.
- **expressway rest [service] area** : 고속도로 휴게소
- **nature calls (me).** : 소변이 마렵다
- **RV** [ˌɑːrˈviː] : 레저용 차량
- **get to ~** : (장소·목적지 등에)이르다 arrive (at/in), reach, get (to)~
- **every ~** : (매 ~마다) : every 30 minutes 매 30분마다 / every other week 매 주마다
- **get back** : (~ 에) 돌아가다[오다][to, into]

Ushering into Hotel lobby (호텔로비 안내)

D Welcome / to Hotel!

May I help you / with your baggage? = Shall I carry your bags / inside?

도어맨 어서 오십시오.

가방을 들어드릴까요? = 가방을 옮길까요? / 안으로.

G Yes, please. Don't forget my suitcase / in the trunk.

고객 예, 부탁합니다. 트렁크 안에 / 제 여행용가방을 / 잊지 말아주세요.

D Don't worry sir. I'll take care / of everything.

Please watch out / for the revolving door. The inside door / is automatic.

도어맨 염려 안하셔도 됩니다. 고객님! 제가 잘 처리하겠습니다 / 모두 다.

회전문을 / 조심하십시오. 안쪽 문은 / 자동입니다.

G Thank you. Where / can I register?

고객 고마워요. 어디서 / 등록하지요?

D You can register / at the Front Desk / right over there / on your left.

도어맨 저기 바로 / 왼쪽 / 프런트에서 / 등록할 수 있습니다.

G Ah, yes. I see. Thanks.

고객 아. 그래요. 고마워요.

Leaving the Hotel (호텔을 떠나기)

D Good morning, sir. Are you leaving / today?

도어맨 안녕하십니까. 고객님! 오늘 / 출발하십니까?

G Yes, I'm going to take the flight / at one o'clock.

고객 예. 1시 / 비행기를 타려고 합니다.

D Are you? / Then / you'd better hurry / to get the airport / on time. It's (almost) 11 o'clock.

도어맨 그러세요? / 그러면, / 서두르는 것이 나을 것 같습니다 / 공항에 도착하려면 / 제 시간에. (거의) 11시입니다.

G Would you call / my car?

고객 제 차를 / 불러주시겠어요?

D Certainly sir, / What's the licence number / of your car?

도어맨 예. 고객님! / 차량의 / 번호가 어떻게 되세요?

G 27-3894

고객 27-3894 번인데요.

D Wait a moment please. I'll call it / right away. / (Later). Here / it comes.

도어맨 잠시만 기다려 주십시오. / 즉시 / 불러 드리겠습니다. (잠시 후). 여기 / 옵니다.

G I have one more bag, a black bag / in front of the Bell Desk. Will you bring it / to me?

고객 벨 데스크에 앞에 / 검은 가방이 하나 더 있어요. / 가져다 주시겠어요? / 저에게.

D Yes, I'll put / the baggage / in your car.

도어맨 예. 고객님! 고객님 차에다 / 가방을 / 넣어 놓겠습니다.

G Thanks a lot.

고객 고마워요.

D Thank you / for making use of our hotel.

Come again, sir. (We hope to see you again soon).

도어맨 저희 호텔을 이용해 주셔서 / 감사합니다.
또 다시 방문해 주십시오. (앞으로 다시 뵙기를 희망합니다).

Greeting a repeat guest at the door (현관에서 단골고객 영접)

D Hello, Mr. Jones. (So) nice / to see you / again.
Welcome back / to our hotel. / How long / will you stay / (here) sir?

도어맨 안녕하십니까? 존즈씨. 다시 / 뵙게 되어 / (너무) 반갑습니다.
저희 호텔에 / 다시 오신 것을 환영합니다. / 몇 일간 / (여기에) 투숙하실 것입니까?

G Three or four days / this time.

고객 이번에는 / 3~4일 생각하고 있습니다.

D Please go ahead. / The bellman / will bring / your luggage.

도어맨 먼저 가십시오. / 벨맨이 / 고객님 가방을 / 옮겨드리겠습니다.

G Thank you.

고객 고마워요

D I hope / you enjoy your stay / with us / sir.

도어맨 편히 쉬십시오.

구문해석

- **greet** [gri:t] : 맞이하다, 환영하다[with ~]/ [남에게] 인사하다, 경의를 표하다
- **greet a person with a smile** : 사람을 미소로 맞이하다.
- **greeting** : (미발음) 그리-딩 / (영발음) 그리 팅 / automatic (미) 오러메릭 / (영)오토메틱
- **say good-bye to the guest** : 고객에게 작별인사 하다 ≠ say hello to the guest
- **flight** [flait] : 비행(기), 정기항공편 / a 7:30 flight 7시 30분 항공편
- **had better + 원형 동사** : ~ 하는 편이 낫다 / (미 발음) 헤드베러 (영) 헤드베터
- **on time** : 제시간에
- **certainly** [sə́ːrtnli] : (문장전체 수식) 확실히, 분명히, 반드시 /= surely(definitely) /
- **Certainly sir.** : 예, 해드리겠습니다.
(※surely보다 객관적 사실에 기초를 둔 판단 definitely는 certainly보다 확실성이 더 강함)
- **make use of~** : ~을 이용하다
- **repeat guest** : 재방문 고객
- **gó-ahèad** : (상대방을 재촉하여) 먼저 가시지요, 전진하다 (이야기를) 계속하세요,
(미) (전화) 말씀하세요.

02. Bellman

Showing to the room (객실로 안내)

(B : Bell Captain / G : Guest)

B How many bags / do you have / in all?

Are these / all of your bags, sir?

벨맨 가방이 몇 개 입니까? / 모두.

이것들이 / 고객님의 가방 전부입니까?

G Yes, two pieces of baggage, / these are all.

고객 예, 가방 2개, / 이것들이 전부입니다.

G Where is the elevator?

고객 엘리베이터가 어디에 있나요?

B There it is, / on the corner over there, sir.

Please follow me / and / I'll show you / to your room, sir.

벨맨 저기 있습니다. / 저쪽 모퉁이입니다.

저를 따라 오시면 / 제가 안내해 드리겠습니다 / 고객님의 객실까지.

G Thanks.

고객 감사합니다.

Pet room (애완 룸)

B I'm afraid / we do not allow / all of guests / to accompany pet into the room.

Pet owners can use pet room / during your staying in our hotel.

벨맨 죄송하지만 / 저희 호텔은 허용하지 않습니다 / 모든 고객이 / 애완동물을 객실로 동반하는 것을.

애완동물 주인은 애완 룸을 이용할 수 있습니다 / 저희 호텔에서 투숙하는 동안.

G Oh well, / I can't help it. / Where is the pet room, please?

고객 아, 그럼. 할 수 없군요. / 펫룸이 어디 있죠?

B We'll look after your pet / in safe / at our bell desk / until you check out.

벨맨 저희들이 애완동물을 돌봐드릴 것입니다 / 안전하게 / 벨데스크에서 / 퇴실하실 때까지.

G Do I pay a charge.

고객 요금을 지불해야 하나요.

B No fee will be charged / to hotel guests.

벨맨 요금이 부과되지 않습니다 / 호텔 고객에게는.

G Thanks a lot. / What do I do / with the pet food?

고객 고마워요. / 제가 어떻게 해야 하나요? / 애완견 사료는.

B We provide / pet food and water / at no charge.

벨맨 저희들이 제공하고 있습니다 / 애견 사료와 물을 / 무료로.

G Great, Thanks a lot.

고객 좋군요. 고마워요.

Newspaper delivery service (신문 배달 서비스)

G Could you deliver / morning newspaper / to me / tomorrow morning?

고객 배달해 주시겠습니까 / 조간신문을 / 저에게 / 내일 아침에.

B Yes, / what paper / do you want sir?
We have The Korea Herald and Time newspaper.

벨맨 예. / 어떤 신문을 / 원하십니까? 코리아 헤럴드와 타임지가 있습니다.

G Either one / will be fine.

고객 어느 것이든 / 좋습니다.

B All right, sir, / we'll bring it / to your room / at 7 o'clock tomorrow morning then.

벨맨 좋습니다. 고객님. / 저희가 가져다 드리겠습니다 / 방으로 / 내일 아침 7시 그때에.

G Thanks,

고객 고마워요.

B Enjoy your stay. sir.

Smart phone charging service (스마트 폰 충전 서비스)

B May I help you, sir?

벨맨 무엇을 도와드릴까요?

G Yes, My smart phone / run out of battery. / And / I want to recharge / my cell phone.

고객 예. 제 스마트폰이 / 배터리가 다 소모되었어요. / 그래서 / 충전하고 싶은데 / 핸드폰을

B Okey, you can leave it / with us. / we'll charge up / your battery.

벨맨 예. 맡겨놓고 가세요 / 저희에게. / 저희가 충전해 드리겠습니다 / 고객님의 배터리를.

G How long will it take / for charging.

고객 얼마나 걸리나요? / 충전하는데.

B　You can get it / any time / in an hour.
I'll give you a claim check / and / you can show it / when you pick cell phone

벨맨　찾아가실 수 있습니다 / 아무 때나 / 1시간 이후에 와서.
제가 보관증을 드릴 테니까 / 그것을 보여주세요 / 당신이 폰을 찾으실 때.

G　Thanks.

고객　고마워요.

Free Wi-Fi access (무료와이 파이 이용)

G　Are there any computers / I can use in this hotel room?

고객　컴퓨터가 있나요? / 이 호텔객실에서 저희가 쓸 수 있는.

B　There is no computer / in every room.
But / you can borrow notebook PC, / if you'd like.
All the rooms / have acccss / to the Internet.

벨맨　컴퓨터가 없습니다 / 모든 객실에는.
그러나 / 노트북을 빌릴 수 있습니다 / 원하시면.
모든 객실에서 / 접속이 가능합니다 / 인터넷에.

G　Is Wi-Fi network installed / in this hotel?

고객　와이파이망이 설치되어 있습니까? / 이 호텔에는.

B　Yes, / free Wi-Fi will be available / in your room 1210, / and / every public places.

벨맨　예, / 무료 와이파이를 쓸 수 있습니다 / 고객님의 객실 1210호와 / 모든 공용지역에서.

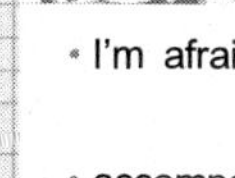

구문해설

- **I'm afraid ~** : (예의상 유감스러운 내용은 말할 때) ~ 할[인] 것 같다, ~라 생각한다.
  (유감이지만) ~이다, (죄송하지만) ~ 한 것 같습니다
- **accompany** [əkʌmpəni] : (격식) (사람과) 동반하다, 동행하다.
- **pet** : 애완동물
- **either** [íːðə(r)] : (둘 중) 어느 하나의 / either way (둘 중)어느 쪽이든
- **chargers for smart phone** : 스마트폰용 충전기
- **claim check(tag)** : 보관증
- **Can I charge the cell phone here?** : 핸드폰을 여기서 충전할 수 있습니까?
  *주의 : hand phone은 콩글리쉬임, mobile phone이라고도 함
- **decktop computer** : 책상 위(desk top)에 올려놓고 쓰는 컴퓨터
  laptop computer : 노트북 – 무릎 위(lap top)에 올려놓고 쓰는 컴퓨터 / notebook PC.
  *주의 : May I use your notebook? 라고 요청할 경우, Sure! 라고 하면 공책을 빌려 주게 됨.
  notebook은 영어로 '공책'을 의미.

- router [|ru:tə(r)] : (컴퓨터 라우터) / install a router 공유기를 설치하다.
- **free wireless Internet networks is installed / in the room.**
  무료 무선 인터넷망이 설치되어 있습니다 / 객실 안에.

Baggage room (수화물 보관)

B This is the Bell Captain's Desk. May I help you?
벨맨 벨 데스크입니다.

G I'm going to check out / soon. Could you pick up / my luggage, please?
고객 체크아웃 하려는데요 / 곧. // 가지러 오시겠어요? / 제 짐을?

B Certainly, sir. May I have / your room number, please?
벨맨 예, 고객님. 객실번호를 / 말씀해 주시겠습니까?

G Yes, it's #708.
고객 예, 708호입니다.

B Room #708. We will send a bellman / immediately. //
Could you wait / in your room, please?
벨맨 객실 708호. 저희들이 벨맨을 보내드리겠습니다 / 즉시. //
기다려주시겠습니까? / 객실에서.

B Good morning, sir. I've come / for your bags.
벨맨 안녕하세요. 저는 왔습니다 / 고객님의 가방 때문에

G Thank you. Could you take / these two suitcases, please?
I'll bring the shoulder bag / with me.
고객 감사합니다. 옮기 주시겠어요? / 이 2개의 서류용 가방을. 저는 어깨가방을 가지고 갈게요 / 제가 직접.

B Certainly, sir. Two suitcases?
벨맨 예 고객님. 2개의 서류용 가방입니까?

G Yes.
고객 그래요.

B Is there anything / valuable or breakable / in them?
벨맨 어떤 것들이 있나요? / 귀중품이나 파손품이 / 가방 안에.

G No.
고객 아니요.

B This is / your claim tag, sir. We will keep your bags / at the Bell Captain's Desk.
Could you pick them up / there, please?

벨맨 여기 / 수화물 확인증입니다. 저희가 가방을 보관해 드리겠습니다 / 벨 데스크에서. 고객님께서 찾아가시겠습니까? / 그곳에서.

G Certainly.

고객 좋아요.

B Thank you, sir.

Coming to collect guest's bags (가방 찾아가기)

G I asked / for my bags / to picked up / from my room. Do you have them?

고객 제가 요청했는데 / 제 가방을 / 픽업하도록 / 제 방에서. 가방들을 가지고 갔나요?

B Certainly, sir. // May I see / your room key, please?

벨맨 물론입니다/ // 보여주시겠습니까? / 객실 키를.

G I don't have it. // I've (already) checked out.

고객 가지고 있지 않는데요. // (벌써) 체크아웃 했어요.

B I see. May I have / your name and room number, / sir?

벨맨 알겠습니다. 말씀해 주시겠습니까? / 성함과 객실번호를.

G My name is Garry Couper, /and/ room number is #708.

고객 제 이름은 Garry Couper이고, 객실번호는 708호입니다.

B Thank you, sir. // A bellman will bring / your bags. Just a moment, please.

벨맨 감사합니다. / 벨맨이 가져올 것입니다. 잠시만 기다리십시오.

Recommending local restaurant (지역 식당 추천)

G Can you recommend / a good place for denner / near the resort?

고객 추천해 주시겠어요? / 저녁 먹을 좋은 곳을 / 리조트 근처에.

B What kind of food / would you like to eat, sir?

벨맨 어떤 음식을 / 드시고 싶습니까?

G What foods / are famous for / in this area?

고객 어떤 음식 / 유명한가요? / 이 지역에서.

B This village is famous / for Korean beef.
There's a Sangol Korean Beef Village, / only 5 minutes away / by taxi.
Since the restaurant is full / at dinner time, / you need to make a reservation.

벨맨 이 마을은 유명합니다 / 한우고기로.

산골한우마을이 있는데, / 불과 5분 거리입니다 / 택시로.
식당이 자리가 다 차기 때문에 / 저녁시간대에는, / 예약이 필요합니다.

G Could you reserve / a table for four/ for us / at six pm.
고객 예약 좀 해 주시겠습니까? / 4인 테이블을 / 저희들 대신에 / 오후 6시에.

B Sure, sir.
벨맨 예, 좋습니다.

구문해설

- **shóulder**[ʃóuldər]**bàg** : 숄더백, (여자용) 어깨에 거는 핸드백
  backpack 배낭 / bookbag 책가방 / briefcase 서류가방 / change purse 동전지갑 / duffle bag 더플백 / handbag 핸드백 / purse 손가방 / tote bag 대형 핸드백 / wallet 지갑 / súit·càse 여행용가방(트렁크)
- **pale blue** : 옅은 블루 / light blue 담청색
- **attached**[ətǽtʃd] **to ~** : ~ 에 부착되다 / attached to
  [*발음주의 : 어테취-트] ~ed → to에 종속 (어테취드 투(×)가 아님에 유의)
- **on the way** : 도중에, 나가려는 중에, [···하는]도중에[to ··], 진행 중인, 다가오는
- **it take + 사람 + 시간** : ~이 걸린다 / it take me 2 hours : 나에게는 2시간이 걸린다
- **bring ·· down** : ~을 아래로 내리다
- **cláim**[kleim] **tàg** : 수화물 교환증 = cláim chèck
- **collect** : 물건을 가지러오다, 모으다, 징수하다 / collect one's back 자기 가방을 가져오다

03. Front desk

Check in (체크인)

C Welcome. / Thank you / for coming (to our resort.)
어서오십시오. / 감사합니다 / 와주셔서 (저희 리조트에).

G It's/ a wonderful place.
/ 멋진 곳이군요.

C Thank you.

G Can I check in / for a sky condominium unit (here)?
저는 체크인 할 수 있습니까 / 스카이콘도에 (여기에서)

C Yes, you can. / Did you / make a reservation?
예, 그렇습니다. / 당신은 / 예약을 하셨습니까?

G　Yes, I did.
예, 했습니다.

C　Could you give me / your name and the reservation number?
저에게 주시겠습니까? / 당신의 이름과 예약번호를.

G　My name is Chulsoo Kim, / and / my reservation number / is #7345.
제 이름은 김철수이고, / 그리고 / 제 예약번호는 / #7345번입니다.

C　Your reservation is / in good standing. / You reserved / a 30 pyung unit (for two night). / didn't you?
예약은 / 잘 유지되어 있습니다. / 당신은 예약하셨군요 / 30평 객실 하나를 (2박으로) / 그렇지 않습니까?

G　What types of unit do you have / in a Sky Condominium complex?
어떤 타입의 unit(객실)이 있습니까? / 스카이콘도에.

C　We have 30 pyung units / that / can accommodate 4 people (per unit), / and / 40 and 50 pung units (for 6 people).
저희는 30평 객실이 있습니다 / 30평은 / 4명을(객실 당) 수용할 수 있고, / 그리고 /
40평과 50평 객실은 (6인용입니다)

G　What are / the rental rate?
어떻게 됩니까? / 이용요금은.

C　For members / it is 60,000 won / for a 30 pyung unit (per night), / and / for non-member / it is 300,000 won.
회원에 대해서는 / 60,000원이고 / 30평 객실 (1박에), /그리고 / 비회원에 대해서는 / 300,000원입니다.

G　It is / (rather) expensive.
요금이 / (다소) 비싸군요.

C　Could you fill out / the registration form, / please?
당신은 작성해 주시겠습니까? / 등록카드를, / 부탁드립니다.

G　Do I (just) sign / here?
제가 (단지)서명해요? / 여기에

C　No, / (please) fill out the form (completely) / with your name, address, phone number, / and / the car license plate number.
아닙니다./ (부디) 양식을 기입하십시오 (빠짐없이) / 당신의 이름, 주소, 전화번호, / 그리고 / 차량번호를

C　How many people / will be staying / in the unit?
몇 분이 / 투숙하실 것입니까? / 객실에.

G　Seven (all together).
7명입니다 (모두 합쳐서).

C　We don't allow / (more than) a given number of guests / in one unit.
저희는 허용하지 않습니다 / (보다 더 많이 초과한) 정해진 수의 고객을 / 한 객실에서.

G (There are) four adult / and / three children.
Couldn't you be (a little) flexible / (in applying) your regulations?
(있습니다) 어른 4명 / 그리고 / 어린이 3명이.
당신은 (조금) 융통성 있게 해줄 수 없습니까? / (적용하는데 있어서) 여러분의 규정을.

C I would appreciate it (very much) / if you would observe the regulations / next time / you use our facilities.
저는 그것을 고마워 할 것입니다 (매우 대단히) / 만약 당신이 그 규정을 준수한다면 / 다음에 / 당신이 저희들의 시설물을 이용할 시에.

G I will. / Could you assign us / a unit / (next to) the ski slopes?
예, 알겠습니다. / 배정해 주시겠어요 저희들에게 / 객실 하나를 / (옆쪽) 스키장 쪽으로.

C Sure. / Could you wait (a moment?) / Here's key. / It is a unit (on the slope side) / (with a wonderful view of the slopes).
물론입니다. / 기다려 주시겠습니까? (잠시만) / 여기 Key가 있습니다. / (슬로프 쪽으로) 객실인데 / (훌륭한 전망의 슬로프를 가지고 있습니다).

G I appreciate it.
감사합니다.

C Please wait (a second.) I / will get / you / a parking ticket.
기다려 주세요 (잠시만.) 제가 / 발급해 드리겠습니다 / 당신에게 / 주차증을

G Do I / need / a parking ticket?
제가 / 필요합니까? / 주차증이

C Yes, / the sky condominium complex / has limited parking space, / and / we issue / (only) one parking ticket / (per unit).
예, / 스카이콘도는 / 제한되어 있습니다 주차공간이, / 그래서 / 저희는 발급해 드립니다 / (단지) 1대의 주차증을 / (객실 1실 당).

G We have several cars.
저희는 여러 대의 차가 있습니다.

C You can park / the extra cars / in the garage / in the basement of the valley condominium building / or / (in the parking lot) in front of the hotel / and / take the resort area shuttle bus.
당신은 주차할 수 있습니다 / 여분의 차를 / 주차장 / Valley콘도 건물 지하실에 / 아니면 / (주차장이 있는) 호텔 앞에 주차하고 / 나서 / 타세요 리조트 구내 셔틀버스를.

C We enforce (this policy) / to secure (a pleasant leisure space.)
I would appreciate / your understanding.
저희는 시행합니다 (이 정책을) / (즐거운 휴식공간을) 확보하기 위해서.
저는 고맙게 여기겠습니다 / 당신이 양해해 주신다면.

G By the way, / how can I / get / to unit 2101 / in building A?

그런데, / 어떻게 저는 / 도착하나요 / 2101호 / A동 건물에?

C Drive along the road / in front of this building / and / turn left / at the first corner. // Drive straight ahead / and / you will come to the sky condominium area, / and / you will see the building numbers / (clearly) marked. / It will be (quite) easy / to find the building.

운전하세요, 도로를 따라서 / 이 건물 앞에서 / 그리고 / 도세요, 왼쪽으로 / 첫 번째 모퉁이에서. // 운전하세요, 곧장 앞으로 / 그러면 / 당신은 나올 것입니다. Sky 콘도 구역으로, / 그리고 / 당신은 보일 것입니다. 동 번호가 / (명확하게) 표시되어 있어요. / 그건 (매우) 쉬울 것입니다 / 건물을 찾기가.

G Thank you. // And / could you tell me / the check-out time?

감사합니다. // 그런데 / 말해줄 수 있나요 저에게 / 퇴실시간을?

C It is 11:00 am // Before you leave the room, / (please) call 4 or 685 / and / ask for inspection. // This staff (in charge of inspection) / will come / and / after checking (the necessary item) / will give you / the completed form. // (Please) bring the form and the key, / and / you will be able to check out.

11시 오전입니다. // 그 전에 당신이 방을 떠나면, / (부디)전화주세요 4번이나 685번으로 / 그리고서 / 요청하세요 전검을. // 이 직원이(점검을 담당하고 있는데) / 올 것입니다 / 그리고 / (필요항목을) 점검 후에, / 줄 것입니다 당신에게 / 점검완료한 표를. // (부디) 점검표와 키를 가지고, / 서 / 당신은 퇴실하실 수 있습니다.

G What happens, / if a guest is (a little) late / in checking out?

어떻게 됩니까, / 만약 고객이 (조금)늦을 경우 / 체크아웃하는데 있어서.

C (There will be) a 50% over charge / up to 2:00 pm, / and / after 2:00 pm, / you will be charged / a full day rate.

50% over charge가 (있을 것입니다) / 오후 2시까지, / 그리고 / 2시 이후에는, / 당신에게 부과될 것입니다 / 하루요금이.

C Do you have / any valuables with you?

당신은 가지고 계십니까? / 귀중품을.

G No, nothing particular.

아니요, 특별히 없습니다.

C If you have any valuables, / (please) leave / with us at the front desk. // We cannot be responsible / for any other items (stolen from you).

만약 당신이 어떤 귀중품을 가지고 있으면, / (부디) 맡기세요 / 저희들, 프런트에. // 저희는 책임지지 않습니다 / 어떤 다른 품목 (당신이 도난당한 것)에 대해서는.

C I hopc / you enjoy yourself.

저는 바랍니다 / 당신 스스로가 즐거운 시간이 되시기를.

G Thank you.

고맙습니다.

구문해석

- **thank you for ~ing** : ~ 해 주셔서 감사합니다. = thanks for ~ ing
- **check in** 입실하다 ≠ **check out** 퇴실하다
- **condominium** : (약어) condo / condominium complex 콘도건물(단지)
- **make a reservation** = reserve 예약하다 / (영) book
- **be in good standing** : 잘 (유지)되어 있다
- **accommodate** 미[əkɑ:mədeɪt] 영[əkɒmədeɪt] : (살거나 지낼) 공간을 제공하다, 수용하다 / The hotel can accommodate up to 500 guests. (이 호텔은 투숙객을 500명까지 받을 수 있다.) 명 accommodation : 숙박시설
- **full member** : 정회원 / an associate member 준회원 / nonmember 미[nʌnmémbər] 영[nɔ́n-] 비회원
- **rental rate** : 대여료
- **expensive** : 비싼 (pricey, high) ≠ inexpensive, cheap / moderate 적당한
- **fill in or [~out, up] a form** : 용지에 기입하다.
- **sign** : 서명하다 / 명 signature[sígnətʃər] / autograph 미[ɔ:təgræf] 영[ɔ:təgrɑ:f] 자필, 서명하다
  (유명인사, 인기스타에게 책이나 사진 등에 사인을 받을 때는 autograph please. = may I have your autograph?
- **completely** [kəmplí:tli] : 완전히, 충분히, 철저히 (발음주의) 컴플릿~리
- **license plate** [number plate] : 자동차 번호판
- **allow+[목]** 허락하다, 허용(인정)하다 **allow+doing** [행위 등을] 허락하다
  allow+[목]+to do [남에게] (…하는 것을) 허가하다
- **flexible** [fléksəbl] : 융통성 있는, 유연한
- **in ~ing** : ~ 하는데 있어서 / in applying 적용하는데 있어
- **appreciate** [əprí:ʃièit] **+[목] / appreciate+doing** : …을 감사하다, 고맙게 생각하다
  (※목적어 자리에 사람은 오지 않음) I appreciate your kindness[help, cooperation].
- **facility** [fəsíləti] : (보통 -ties) 설비, (부대)시설, 기관; 편의, ~편
- **transportation facilities** : 교통기관
- **assign A to B / assign B A** : [A(일·물건)을 B(남)에게] 할당하다, 배정하다, 부여하다
- **next to ~** : ~옆에 next to World Cup Stadium 월드컵경기장 옆에
- **a [the] view** : 전망, 경치, = prospect, scene, sight, vista
  1. view 조망, 전망 등을 나타내는 일반적인 말. 2. prospect 널리 바라보는 전망, 시야의 넓이를 내포함. 3. scene 주로 광(풍)경을 말함 • a street scene 거리풍경. 4. sight 특정한 것이 눈을 끄는 경치, 모양 또는 명승지 • sights of Seoul 서울의 명소 • vista (양쪽에 나무·집 등이 늘어서 있는 좁고 긴 길 등을 통해서 본) 전망, 경치
- **limit parking space** : 주차공간이 한정되어 있다. limit + 명 한정하다, (수량) 제한하다
- **issue** 내주다, 지급하다, 급여하다, (허가증, 주차권 등을) 발행[교부]하다
- **garage** 미[gərɑ́:dʒ]/ 영[gǽrɑ:dʒ] 차고; 자동차 수리 공장, [자동차를] 차고에 넣다
  *발음에 주의 (어원) gar((차를) 피난시키다)+age(것)
  ☞ (1) garage는 크기별로 a single-car garage, a double[two-car] garage, a triple[three-car] garage로 구분. / carport : 주택의 한쪽에 지붕만 있는 곳. (2) (영)garage는 「자동차 주유소」. (미)gas station. (3) 「자동차 정비소」로 쓰이는 garage는 (미)에서는 service station = 가솔린 판매와, 간단한 음식, 음료 및 여행 중에 필요한 물품을 팔면서 한쪽 옆에 garage를 설치해 놓고 자동차의 엔진 조정(tune-up), 바퀴의 밸런스 조정(wheel alignment), 윤활유 교환(oil change) 등 간단한 수리를 함.
- **basement** : 지하실 / cellar (식량·포도주 따위의) 저장용 지하실
- **a parking lot** : 주차장 = a car park, a parking space
  지하 주차장 an underground parking lot / 유료 주차장 a toll parking place
  자동차 주차장 a parking place / parking violation 주차위반 / parking fine 위반벌금
- **shuttle bus** 셔틀버스 / shuttle diplomacy 왕복외교
- **enforce+[목] / +[목] +[전] +[명]** 시행[실시, 적용]하다

/ enforce the law 법률을 시행하다 / (어원) en(…을 주다)+force(힘) → 강화하다
- **secure** [sikjúər] [물건 등을] (노력에 의해) 확보[입수]하다; (권리·재산 등을) 보장하다
- **get (come) to + 장소** : …에 도달하다; [사람·일이] (어떤 단계에) 이르다, 닿다
- **in front of ~** : ~앞에 ≠ behind / beside ~의 옆에, 곁에 / nearby ~근처의
- **alongside** 옆에, ~의 곁에
- **명령문 동사... + and + s + v ~** : …하시면 ~하게 됩니다
- **building numbers (clearly marked)** : (명확히 표시된) 동 번호
- **inspection** [inspékʃən] : 점검, 검사, 조사, 감사, 시찰, 검열,
- **inspectress** [inspéktrəs] 여자 점검원 / **inspector** 점검원, 감독관
- **be in charge of ~** : ~을 담당하다 / **staff in charge of ~** : ~담당 직원
- **completed inspection form** : 완비된(갖추어진) 점검표
- **a little** (수) 약간의, **little** 거의 없는 / **a few** (질) 약간의, **few** 거의 없는
- **up to ~** : (수에 대해서) ~까지 / up to 2 p.m 오후 2시까지
- **charge +[목]** : 대금을 청구하다, (세금 등)을 부과하다 / (지불 손해 등 ~의) 부담으로 하다 [up / to, against ~]; 물건을 외상(크레디트)으로 사다, 달아놓다
- **valuables** [vǽljuəblz] (복수취급) 귀중품 / **fragile** [frǽdʒəl] **things** = breakables 파손품
- **leave +물건 + with (in)** : 물건을 ~(장소)에 맡기다 /
  leave the room 방을 떠나다 / leave a door open 문을 열린채로 두다
  leave a good name 명성을 남기다 / leave for Seoul 서울로 떠나다
  leave my card 내 명함을 두고가다 / leave me alone 나 혼자 내버려두라
- **particular** [pərtíkjulər] 특별한, 특유의, / in particular 특별히, 특히
- **item** [áitəm] 물품, 물건, 항목, 조항, 특징 /미국발음[이이덤], 영[아이텀]

Check out (Front cashier) 체크아웃 (프런트 캐셔)

Useful expressions(유용한 표현)

1. Do you wish to pay / for an account?
2. Shall I draw up / your bill / for you?
3. Would you like a break down / of the bill?
4. I will calculate / your bill / for you.
5. Your bill comes to / 450,000 won, sir.
6. Your bill stands at / 620,000 won, sir.
7. Excuse me, sir, /but/ I didn't think / that will be enough.
8. That will be / over the amount.
9. Our check-out time is noon /but/ you used the room / until 6 pm. / I'm afraid that

/ for late check-out / we charge an extra 50% of the room rate.

10. Did you eat / in any of the restaurants / this morning, sir?
11. Is your baggage / down (yet), sir?
12. Could you check out / after your bags have been brought down, please?
13. How would you like to pay?
    (in cash, dollars / local currency, by cheque / credit card / bank draft.)
14. I'm sorry /but/ we don't have any Japanese money.
15. I'm sorry /but/ we don't have any American money.
16. Do you mind / if I give you Korean won / for your change?
17. Did you have anything / in the refrigerator / last night (this morning, this afternoon)? / If you don't remember, / would you wait / for a moment, please, / until we check it?
18. There is a small difference / between the rate for cash /and/ for traveller's checks.
19. You have another bill / since you checked-out.
20. (Only) your room charge / is going to be paid / by your company.
21. (Only) your room charge / is going to be paid / by your travel agent. // Would you pay / the rest of your bill, please?
22. The exchange rate (today) / is 1,200 won / to the dollar.
23. I'm sorry /but/ I can't help you. // Would you (kindly) ask / the Duty Desk(Information Desk)?
24. Do you have some won / for the taxi fare and the airport tax?
25. I hope / you enjoyed your stay / with us.
26. Did you have a / nice stay?
27. I wish / you a safe journey.

1. 계산서를 / 지불하시겠습니까?
2. 고객님의 계산서를 / 작성해 드릴까요?
3. 계산서의 / 내역을 보여드릴까요?
4. 고객님의 계산서를 / 산정하겠습니다.
5. 계산서는 / 450,000원입니다.
6. 고객님의 계산서는 / 620,000원으로 되어있습니다.
7. 죄송합니다만, / 제 생각에는 / 부족한 것 같습니다만.
8. 금액이 / 초과할 것 같습니다.

9. 퇴실 시간은 정오입니다만, / 고객님께서 /객실을 사용하셨습니다 / 6시까지.
   죄송하지만, / 늦게 퇴실 하신 것에 대해 / 추가 요금 50%가 부과됩니다.
10. 고객님, 오늘 아침 / 식당 어디에서 무엇인가 / 드셨습니까?
11. 고객님의 짐은 / (아직) / 내려오지 않으셨습니까?
12. 고객님의 가방을 갖고 내려온 후에 / 퇴실하시겠습니까?
13. 지불은 어떻게 하시겠습니까?
    (현금으로, 달러로, / 현지통화, 수표로 / 신용카드로 / 은행환어음으로)
14. 미안하지만, / 일본돈은 하나도 없는데요.
15. 미안하지만, / 미국돈은 하나도 없어요.
16. 잔돈으로 / 한국 돈을 드려도 / 괜찮겠습니까?
17. 지난 밤 / 미니바에서 / 무엇을 드셨습니까?(오늘 아침, 오늘 오후에). /
    기억이 안 나시면, / 잠시만 / 기다려 주시겠습니까? / 저희들이 확인해 보겠습니다.
18. 조금은 차이가 있습니다. / 현금 / 과 / 여행자 수표 간에 요금률이
19. 퇴실하시고 난 후에 / 다른 계산서가 있습니다.
20. 객실료(만) / 지불 할 것입니다 / 고객 분의 회사에서.
21. 고객님의 요금(만) / 여행사에서 / 지불할 예정입니다.
    고객님의 나머지 계산서를 / 지불해 주시겠습니까?
22. (오늘의) 환율은 / 달러당 / 1,200원입니다.
23. 죄송합니다만 / 어떻게 해 드릴 수가 없습니다.
    당직데스크(안내데스크)에 / 요청하시겠습니까?
24. 택시요금과 공항세 지불을 위해 / 원화가 있습니까?
25. 저희 호텔에서 / 즐거운 시간되시기를 / 저는 바랍니다.
26. 좋은 시간 / 되셨습니까?
27. 편안한 여행을 하시기 / 바랍니다.

구문해석

- **draw up the bill** : 계산서를 작성하다 / draw up the contract 계약서를 작성하다
- **calculate** [kǽlkjulèit] : ~을 계산하다 / (※count에 비해 복잡한 계산을 하는 경우에 씀)
- **stand at ~** : ~ [온도계 등이] ~을 가리키다, [가치·수준·득점 등이] ~이다
- **bánk dràft** 미발음[dræft] / 영[dra:ft] : 은행어음 (약어 ; BD) = bank note, bank bill
- **do you mind if +s + v** : ~ 해도 괜찮겠어요? (would you mind if ~ ; 정중한 허락요청)
  (mind가 ~을 꺼려합니까? 라는 부정의 뜻임) / ☞ 대답 시에 주의할 것
  예 Do you mind if I smoke? 제가 담배 피우는 것을 꺼려합니까 ? → 피워도 괜찮나요?
  Yes, I mind 예, 꺼려합니다. → (한국식 사고표현) 아니요, 피워서는 안 됩니다.
  No, I don't mind 아니요, 꺼려하시 않습니다. → (한국식 사고표현) 예 피워도 됩니다.
- **refrigerator** [rifrídʒərèitər] : 냉장고 (약어 ; fridge [fridʒ])
- **journey** [dʒə́:rni] : 여행 / I wish you a safe journey.
- **bon vo·yage** [bán vɔiá:ʒ] : (프랑스어) (발음 : 봉 보야-즈) : (여행) 잘 다녀오십시오, 즐거운 여행이 되시기를 (= good journey)

Dialogue 1. (C : Captain / G : Guest)

C May I help you?

G I would like to check out / from room #2101 (now).

C Do you have / the room key / and / inspection sheet with you?

G Yes, here they are.

C You are / Mr. 000 / in room #2101.

G Yes, that's right.

C Would it be cash / or / charge?

G It will be cash. (It will be charge.)

C Could you please wait / while we write out? (= while we print out the bill?)

C Here's the bill. // Would you like to go over / it / and / see / whether there is any mistake?

C The payment for this card / has been stopped. // Do you have / any other credit card / with you?

G Here it is. (Handing over / the card)

G (Going over / the bill) Could you tell me / what this item / for which 190,000 won was / charged is?

C That's / for the dinner / you had at Korean Restaurant / last night.

G Gee, it's expensive. // But / everything is correct.

C Did you enjoy / your stay? // Did you have / any problems?

G No, I was (really) / impressed / by the kind service of the staff.

C Thank you. Have a nice trip back.

캡틴 어서오세요.

고객 Check out 하려고 해요 (지금) / 2101호에서.

캡틴 가지고 있습니까? / 객실 key / 와 / 점검표를 함께.

고객 예, 여기에 있습니다.

캡틴 고객님은 / ○○○씨 / 2101호 투숙객이시군요.

고객 예, 맞습니다.

캡틴 현금으로 계산하시겠습니까 / 카드로 하시겠습니까?

고객 현금으로 하겠습니다. (카드로 하겠습니다.)

캡틴 기다려주시겠습니까? / 계산서를 뽑는 동안에.

캡틴 여기 있습니다 계산서. // 확인해 보시고서 / 그것을 / 그리고 / 확인하십시오 / 어떤 틀린 것이 있는지를.

캡틴 이 카드 지불은 / 사용중지 되었습니다. // 가지고 계십니까 / 다른 신용카드를 / 수중에.

고객 여기 있습니다. (제시하고서 / 카드를)

고객 (검토하고서 / 계산서를) 말씀해 주시겠어요 저에게 / 이 항목은 무엇인지? / 190,000원 이라고 / 계산되어 있는데.

캡틴 그건 / 식사 건입니다 / 손님께서 한식당에서 드셨습니다 / 어젯밤에.

고객　네, 비싸군요. // 그러나 / 모두 다 정확하군요.
캡틴　즐겁게 / 지내셨습니까? // 있으셨나요? / 어떤 문제가 (* 불편하신 점 없으십니까?)
고객　아니요, 저는 (정말로) / 감명 받았습니다 / 종업원의 친절한 서비스에.
캡틴　감사합니다. 즐거운 여행 되십시오.

Dialogue 2.

C　Do you want your payment / on all at once / or / on installments?
　How many installments / would you like to make?
　Over how many months / would you like to pay for it?
G　I'll pay / in a lump sum.
C　Signature, please. = (sign, please.)

캡틴　결재해 드릴까요 / 일시불로 / 아니면 / 할부로 결재해 드릴까요?
　몇 개월 할부로 / 하시겠습니까?
고객　일시불로 지불할게요.
캡틴　서명 부탁드립니다.

구문해석

- **here it is** : (물건을 건너줄 때의 사용말) 여기 있습니다 (= here you are)
- **Cash or credit (card)?** : (상품 구입 시) 현금으로 하시겠습니까? 신용카드로 하시겠습니까?/= Cash or charge?
- go over : ~을 잘 살펴보다[검토하다]
- whether it is ~ (or not). ~인지 어떤지?
- **charge for ~** : ~의 요금을 청구하다
  what this is charged for? 이 요금을 무엇인가요?
- **be impressed** [imprésd] : (수동태로) 감명을 받다(진행형은 불가 be impressing ×)
- **what +s +v** : ~봐의 것 (명사절) / see what we can do 우리가 할 수 있는 것을 알아보겠다 (여기서 see는 '알아보다'의 뜻) / what I want is ~ (내가 원하는 것은 ~이나)
- **lost and found** : 분실물센터 / **whether it is A or not** (그것이 A인지 아니지)
  whether found skis was reported (or not) : 스키습득물이 신고(보고)되었는지 아닌지?
- **arrange** [əréindʒ] : 미리 준비하다, 정하다, 배정(열)하다, 정돈하다, 조정하다
  ~을 일시불로 지불하다 pay out right for ~ = pay in a lump sum

Dialogue 3. (C : Captain / G : Guest)

C Good morning, sir. May I help you?

G Good morning. I'd like to pay / my bill.

C Certainly. All / on one bill, sir?

G Yes, please.

C Your amount / comes to 390,000 won.

G Here is 400,000 won.

C Thank you. We received 400,000 won.
Here is your change and receipt. Please come again. Good-bye.

캡틴 안녕하십니까, 고객님!
고객 예, 계산서 / 지불할게요.
캡틴 예, 고객님. 모든 계산서를 / 하나로 작성 해 드릴까요?
고객 예, 그렇게 해 주세요.
캡틴 총 금액이 / 390,000원입니다.
고객 400,000원 여기 있어요.
캡틴 고마워요. 400,000원 받았습니다.
거스름돈과 영수증 여기 있습니다. 또 오십시오. 안녕히 가십시오.

Dialogue 4.

C Good morning, sir. May I help you?

G Yes, I'd like to check out, now.

C May I have room number, please?

G Room 213.

C Mr, Roberts? / Excuse me, / but did you have anything / in the refrigerator / last night or this morning?

G Yes, I had two beers and one coke.

C Thank you very much. Your amount / comes to 595,000 won.

G Here is 600,000 won.

C Thank you, sir. Here is your change 5,000 won and the receipt. I hope / you enjoyed your stay / with us. // Thank you.

캡틴 안녕하십니까? 고객님.
고객 예, 지금 퇴실하려고요.
캡틴 객실번호 알려 주시겠습니까?
고객 213호실요.

캡틴　로버트씨입니까? / 죄송합니다만, / 무엇을 드셨습니까? / 미니바 냉장고에서 / 지난밤이나 오늘 아침에.
고객　예, 맥주 둘, 콜라 하나 마셨어요.
캡틴　대단히 고맙습니다. 총 합계가 / 595,000원입니다.
고객　여기 600,000원 있어요.
캡틴　고맙습니다. 고객님. 5,000원 거스름돈과 영수증 여기 있습니다.
즐겁게 지내 / 셨습니까? / 저희 호텔에서. // 감사합니다.

Dialogue 5.

C　Good afternoon, ma'am.
G　Good afternoon. My room number is 708 /and/ I'd like to pay my bill.
C　Certainly, Miss Thomas. I'm sorry, /but/ you have to pay an additional fee / because our check-out time is 12 o'clock.
G　All right. How much is it?
C　It comes to / 334,000 won. Miss Thomas.
G　I'd like to pay / with VISA card.
C　Thank you. May I have your signature, please?
Here is your card and receipt. I wish / you a safe journey. Please come again.

캡틴　안녕하십니까? 사모님.
고객　안녕하세요. 제 방 번호가 708호인데 지불할게요.
캡틴　예, Miss Thomas. 죄송합니다만, 체크아웃 시간이 12시라/서/ 추가 요금을 지불하셔야만 합니다.
고객　좋아요. 얼마지요?
캡틴　334,000원 / 입니다.
고객　VISA 카드로 / 계산할게요.
캡틴　감사합니다. 서명 부탁드리겠습니다.
고객님의 카드와 영수증 여기 있습니다. 편안한 여행 / 되십시오. 또 오십시오.

Dialogue 6.

G　I'd like to pay my bill, please.
C　Yes, would you give me your name and room number, please?
G　Room 724. Robert James.
C　Your amount comes to 542,450 won, Mr. James.
G　What's the exchange rate today?
C　The exchange rate today is 1,200 won / to the dollar. So your amount / comes to $452.

G Here's $500.

C I'm sorry /but/ we don't have any American money. Do you mind / if I give you Korean change?

G Of course not.

C Thank you, sir. Here's your change and receipt. I hope / you have a nice trip.

고객 계산서 지불할게요?
캡틴 예, 성함과 객실번호를 말씀해 주시겠습니까?
고객 224호실의, 로봇 제임스인데요.
캡틴 전체요금이 542,450원입니다.
고객 오늘의 환율이 어떻게 되요?
캡틴 금일 환율은 1,200원입니다 / 1달러에. 따라서 총 금액이 / 452달러입니다.
고객 500달러 여기 있어요.
캡틴 죄송합니다/만/ 저희들이 달러를 전혀 가지고 있지 않습니다만. 괜찮겠습니까? / 제가 원화로 드려도.
고객 물론 상관없습니다.
캡틴 감사합니다. 고객님. 거스름돈과. 영수증 여기 있습니다. 즐거운 여행되시길 바랍니다.

Dialogue 7.

C Good morning, sir May I help you?

G Yes, I'd like to settle / my bill, please.

G Certainly. Here you are.

C Just a moment, please. I'll draw up your bill / for you. (Later)
Thank you / for waiting sir. Your bill / totals 589,690 won.

G That much! Would you mind / letting me / have a look at it?

C Not at all, sir. Here you are.

G Thanks. Well, it seems to be right. How much is that / in dollars, please?

C Just a moment, sir. I'll calculate that / for you. It comes to / 491 dollars and 41 cents / at today's exchange rate.

G I see. OK.

C How would you like to / make the payment?

G In cash, please. Here you are.

C Thank you, sir. Here is your change.
Could you check it, please? Thank you / for choosing our hotel. I hope / you enjoyed your stay.

G It was great. Thank you very much.

C We hope to see you again soon.

캡틴 안녕하십니까, 고객님!
고객 예, 지불할게요 / 계산서를.
캡틴 예, 고객님. 고객님의 객실 키 보여주시겠습니까?
고객 예, 여기 있어요.
캡틴 잠시만 기다려 주시겠습니까? 계산서를 작성해 드리겠습니다. (잠시 후)
기다려주셔서 / 감사합니다. 총 합계가 / 589,690원입니다.
고객 그렇게나 많아요! 괜찮겠습니까 / 제가 / 그것을 좀 보아도?
캡틴 예, 고객님. 여기 있습니다.
고객 고마워요. 음. 정확하군요. 그것이 얼마이지요? / 달러로는?
캡틴 잠시만 기다리십시오. 달러로 산정을 해 보겠습니다 / 당신을 위해서. 총 금액이 / 491달러 41센트입니다 / 오늘의 환율로.
고객 그래요, 좋아요.
캡틴 지불을 어떻게 하시겠습니까?
고객 현금으로 부탁해요. 여기 있어요.
캡틴 감사합니다, 고객님. 거스름돈 여기 있습니다.
확인해 보시겠습니까? 감사합니다 / 저희 호텔을 이용해 주셔서.
즐거운 시간 되셨습니까?
고객 매우 좋았어요. 고마워요
캡틴 또 다시 고객님을 뵙기를 희망합니다.

Dialogue 8.

C : How would you like to make the payment?
G : On the company account, please.
C : May I know the name of your company, please?
G : Yes, it's G.N. Electrics, America.
C : May I have two of your business cards, please?
G : Why?
C : We'd like one for our files /and/ one for accounts.
G : I see. Here you are.
C : Just a moment, please ... Thank you / for waiting, sir. Could you sign / here, please?
G : Thank you. We hope / to welcome you again soon.

캡틴 지불을 어떻게 해 드릴까요?
고객 회사부담으로 비용처리 해주세요.
캡틴 회사이름을 말씀해 주시겠습니까?
고객 예, 미국 G.N. Electrics 회사입니다.
캡틴 명함 2장 있으시면 부탁드립니다.
고객 왜요?
캡틴 하나는 서류철 해 놓고, / 그리고 / 하나는 지정 거래처 계산용으로 필요합니다.

고객 그래요. 여기 있습니다.
캡틴 잠시만 기다려 주시겠습니까? 오래 기다리셨습니다. 여기에 / 서명 부탁드립니다.
고객 감사합니다. 다시 방문해주시면 / 고맙겠습니다.

Dialogue 9. (G : Guest / E : Employee)

G Good morning. I'd like to pay my bill.
I'm Mr. Smith. Room 504.
E Good morning. Checking out, sir?
G Yes, I'm ready to leave now. Here's my key.
E Yes, Here it is, sir. It comes to 325,000 won.
G Here's 330,000 won.
E Thank you. Here's your change. It's been our pleasure / to have you, Mr. Smith. If you come to Korea again, / please let us know. We'll be happy / to serve you again.
G Thanks. I've enjoyed my stay here.
E Goodbye, sir.

고객 안녕하세요. 계산하려고 합니다. 504호실 스미스인데요.
종업원 안녕하세요? 체크아웃하십니까?
고객 예. 지금 출발하려고요. 키 여기 있어요.
종업원 예. 고객님. 여기 있습니다. 모두 합계 325,000원입니다.
고객 여기 330,000원입니다.
종업원 감사합니다. 거스름돈 여기 있습니다. 즐거웠습니다 / Smith씨를 모시게 되어. 다시 한국에 오시면 / 저희들에게 연락 주십시오. 다시 고객님을 모시고 / 싶습니다.
고객 고마워요. 여기 투숙하면서 즐거웠어요.
종업원 안녕히 가십시오.

Dialogue 10.

E Good afternoon, sir. // What can I do for you?
G I'm checking out (now). // Just the check please. // Here's room card key.
E Yes, please wait while. // Let me / (just) figure out / your bill. //
Here's your bill.
E How much are they / in total?
E It comes to / 538,460 won.

G Oh, that much!

E You used room service / last night.

G Oh, that's right. // And / I used two toothbrushes and one toothpaste, a couple canned of beer / from the mini-bar / a moment ago. // Please charge the total / on my credit card.

E Could I have your card, please?

G Sure. Here you are.

G ..... (After calculating / additional charge of mini-bar)....... Please sign (here) credit card receipt.

G OK.

E Please take you card and receipt. // Thank you / for staying at our hotel.

G You're welcome. I had a great time. Well, good-bye.

E Good-bye. Have a good trip, sir.

종업원 안녕하세요. 고객님. 무엇을 도와드릴까요?

고객 체크아웃 하려고요 (지금). // 계산서 부탁해요. // 객실 카드키는 여기 있습니다.

종업원 예. 고객님. 잠시만 기다려주십시오. // 제가 해드리겠습니다 / (막) 뽑아서 / 고객님의 계산서를. // 계산서 여기 있습니다.

고객 얼마 나왔죠? / 전부.

종업원 합계금액이 / 538,460원입니다.

고객 그렇게나 많이 나왔어요!

종업원 고객께서 룸서비스 이용을 하셨습니다 / 어제 저녁에.

고객 아. 맞아요. // 그리고 / 칫솔 2개랑. 치약 1개. 캔맥주 2개 이용 했어요 / 미니바에서 / 조금 전에. // 전부 계산해 주세요 / 제 신용카드로.

종업원 카드를 주시겠습니까?

고객 그래요. 여기 있어요.

종업원 ... (산정 후 / 미니바 추가 요금을)... (여기) 서명부탁 드립니다/ 신용카드 영수증에.

고객 그래요.

종업원 카드와 영수증을 받으십시오. // 감사합니다 / 저의 호텔에 투숙해 주셔서

고객 뭘요. 재미있었어요. 자. 잘 있어요.

송업원 안녕히 가십시오. 즐거운 여행 되십시오.

Dialogue 11. (Foreign Exchange)

E Good morning, sir. Can I help you?

G Yes. What's the exchange rate / today?

E Today's exchange rate is / 1 dollar / equals 1,170 won. // Today's dollar to won rate / is listed / on that sign / here.

G Oh, / The exchange rate / fall / a little bit.

E Yes, / the exchange rate change (slightly) / every day.

G Then, / do you handle / foreign exchange / here? // Change 500 dollars / into won, please.

E Do you stay / in our hotel.

G Yes, / I am staying / in 709.

E (Just) fill out / your name, nationality, and passport number / on this form.

G Oh, sure.

E Thank you. // It comes to / 585,000 won.
Here's your 585,000 won and receipt. // And / be sure to / keep the receipt. Have a nice evening.

G All right. Thank you very much.

종업원 안녕하세요. 고객님. 무엇을 도와드릴까요?
고객 달러 환율 시세는 얼마죠? / 오늘.
종업원 금일 환율은 / 1달러 / 1,170원과 같습니다. // 오늘의 달러 - 원화율은 / 작성되어 있습니다 / 표시판 / 여기에.
고객 아, 이런, / 환율이 / 내렸군요 / 조금.
종업원 예, / 환율은 변경됩니다 (조금씩) / 매일.
고객 그러면, 취급하죠? / 환전을 / 여기서. // 교환해 주세요 500달러를 / 원화로.
종업원 투숙하고 계신가요? / 저희 호텔에.
고객 예, / 투숙하고 있어요 / 709호에.
종업원 (단지) 작성하시면 됩니다 / 성함과, 국적, 여권번호를 / 이 양식에다.
고객 네, 그러죠.
종업원 감사합니다. // 합계가 됩니다 / 585,000원.
여기 585,000원과 영수증입니다. // 그리고, / 꼭 / 챙기시고 영수증을.
즐거운 저녁 되십시오.
고객 그러지요. 고마워요.

구문해석

- **coke** [kouk] : 코카콜라(Coca-Cola) / **soda** [sóudə] 사이다, 소다수 / **sóda pòp** 탄산음료
  [*cider : 우리나라의 사이다와 다름, 주로 apple cider를 일컬음]
- **let+사람[목]+do (명령문)** : (제안, 요구) Let me do …시켜 달라, …해보고 싶다 /
  let me have a look at it. : 나에게 그것을 보도록 해 달라 (내가 보겠다)
  ☞ 질문 : would you mind ~ing : ~하는 것을 꺼려합니까? (한국식 : 괜찮습니까?)
  대답 : Not at all. 천만에요 꺼려하지 않습니다. (한국식 : 예, 좋습니다)
- **convert** [kənvə́ːrt] : ~을[같은 가치의 것으로] 바꾸다, [지폐·외화 등을] ~으로 환산하다
  [into~, to~, for~ ··] / convert A into B A를 B로 바꾸다
- **surcharge** [sə́ːrtʃɑ̀ːrdʒ] : 추가요금, 부가비용, 추징금, 할증금, [동]추가비용을 치르게 하다
- **figure out** : 계산해내다, 생각해내다, 이해하다

- **couple** : 둘, 부부 / a couple of people : 두 사람, a couple of days 2일
- **calculate** [|kælkjuleɪt] : 계산하다, 산정하다
- **equal (to)** : …와 같은, …를 감당할 수 있는.
- 약간 : **a little**(양), **a few**(수) / 관사(a)가 없을 경우 (little, few : 거의 없는)
- **be sure to ~** : 꼭(반드시) ~하다

Other Miscellaneous Situations

기타상황

Mistaken reservations (예약실수)

C This is / Sky Condominium front desk. // May I help you?
이곳은 / 스카이콘도 프런트입니다. // 도와드릴까요?

G My name is Insoo Park, / I would like to check in. // I / made a reservation / for two nights.
제 이름은 박인수인데, / 저는 입실하려고 합니다. // 저는 / 했습니다 예약을 / 2박으로.

C One moment please. // I will check the reservation. // I am sorry.
잠시만 기다려 주십시오. // 제가 확인해보겠습니다 예약을. // 죄송합니다.

The computer / does not show your reservation. // When / did you / make it?
컴퓨터상에 / 나타나지 않습니다 당신의 예약이. // 언제 / 당신이 / 예약을 하셨나요?

G I think / my secretary made the reservation / for me (about a month ago). // I am positive.
제가 생각하기로는 / 제 비서가 했습니다 예약을 / 저 대신에(약 한 달 전에). // 저는 확신합니다.

C I will check (again). // It's not (here). // How long / are you going to stay?
제가 확인하겠습니다(다시). // (여기에는) 없습니다. // 얼마나 / 머무르실 예정입니까?

It is peak season, / and / there is no vacancy.
성수기에다, / 또한 / 없습니다 빈방이.

G What shall I do? //
Could you / give me information / about other accommodations in the area?
저는 어떻게 하죠? // 당신이 / 저에게 정보를 주시겠습니까? / 지역의 다른 숙박시설에 대해서.

C If we have any cancellations, / we / will put / you / in their place.
만약 어떤 취소가 있으면, / 저희가 / 올려 놓겠습니다 / 당신을 / 그 자리에다.
(*취소된 방이 있으면, 해드리겠습니다)

Please take it easy. // I will check / with the hotel and other condominium (as well).

너무 걱정하지 마세요. // 제가 확인해보겠습니다 / 호텔과 다른 콘도도 (마찬가지로).

C We don't have vacancy / in the hotel. // I'll give / them your name. // (Please) go to the hotel front desk /and/ ask / for help.

저희는 없습니다 빈방이 / 호텔에는. // 제가 주겠습니다 / 그들에게 당신의 이름을. // (부디) 가셔서 호텔 프런트로 / 요청하세요 / 도움을.

G Thank you.

C Next time / you have a chance to use / our facilities, / we advise / you / to confirm the reservation.

다음에 / 당신이 이용할 기회가 있으시면 / 저희들의 시설물을, / 저희는 조언합니다 / 당신에게 / 예약을 확인하시도록.

- **miscellaneous** [misəléiniəs] : 잡다한, 잡동사니의, 다재다능한, 갖가지 주제를 다루는
- **peak season** = high season 성수기 ≠ off season (영국 low season)
- **cancellation** [kænsəléiʃən] 취소 / 동 cancel
- **take it easy** 서두르지 마라, 침착해라, 화내지 마라, 조심해서 잘 가(헤어질 때 인사말)
- **confirm** [kənfə́ːrm] 확인(입증, 확증)하다 명 confirmation [kànfərméiʃən]

Assigning a room (객실 배정)

G Could you get / me a room / on the slope side?

당신은 주시겠습니까 / 저에게 방을 / 스키장 쪽으로.

C I am sorry, but / everybody / wants a room on the slope side, / and / all the rooms (on that side) / are taken (already). // Could I assign a room / on the Sky Condominium.

죄송합니다만, / 모든 사람들이 / 원하는 방이 슬로프 쪽입니다. / 그리고 / (그 쪽으로) 모든 방은 / 찼습니다 (이미). // 제가 객실을 배정해 드릴까요? / Sky콘도 쪽으로.

G I guess / I don't have a choice. // Yes, I would like / a room / on that side.

제가 생각하기로는 / 어쩔 수 없네요. // 예, 저는 하고 싶습니다 / 방을 / 그쪽으로.

C Thank you / for your understanding.

감사합니다 / 당신이 양해해 주셔서.

구문해석

- **assign** [əsáin] 배정하다, 부여하다, 할당하다, 정하다 / 명 assignment [əsáinmənt]

Prohibited items and harassing calls (반입금지품과 장난전화)

C Do you, / by any chance, / have a pet / with you?
당신은, / 혹시 / 가지고 오셨습니까? 애완동물을 / 함께.

G No, why / are you concerned / about it?
아니요, 왜 / 당신은 관심을 가지시죠? / 그것에 대해서.

C Pet / are not allowed / in the guests rooms (at our Resort).
애완동물은 / 허용이 되지 않습니다 / (저희 리조트) 고객의 객실에서.

Harassing phone call makers / are (also) obliged to move out / from our guest rooms.
장난전화 하는 사람은 / (또한) 나가셔야 합니다 / 저희 객실에서.

G I will keep / that / in mind.
제가 간직하겠습니다 / 그것을 / 마음속에 (*잘 알겠습니다).

C Thank you.

구문해석

- **by any chance** : 만약에, 행여나, 혹시나, 어떻게든
- **pet** : 애완동물, 집에서 기르는, 애완의
- **be concerned** [kənsə́ːrnd] **about ~** : ~에 대해 걱정(염려)하다 /
  as far as be concerned …에 관한 한
- **pets are not allowed ~** : ~이 금지되어 있다(☞It is not allowed라고는 말하지 않음)
- **harassing** [hərǽsiŋ] **call** : 장난전화 = prank call / obscene [əbsíːn] call 음란전화
- **be obliged** [əbláidʒ] **to ~** : 부득이 ~하게 하다, ~하지 않을 수 없다
- **keep in mind** : 명심하다, 마음에 새기다(= bear in mind)

Lost or misplaced items (분실물)

G Excuse me. // I checked out / about 11:00 this morning. // I think / I left something / in the guest room.
수고하십니다. // 제가 퇴실을 했는데 / 대략 11시쯤 오늘아침에. // 제 생각으로는 / 제가 놓고왔어요 무언가를 / 객실 안에다.

C What was / your room number?
어떻게 되죠 / 당신의 객실 번호가?

G Room 2101 / in Building A.
2101호 / A동입니다

C Could you wait (a second)? // I will check. // Did you stay / in the room / under the name of Chulsoo Park?
기다리시겠습니까(잠시만)? // 제가 확인하겠습니다. // 당신은 투숙하셨습니까? / 객실에 / 박철수라는 이름으로.

G That's right.
맞습니다.

C What was the item / that / you left / in the room?
어떤 물건입니까? / 당신이 놓고 온 것이 / 방안에.

G It's digital camera. It is (very) precious / to me.
디지털 카메라입니다. (매우) 중요한 것입니다 / 저에게는.

C Could you / describe / this item / in detail?
당신은 / 설명해 주시겠습니까? / 이 물건을 / 자세하게.

G It's an newest digital camera / in a black case.
최신형 디지털 카메라인데 / 검은 케이스입니다.

C I will check / with the house keeping department. (Please) hold the line
제가 확인해 보겠습니다 / 하우스키핑으로. (부디) 전화를 끊지 마십시오.

C The item / has been identified. It is kept / at the house keeping department.
물건이 / 확인되었습니다. 보관이 되어 있습니다 / 하우스키핑에.

G Where is it / located?
어디에 그것이 / 위치하고 있나요?

C It's in building D. If you give them / your room number and the registered guest's name, / they will return / the lost item / to you.
D동 건물에 있습니다. 만약 당신이 준다면 그들에게 / 당신의 객실번호와 등록된 고객이름을. / 그들은 되돌려줄 것입니다 / 분실물을 / 당신에게.

G Thank you.

구문해석

- **under the name of ~** : ~이라는 이름으로, ~의 명의로
- **left** : leave의 과거 (두고 가다)
- **precious** [préʃəs] : 값비싼, 귀중한(= valuable)
- **describe** [diskráib] : 자세히 설명하다(explain), 묘사하다
- **in detail** [diːteil] : 상세하게, 항목마다 / describe ... in detail
- **identify** [aidéntəfài] : 확인하다, 알다, 동일시하다 /
  명 identification [aidèntifəkéiʃən] : 신분증명(서); (약자 I.D.)
- **locate** [lóukeit] : [건물 등] 위치하다, 소재를 파악하다
  It is located on Seoul.(서울에 있다) / We are locating Mr. Kim.(김씨를 찾고 있다)

Being locked out (방문이 잠겨있음)

G The electronic key card to my room / would not work.
나의 객실 전자 카드키가 / 잘 안 열리네요.

B First, / please wait / until the light turns green / after the card key inserted back into the slot / then, / turn the knob, / and / pull the door / open.
먼저, / 기다리십시오 / 초록불이 들어올 때까지 / 카드키를 구멍 안으로 삽입하고 난 후에 / 그런 다음에 / 손잡이를 돌리고서, / 문을 당겨서 / 여십시오.

G Oh, I see. I'll try again.
아, 그렇군요. 다시 해 보죠.

B If that doesn't work, / we'll send someone / to your room / right away sir. we'll issue / you / a new one.
만약 작동이 잘 안 되면, / 저희들이 누군가를 보내겠습니다 / 고객님의 객실로 / 즉시. 저희들이 발급해 드리겠습니다 / 당신에게 / 새로운 카드를.

G Thanks.
고마워요.

구문해석

- **be locked out** : (문이 잠겨) 못 들어가다
- **work** : (기계)작동하다, 효과가 있다(= be effective)
- **insert** [ɪnǀsɜːrt] : 끼워넣다, 삽입하다
- **slot** [slɑːt] : (가늘고 긴) 홈 / slot machine (도박용) 슬롯머신 / (자동판매기 등의) 동전 투입구(slit) / *여기서는 키를 꽂는 곳

• **knob** [nɑ:b] : (문, 기계에 달린) 손잡이
• **issue** [iʃu:;] : 발급하다, 발행하다

G Excuse me, I have been locked (out). Could I borrow / an extra key?
실례합니다만, 저는 방문이 잠겨 있어요(밖에서). 제가 빌릴 수 있나요 / 여분의 키를

C Sure, Could I have / your room number and your name?
물론입니다. 제가 / 당신의 방 번호와 이름을 가질 수 있나요?

G My name is Insoo Park / and / the room number is #2101.
이름은 박인수이고 / 그리고 / 방 번호는 #2101호입니다.

C I will check / in the computer. // They match our record. // I will send a bell boy (right away) /and/ have / him / open the door / for you.
제가 확인해 보겠습니다 / 컴퓨터상에서. // 그것들이 일치합니다 저희 기록과. // 제가 보내겠습니다 벨맨을 (즉시) / 그리고 / 시키겠습니다 / 그에게 / 문을 열도록 / 당신을 위해서.

구문해석

• **borrow** [bárou, bɔ：r-] : (돌려줄 것을 전제로) 일시적으로 빌리다, 차용하다
/ **hire, rent** : (토지, 집 등 사용료를 내고) 빌리다 / **lend** : 빌려주다
• **extra key** : 추가 키 / master key 객실전체를 열수 있는 키 / pass key 각 객실 층만 열 수 있는 키
• **have + 목적(사람) + 동사 ~** : 사람으로 하여금 ~하도록 시키겠다 (have는 사역동사)
Mom had me go to the school. (엄마가 나를 학교에 가도록 했다)

Phone calls (전화걸기)

G I'm trying to call room 922 (directly) / in my room, but I couldn't get through.
922호로 (직접) 전화를 걸려고 하는데 / 제 방에서, 그러나 연결이 안돼요.

C In case of room to room calls, / first, / you push the number 81, / and then / the room number / you want to call.
객실과 객실 간의 통화일 경우, / 먼저, / 81번을 돌리고, / 그리고서 / 객실번호를 누르세요 / 당신이 통화하기를 원하는 곳에.

G Oh! Thanks.

G I am here / for the first time. // How can I / make phone calls / here?

저는 여기 / 처음입니다. // 어떻게 제가 / 전화를 하죠 / 여기서는.

C The easiest way is / to dial 9 / and then / the number (you want).
가장 쉬운 방법은 / 9번을 돌리고 / 그리고 나서 / (당신이 원하는) 번호입니다.

You can make long distance calls / by dialing 0 / plus the area code / and / the phone number.
당신은 시외전화를 할 수 있습니다 / 0번을 돌려서 / 추가로 지역번호 /와/ 전화번호를 돌립니다.

C Dial 9 / for an operator. // You will be connected (directly) / to an english speaking operator.
9번을 돌리세요 / 교환으로. // 당신은 연결이 됩니다 (곧바로) / 영어하는 교환에게.

G How do I pay / for the phone calls?
어떻게 제가 지불하나요 / 전화통화한 것에 대해서.

C The calls / will be charged / to the room.
전화는/ 요금 청구됩니다 / 객실로.

G How can I ask / for a wake-up call service?
어떻게 요청할 수 있습니까 / 모닝콜 서비스를.

C Dial 17 / and / input the time / you would like to wake up.
누르시고 17번을 / 그리고 / 입력하세요 시간을 / 당신이 일어나고 싶은 시간을.

You can (also) dial 9 /and/ tell the operator.
당신은 (또한) 9번을 누르고 / 서 / 교환에게 말하셔도 됩니다.

G Thank you.

구문해설

- **get through** : 전화연결하다
- **make a (phone) call** : 전화하다 (= [미] call, telephone, phone, [영] ring)
- **long distance call** 장거리 전화 (= [영] trunk call) / an international telephone call (= oversea call 국제전화) / a local[an out-of-town] telephone call (시내전화 [시외전화]) / a public (tele)phone : 공중전화 (=[영] a pay phone) / house phone : 구내전화 (= 구내연결 전화 extension)
- **wake-up call** : (호텔에서) 아침에 깨워주는 전화

Asking for Extra Bed (추가 침구 요청)

G Hello. This is / room #2101. I would like to ask / for an extra bed.
수고하십니다. 여기는 / #2101호입니다. 저는 신청하고 싶은데요 / 추가침대를.

C Could you please call / number 671 or 7 / for house keeping?
당신은 전화 주시겠습니까? / 671번이나 7번 / 하우스키핑으로.

G How much / do you charge / for an extra bed?
얼마를 / 당신은 요금 부과합니까? / 추가침구에 대해서.

C It is 21,100 won / per night.
21,100원입니다 / 1박에.

G Thank you.

Switching on the Electricity (전원)

G This is / room #2101 in Building A. // I can't turn on / the lights / in the room.
여기가 / 2101호, A동입니다. // 저는 켤 수가 없어요 / 전기를 / 방안에서.

C Did you put the card key / in the key slit / next to the entrance door?
당신은 꽂으셨습니까? 카드키를 / key 박스 안에 / 출입문 옆에 있습니다.

G Oh, I forget / to put the key / in the slot. // I am sorry.
아, 제가 깜빡 잊고 / 키를 넣지 않았습니다 / key 박스에. // 죄송합니다.

Yes, but / the electricity / doesn't come on.
예, 그러나 / 전원이 / 들어오질 않습니다.

C I see. Could you hang up / and / wait a while? / I will send / one of our staff.
알겠습니다. 전화를 끊어시고 / 나서 / 잠시 기다려 주시겠습니까? / 보내 드리겠습니다 / 저희 직원 한사람을.

G Could you do that / as soon as possible?
그렇게 해 주시겠어요? / 가능하면 빨리.

C Yes, I will try. Thank you.
예, 알겠습니다. 감사합니다.

Looking for a guest (투숙객 조회)

G Is this / the sky condominium front desk?
여기가 / Sky콘도 프런트입니까?

C Yes, it is.

G Could you help / me / find a guest / named Gil-dong Hong?
도와주시겠습니까? / 저를 / 고객을 찾고자 하는데 / 이름이 홍길동인데요.

I am sorry / I forget / to bring the memo paper / with his room number written on it.
죄송하게도 / 잊어버렸어요 / 메모지를 가져오는 걸 / 객실번호가 거기에 적혀 있어요.

C Please wait a moment. // Mr. Gil-dong Hong / is not in our guest list. // Do you know / anybody else in the party? / Or / do you know / the membership registration number of the party?
잠시만 기다리세요. // 홍길동 씨는 고객명단에 없습니다. // 알고 계십니까? / 상대방의 다른 분을 / 아니면 / 아십니까? / 상대방의 회원등록 번호를.

G The members name / is ○○○ / and / the number is MS0000.
회원 명이 / ○○○이고 / 회원번호는 MS0000번입니다.

C I will check. // His party is / room #2101 in Building A.
확인 하겠습니다. // 일행이 계십니다 / A동 2101호실에.

G Can you tell me / where the convenience store is?
알려 주시겠습니까 / 편의점이 어디에 있는지?

C Please take the elevator / to the ground floor / and / it will be on your left.
엘리베이터를 타시고 / 1층으로 가시 / 면 / 왼쪽에 있을 것입니다.

C In convenience store / you will find / various items / including the traditional local products.
편의점에서 / 찾을 수 있을 것입니다 / 다양한 물건을 / 토산품을 포함해서.

G How late is that open?
몇 시까지 / 영업합니까?

C The convenience store / is open 24 hours.
편의점은 / 24시간 영업합니다.

C Thank you.
감사합니다.

G you're welcome.
천만에요.

Fax service (팩스 서비스)

G I'd like to fax / this document / to Seoul.
팩스를 보내고 싶습니다 // 이 서류를 / 서울로.

C Could you tell me / your fax number / ma'am?
말씀해 주시겠습니까? / 팩스번호를 / 사모님.

Sure, / please give me the document, / then / I'll fax it, / ma'am.
예. / 저에게 서류를 주십시오. / 그러면 / 전송해 드리겠습니다. / 사모님.

G The number is 02-557-7791.
번호는 ou, two – double five, seven – double seven, nine, one.

C Okay, / just a minute, please.
예, 잠시만 기다리십시오.

Your files / were sent / via fax.
서류가 / 전송되었습니다 / 팩스로.

구문해석

- **slit** [slɪt] : 좁고 가는 구멍
- **slot** 미 [slɑ:t] 영 [slɒt] 가는 구멍, 투입구 : coin ~ 동전투입구 /~ machine 슬롯머신 게임기구
- **party** 당, 정당, 일행, 상대방, 파티
- **traditional local products** 토산품 / concession stand 구내, 관광지 등 매점, 토산품 매점
- **convenience** [kən|vi:niəns] 편의, 편리(한) : ~ store 편의점, ~ food 간편식, 즉석식품
- **fax (machine)**, (formal)*facsimile* : 팩스, ~을 팩스로 보내다 / send ~ = transmit by fax (팩스로 전송하다)

House Keeping

하우스 키핑

Useful expressions(유용한 표현)

1. May I make up your room now, sir?
2. May I check the refrigerator?
3. When do you want / your room / cleaned?
4. If there is anything / you may need, / please contact me / at extension # 7342.
5. I'm sorry, / the TV set is out of order.
6. I'll arrange that / for you.
7. Would it be alright / to bring it / after the room is finished?
8. We will send / more hangers and blankets / to your room / right away.
9. It will take / about 40 minutes / to clean the room.
10. I'll have / them / sent to your room / right away.
11. Was there any discomfort / during your stay?
12. There is the air-conditioner switch / over there.
13. Do you mind / if I put these clothes / into the closet?
14. Do you mind / if I move your belonging?
15. I'm sorry / to disturb you.
16. There is no more soap / left.
17. We will send it to you / by registered mail / immediately, ma'am.
18. I'm sorry / for my carelessness.
19. There is a heating controller / on the wall. Is it (properly) adjusted?
20. Do you mind / if I vacuum the carpet / during your stay?
21. I'm sorry / for opening your door.
22. If there is any discomfort, / please contact me at # 7342.
23. I'll have them sent / to the laundry / right away.

1. 지금 객실을 정비해 드릴까요, 고객님?
2. 냉장고(미니바)를 점검해 드릴까요?
3. 언제 해 드릴까요? 고객님의 객실을 / 정비가 되도록.
4. 어떤 것이 있으시면 / 고객님이 필요하신 것이, / 연락 하십시오 / 구내번호 #7342로
5. 죄송합니다만, / TV가 고장입니다.
6. 정돈을 하겠습니다.
7. 가져오면 / 되겠습니까? / 객실 정돈이 끝난 후에.
8. 추가로 옷걸이와 담요를 / 객실로 / 즉시 / 보내 드리겠습니다.
9. 객실을 정비하는데 / 대략 40분이 / 소요됩니다.
10. 제가 하겠습니다 / 그것들을 / 고객님의 방으로 보내도록 / 즉시.
11. 투숙하시는 동안 / 어떤 불편한 점이 있었습니까?
12. 저기에 / 에어컨 스위치가 있습니다.
13. 옷장 안에 / 제가 이 옷들을 넣어도 / 괜찮습니까?
14. 제가 고객님의 소지품을 옮겨도 / 괜찮습니까?
15. 번거럽게 해드려서 / 죄송합니다.
16. 남아있는 / 비누가 없습니다.
17. 즉시 / 등기우편으로 / 고객님께 보내 드리겠습니다.
18. 저의 부주의로 인해 / 죄송합니다.
19. 벽면에 / 난방조절기가 있습니다. (적당히) 조절되어 있습니까?
20. 머무시는 동안에 / 카펫을 청소해도 / 괜찮겠습니까?
21. 문을 열어놓아서 / 죄송합니다.
22. 불편한 점이 있으시면 / #7342로 저에게 연락 주십시오.
23. 즉시 / 세탁실로 / 보내겠습니다.

Dialogue 1. Asking to the house keeping

H Housekeeping. / May I help you?

G Yes, / I need / a converter for 110 voltage. // Could you bring it / for me?

H We have a converter / in the room.

G Where is it.

H There is two-hole receptacle / in drawer of the bedside table.

G Oh, I see. I found. Thanks.

H Is there anything else?

G I need / some more soup, / toilet paper, / skin lotion, / comb, / tissue paper.

H Yes, sir, / We'll be back / right away.

H 하우스 키핑입니다 / 무엇을 도와드릴까요.

G 예, / 저는 필요한데 / 110볼트용 컨버터가. // 좀 갖다 주시겠어요 / 저에게.

H 예. 컨버터는 비치되어 있습니다 / 객실 안에.
G 어디에 있어요?
H 2구 콘센트가 있습니다 / 침대 옆 테이블 서랍 안에.
G 아 알겠어요. 찾았어요. 고마워요.

H 그밖에 필요하신 것은 없으십니까?
G 필요해요 / 비누가 더 / 화장지 / 스킨로션 / 빗 / 티슈가.
H 예. 고객님. / 가지고 오겠습니다 / 곧.

Dialogue 2. Making up the room (객실정비)

M (Knocking on the door) Housekeeping!
G Yes! What is it? = Yes, who is it? = What do you want?
M May I come in / to clean the your room?
make up
G Yes, come in, please.
I (just) woke up. // Please come back / in another hour.
I'm going out / in 30 minutes.
I'm in the shower.
I'm in the middle of something / now.
Would you please come (here) / in 30 minutes? //
M Sorry sir, / disturb you.

M (문을 노크하고서) 하우스키핑!
G 예! 무슨 일인가요? = 누구요? = 무슨 일인데요?
M 들어가도 되겠습니까? / 고객님 방을 정비하려고 하는데요.
G 예. 들어오세요.
(방금 막) 일어났는데요. // 다시 와주세요 / 한 시간쯤 후에.
외출하려고 합니다 / 30분 안에.
제가 샤워 중인데요.
제가 무엇인가를 하고 있는 중인데요 / 지금.
좀 오시겠어요? (여기에) / 30분 안으로.
M 죄송합니다. / 방해가 되어서.

Dialogue 3.

H Do you want / your room / cleaned / right now?

G Yes, / please send a room maid / to my room.
I'd like to have / the bed sheet / changed.
Please (only) exchange towels /and/ empty wastebasket.
Please clear all the food /that/ is left over / off the table.

H Yes, sir. / Our maid will be there / in a minute.

H 원하십니까? / 객실을 / 정비하기를 / 지금.

G 예. / 룸 메이드를 보내주세요 / 제 방으로.
저는 되기를 원합니다 / 침대시트를 / 갈아주기를.
타올(만) 교체해 주시/고/ 휴지통을 비워주세요.
음식 모두를 치워 주세요 /that/ 남아있는 것들을 / 테이블에서 깨끗이.

H 예. 고객님. / 저희 메이드가 거기로 갈 것입니다 / 곧.

Dialogue 4.

G I asked for / <u>the "*Make Up Room*" sign</u> / on electronic indicator / outside / the door.
<u>the "*Do Not Disturb*" sign</u> /
But / <u>the room has not been cleaned / yet.</u>
<u>someone rang the doorbell.</u>

H <u>We're sorry sir. // We'll send a maid / to your room / right away.</u>
<u>We're sorry / to disturb you.</u>

G 제가 부탁을 했는데 / <u>"객실정비 요청" 사인은</u> / 전지표시핀에나 / 문 바깥쪽에.
/ <u>"청소 거부 요청" 사인을</u> /
그런데 / <u>방이 정비되지 않았어요 / 아직까지도.</u>
<u>누군가가 초인종을 눌렀어요.</u>

H <u>죄송합니다 고객님. // 메이드를 보내 드리겠습니다 / 고객님의 객실로 / 지금 즉시.</u>
<u>죄송합니다 / 방해가 되어서.</u>

Dialogue 5.

H Housekeeping, Can I help you?

G <u>As noise / from the fan / on the ceiling,</u> / I can't stand it.

As next door is noisy, /
Toilet is clogged.
The drain in the bathroom / overflowed.
The popup of washbowl in the bathroom / is a problem (= out of order).

H I'm sorry / about the noise, sir.
We're very sorry / for the inconvenience, sir.
I'm very sorry, sir. // I'll send someone / immediately.

H We'll check / into it.
An engineer will come /and/ check it.
May I check your room sir.

G Please try to get here, quickly.

H 하우스키핑입니다. 무엇을 도와드릴까요?

G 소음 때문에 / 팬에서 나는데 / 천정에서. / 참을 수가 없어요.
옆방이 시끄러워서.
변기가 막혔어요.
욕실 배수구가 / 넘쳐요.
욕실 세면대의 펍업이 / 문제가 생겼어요 (= 고장 났어요).

H 죄송합니다 / 소음에 대해서.
죄송합니다 / 불편을 끼쳐드려.
죄송합니다. // 제가 누군가를 보내드리겠습니다 / 즉시.

H 저희들이 확인해 보겠습니다 / 그것을 자세히.
기사가 가/서/ 점검할 것입니다.
객실을 점검해도 되겠습니까?

G 여기에 오도록 하십시오, 빨리.

Dialogue 6. About heating problem in the room (G : Guest / E : Employee)

G Hello, is the housekeeping?

E Yes sir, may I help you?

G My room is too hot /that/ I can't breathe.

E There is a heating controller / on the wall. // Is it (properly) adjusted?

G I know / how to handle the controller / on the wall. // It's still hot / even though / the thermometer stands / at 20 degrees.

E Something must be wrong / with it. // What's your room number?
We'll call the maintenance (immediately), /and/ have / it / fixed / for you. // He'll be there / immediately.

고객 하우스키핑이죠?

종업원 예 고객님. 무엇을 도와드릴까요?

고객 제 방이 너무 더워/서/ 숨을 쉴 수가 없어요.

종업원 벽면에 / 난방 조절기가 있습니다. // (적당하게) 조절되어 있나요?

고객 알아요 / 벽면 위의 / 조절기를 작동하는 방법을. // 여전히 더워요 / 비록 / 온도가 가리키고 있지만 / 20도를.

종업원 그것에 / 뭔가 잘못된 것 같아요. // 객실번호가 어떻게 됩니까?

(바로) 시설부에 전화를 해/서/ 해놓겠습니다 / 그것이 / 수리가 되도록 / 고객님을 위해. // 그곳으로 갈 것입니다 / 즉시.

Dialogue 7.

H Housekeeping, May I help you?

G There is no bottled water / in the mini-bar.

Please / bring me / two bottled water. // And / I need some ice.

H Yes, / We'll bring you bottled water / right away.

H But / ice is a self-service. // Please / use the ice dispenser.

H It is installed / at the end of the hall / on every floor.

And / ice is (also) available / 24 hours a day.

G Alright, / thank you so much.

키핑 하우스키핑입니다. 무엇을 도와드릴까요?

고객 생수가 없어요 / 미니바 안에.

좀 / 갖다 주세요 저에게 / 생수 2병을. // 그리고 / 얼음이 조금 필요한데요.

키핑 예. / 저희들이 고객님께 생수를 갖다드리겠습니다 / 즉시.

키핑 그러나 / 얼음은 셀프서비스입니다. // 부디 / 얼음제빙기를 이용하십시오.

키핑 설치되어 있습니다 / 복도 끝에 / 모든 층마다.

그리고 / 얼음은 (또한) 이용이 가능합니다 / 하루 24시간.

고객 알았어요. / 고마워요.

Dialogue 8.

H House keeping, May I help you?

G Yes, / I forget / my personal access code of in-room safe. // So, / I can't open it. // Please / send someone / to my room.

H We can open the safe / (only) to primary guest name / on the registration. // First, / we need identification process, sir.

You may be required / to show ID card / when our staff visit your room.

G Certainly.

H We'll send houseman / to you room / in a minute.

키핑 하우스키핑입니다.

고객 예. / 제가 잊어버렸어요 / 객실 금고의 비밀번호를. // 그래서. / 금고를 열수가 없어요. // 부디 / 누군가를 보내주세요 / 제 방으로.

키핑 저희들은 열어드릴 수가 있습니다 / 고객 본인의 이름(에 한해서 만이) / 등록했을 당시에. // 우선. / 본인 확인 절차가 필요합니다. / 고객님.
요구에 응하셔야 합니다 / 신분증을 제시하도록 / 저희 직원이 객실을 방문 시에.

고객 물론이지요.

키핑 저희들이 하우스맨을 보내드리겠습니다 / 객실로 / 즉시.

Dialogue 9.

G I (just) checked in / a few minutes ago.
But / there is a hair / on the bed sheet.
And also, / dust can be found / about the room.
The room looks / unclean (= dirty)
My room looks like / it hasn't been cleaned. // I don't like this room.

H Sorry sir. / We will change the another room.
Our bellman will go up to your room / with another room key.
Our bellman will bring the another room key / with him / in just a minute.

G Yes, please. // I'll wait / in the room, /and/ help me / carry my bag (too).

G 제가 (막) 체크인 했는데 / 조금 전에.
그런데 / 머리카락이 있어요 / 침대 시트 위에.
그리고 또한, / 먼지가 보여요 / 방안 여기저기에.
방이 보여요 / 깨끗하지 않아(불결하게).
제 방이 마치 같아 보여요 / 정비가 되어있지 않은 것처럼. // 방이 마음에 들지 않아요.

H 죄송합니다. / 저희들이 다른 방으로 바꿔드리겠습니다.
벨맨이 고객님의 객실로 올라가서 / 다른 객실 키를 가져갈 것입니다.
벨맨이 다른 객실 키를 가지고 갈 것입니다 / 그가 들고서 / 잠시만 기다려주시면.

G 예. 그렇게 해주세요. / 기다릴게요 / 방에서. /그리고/ 도와주세요 / 짐 옮기는 것(도).

구문해석

- converter [kən|v3:rtə(r)] : 컨버터, 변환기, 전환시키는 것
- receptacle [rɪ|septəkl] = socket[|sɑ:kɪt] = outlet[|aʊtlet], 콘센트, (전기 기구에서 플러그 등을) 꽂는 곳, (전구) 소켓

- who is it? : 누구세요? (사람 모습을 볼 수 없을 때 / who are you?라고 하지 않는다)
- be in the middle of ~ : 한창 ~하는 중이다 / ~의 도중에, ~의 중앙에, ~중간 무렵에
- leftover [leftouvə(r)] : 식사 후 남은 음식
- I'll have / them / sent to the laundry. : ~하도록 하겠다 / 그것이 / 세탁실로 보내도록.
- have[get] + o(사물) + pp ~ : 1. (사람 : 주로 전문직업인) 에게 ~시키다(하게 하다)
  2. (피해를 당하다) / 3. (완료) ~ 해버리다, 마치다
  * get는 주로 비격식체에 사용

예문) 1. have my hair cut : (전문가로부터) 내 머리를 깎게 하다(깎다)
2. I had my watch stolen : 내 시계를 도둑맞았다 (과거분사에 강사)
3. I had my homework all done : 숙제를 모두 마쳤다

- have +o(사람) + v(~ing) : (사역) 남에게 시키다, ~하게 하다, ~에게 ~당하다

예문) Have him come here at 11 : 11시에 그 남자를 여기에 오게 해라.
* get는 비격식체 : have가 get 보다 간접적이고 소극적인 사역

- stand : 참다(주로 부정문에 사용), 견디다, 서다
- be clogged with ~ : ~으로 막히다 (= stop, block)
- washbowl = sink :세면대
- overflower [|ouvər|flou] : 넘치다.
- get (어떤 장소에) 이르다, 도착하다, 가다, 오다
- áir condìtioner : 냉난방 장치, 에어컨(áir condìtioning) / heater 히터
- belongings [bilɔ́ : ŋiŋz, lɑ́ŋ-] . (분반이 가능한) 소유물, 소지품
- carelessness [kέərlisnis] : 부주의
- heating controller [hí : tiŋkəntróulər] : 난방조절장치 / [미발음] 히-딩, [영]히-팅
- vacuum [vǽkjuəm] : (진공청소기로) 청소하다
- like +o(목적) + pp : ~이기를 바라다 + (사물 등이) + 조치되기를.

예) I'd like the bathroom cleaned up : 욕실이 깨끗이 청소되기를 원한다.

- blanket [blǽŋkit] : 담요 / bedding 침구/ pillow 베게 / comforter 이불 / futon 도톰한 요
- make up : 객실 정비 / do not disturb sign : 청소거부를 알리는 표시

hang the "*Make Up Room" sign* on the doorknob. (문고리에 정비요청 카드를 걸어놓다)
"*Do Not Disturb" sign* (문고리에 청소거부 카드를 걸어놓다)

- disturb [distə́ : rb] : (수면을) 방해하다, 어지럽히다
- immediately [ɪ|mi:diətli] : 즉시, 즉각
- bottled water : 병에 든 생수 = mineral[natural, spring] water 생수
- dispenser [dɪ|spensə(r)] : 디스펜스 [soap ~ 물비누 통/ coffee ~ 커피 자판기/ drink ~ 음료자판기 / cash ~ 현금자동지급기]
- install : 미국 · 영국 [ɪn|stɔ:l] (장비 · 가구) 설치[설비]하다 / [명] installation
- safe = strong box : 소형금고
- primary : 미 [|praɪmeri] 영 [|praɪməri] 주된, 주요한, 기본적인

Dealing with calls / from guest rooms (전화처리하기 / 고객 객실로부터 걸려온)

G Hello, / this is room 217 at the hotel. // I have difficulty / turning on the desk lamp.

여보세요. / 여기 217호실 호텔인데. // 문제가 있어요 / 책상 램프전등에 불을 켜는데.

C I will send / a repairman / right away.
보내 드리겠습니다 / 수선공을 / 즉시.

G Pardon me. / I can't hear you / very well.
죄송하지만. / 소리가 들리지 않습니다 / 잘

C Wait a second please. // I will put / the person / who / is in charge of maintenance / on the phone.
잠시만 기다리십시오. // 제가 바꿔드리겠습니다 / 다른 사람을 / 그분은 / 수선 담당자입니다. (* 담당자를 바꿔 드리겠습니다.)

C Could you tell me / your room number / again?
말씀해 주시겠습니까? / 객실 번호를 / 다시 한 번.

C We will take care of it / right away.
저희들이 조치해 드리겠습니다 / 즉시.

C I am not in charge of maintenance, / but / I will get in touch with / the staff in charge, / and / have / him / take care of it / right away.
제가 담당하고 있지는 않지만. / 제가 연락해서 / 담당직원과. / 그리고 / 시키겠습니다 / 직원에게 / 조치하도록 / 즉시

C This is / the mechanical department. // I will connect you / to the electricity department / that / takes care of desk lamps.
이곳은 / 기계실입니다. // 제가 연결시켜 드리겠습니다 / 전기실부서로 / 그곳에서 / 책상 램프를 조치해 드릴 것입니다.

G I can't turn on / the TV.
켤 수 없어요 / TV를

The TV screen / can't be turned on. = The TV screen / doesn't come on.
TV 화면이 / 켜지질 않아요. = TV 화면이 / 나오질 않아요.

The switch / on the night table / doesn't work.
스위치가 / 나이트 테이블에서 / 작동하지 않아요.

The phone / is out of order.
전화가 / 고장인데요.

I can't hear / the other party / on the phone.
들을 수가 없어요 / 상대방을 / 전화에서 (* 상대방 목소리가 안 들려요)

The light / in the room / doesn't come on.
전등이 / 방에서 / 안 들어오는데요.

Electricity / in the consent / is out.
전기가 / 콘센트에서 / 안 들어오는데요.

Electricity is / out.
전기가 / 나갔는데요.

Hot water / isn't available.
온수가 / 나오지 않습니다.

Please bring me / (some) clothes hangers and bathroom tissue.
갖다 주십시오 / 옷걸이와 욕실 화장지 (몇 개를).

The room is too dirty. // Please send / a cleaning person(= lady).
방이 너무 지저분해요. // 보내주세요 / 청소할 사람(= 여자 분)을.

The door of the armoire(bedding closet) / wouldn't close.
장롱 문(이불장 문)이 / 안 닫히는데요.

I can't open / the entrance door / to the room.
열 수가 없어요 / 출입문을 / 객실에.

The window glass / is broken.
창문 유리가 / 깨졌는데요.

The toilet / doesn't flush / very well.
변기의 물이 / 안내려가요 / 잘.

The light / in the bathroom / doesn't come on.
전등이 / 화장실에서 / 안 들어오는데요.

The window / doesn't open / very well.
창문이 / 잘 / 안 열리는데요.

Water / is leaking / from the shower head.
물이 / 새어나오고 있는데요. / 샤워꼭지에서.

The phone button / doesn't work / very well.
전화기 버튼이 / 잘 / 안 눌러지는데요.

It is difficult / to make / an international call. = I can't get / the international line.
힘드네요 / 걸기가 / 국제전화를. = 걸 수 없어요 / 국제전화를

Can you bring(= send) me / a towel? = I need / (some) clean towels.
저에게 갖다 주시겠어요? / 타올을. = 필요합니다 / 새 타올 (몇 장이).

Visiting for repair service (수선서비스를 위한 방문)

C　Hello(Hi)! / Did you report / that / your TV / was out of order?
안녕하세요! / 신고하셨습니까? / TV가 / 고장난 것을.

G Yes.
네.

C I guess / the tuning button is out of order.
제가 생각하기로는 / 튜닝 채널이 고장나서 그렇습니다.

I think / the TV fuse is out.
제가 생각하기로는 / TV 퓨즈가 나간 것 같습니다.

It is because / the antenna code / has been unplugged.
이유는 / 안테나선이 / 콘센트에서 빠졌기 때문입니다.

It is because / the toilet drainage pipe / is clogged / with foreign objects.
이유는 / 변기 배수관이 / 막혔습니다 / 이물질로.

It is because / the light bulb is out.
이유는 / 전구가 나갔습니다.

The phone / is out of order. // I will replace it / with a new one.
전화기가 / 고장입니다. // 제가 교체해 드리겠습니다 / 새로운 것으로.

We can't take care of it / right away / for the lack of parts. // Would you mind / if we transfer you / to another room.
조치를 할 수가 없습니다 / 당장 / 부품이 없기 때문에. // 상관이 없겠습니까? / 저희들이 고객님을 옮겨드리면 / 다른 방으로.

C It's (all) fixed / now.
모두 수리완료 되었습니다 / 이제.

C Is there anything else / we can do for you?
그 밖의 다른 것은 있습니까? / 저희들이 할 수 있는. (* 다른 불편한 사항은 없습니까?)

G No, thank you.
아니요, 됐습니다.

C Have a good rest.
편히 쉬십시오.

G The room temperature / is too low. // The room is too cold (chilly / drafty).
방 온도가 / 너무 낮아요. / 방이 너무 추워요. (냉해요 / 바람 들어와요)

C Is that right? // I / will have / the person in charge(= our staff) / take care of it for you.
그렇습니까? // 제가 / 시키겠습니다 / 담당자(저희 직원)에게 / 그것을 처리하도록.

C Is there / any other problem? // What about the phone, the TV, and the light?
있습니까? / 어떤 다른 문제는? // 어떻습니까, 전화나, TV나, 전등은?

G No, thank you. = No problem. = Thank you.
네, 없습니다.

Checking out (체크아웃)

C Hello, Sky condominium housekeeping.
네 감사합니다. 스카이 콘도 하우스키핑입니다.

G I would like to check out. Could I have a room inspection?
체크아웃 하려고 합니다. 객실점검을 받으려고 합니다.

I am ready / for room inspection.
준비되어 있습니다 / 객실 점검을 받기 위해서.

Could you come / to inspect the room?
오시겠어요? / 객실 점검하러.

C Yes, I will send / our inspection staff. = Our staff / will be with you / shortly.
예, 보내 드리겠습니다 / 저희 점검원을. = 저희 점검원이 / 갈 것입니다 / 곧.

C Hello,/ I came / for room inspection. // Is therc any item / that has been broken / or / lost?
안녕하세요./ 왔습니다 / 점검하러. // 어떤 품목이 있습니까? / 파손했거나 / 아니면 / 분실하신 품목이나.

G No.
네 없습니다.

C Please tell us / if there was anything / you felt inconvenient about / or / anything / that you felt / needed improvement.
저희에게 말씀해 주십시오 / 어떤 것이 있으시면 / 고객께서 불편함을 느꼈던 것이나 / 아니면 / 어떤 것으로 / 고객께서 느꼈던 / 필요한 개선사항을

G Thanks to the kind staff, / I enjoyed my stay here. // But / I thought / the bedding was (rather) heavy.
친절한 직원들 덕분에, / 즐겁게 머물렀습니다 여기서.(잘 쉬었습니다) // 그러나 / 제 생각에는 / 침구가 (다소) 두터웠습니다.

C Thank you. // We will keep that / in mind / and / try / to improve it. // Could you please sign / the inspection form? // Please take this form and the key / to the front desk / and / go through / the check out procedure. // Good-bye.
감사합니다. // 저희들이 그 점을 명심해서 / 마음속에(* 저희들이 참고해서) / 노력하겠습니다 / 개선하도록. // 서명을 해 주시겠습니까? / 적검퓨에다. // 이 용지와 키를 가지고서 / 프린트로 가서 / 서 / 밟으십시오 / 체크아웃 절차를. // 안녕히 가십시오.

구문해석

- **have difficulty + v ~ing** : ~하는데 있어 어려움이 있다
- **repairman** : 수리공 = an engineer / a TV repairman, service ~ 애프터서비스 담당원

- **put someone on the phone** : 누구를 바꿔주다
- **be in charge of ~** : ~ 을 담당하다 / be in charge of maintenance 수선을 담당하다
- **get in touch with ~** : ~와 연락을 취하다
- **staff** : 직원 / = employee, worker (근무자) / staff in charge 담당직원
- **mechanical department** : 기계부서 / electricity department 전기부서
- **take care of somebody / something** : 돌보다, 주의하다, 처리하다
- **T.V screen = T.V picture** : 화면
- **out of order** : 고장 난
- **party** : 상대방 / 단체일행, 당사자, --당(정당), 파티
- **(electrical) outlet** : 콘센트 = socket / (영) power point
- **come on** : power(전원), water supply (물 공급)등 작동이 안 됨
- **armoir** [a:rm wa:r] : 장식장, 장롱
- **flush** : 물을 흘러내리다 / 얼굴이 상기되다
- **be unplugged** : 플러그가 뽑혀 있다 ≠ be plugged 플러그가 꽂혀 있다
- **drainage** : 배수로
- **foreign object** : 이물질
- **chilly** [tʃili] : 쌀쌀한, 추운, 쌀쌀맞은(냉냉한)
- **drafty** [dræfti, drá:fti] : 외풍이 있는, 바람이 들어오는, 통풍이 잘 되는, 생맥주
- **check out** : (객실에서) 퇴실하다 ≠ check in
- **room inspection** : 객실 점검
- **improvement** : 개선 (v) improve
- **bedding** : 침구류
- **keep in mind** : 명심하다 = bear in mind
- **sign** : 서명하다 / (명) signature

Electricity (전원)

C　Thank you. // This is / Hong, Gil-ding at housekeeping.
네 감사합니다. // 하우스키핑 홍길동입니다. (전화상으로 This is ~ ; 저는 ~입니다)

G　This is / room 1234. / I can't turn on / the electricity.
여기가 / 1234호실인데요. / 켜지질 않아요 / 전원이.

C　Is that right? // Did you put the key card / in the key slot?
확실합니까?(* 전원이 안 들어옵니까?) // key card을 넣으셨습니까? / key box안에.

G　Yes, I did.
네, 넣었습니다.

C　Sometimes / our short circuit blocking switch / gets turned off. // Could you please check / the switch?
간혹 / 저희 누전차단기가 / 다운되는 경우가 있습니다. // 확인해 주시겠습니까? / 스위치를

G Could you tell me / where it is?

말씀해 주세요 / 어디에 그것이 있는지?

C You will find / a power distributor / inside the shoe closet / in the vestibule / next to the entrance door. // Open the cover of the power distributor, / the switch / will be / in the off position. // Please turn it on.

찾으실 것입니다 / 배전반을 / 신발장 안쪽 / 현관에서 / 출입문 옆에 있습니다. // 배전기의 문을 여시면, / 스위치가 / 되어 있을 것입니다 / 다운 위치의 상태로. // 그것을 올려 주십시오.

G Yes, / electricity / is on / now.

예, / 전원이 / 들어옵니다 / 이제.

G Electricity / is (still) out.

전원이 / (여전히) 안 들어옵니다.

C That's good. // Have a good rest.

좋습니다. // 편히 쉬십시오.

C I am sorry. / We will have / it / examined / and / taken care of / right away.

죄송합니다. / 저희들이 해 놓겠습니다 / 그것이 / 검사 되도록 / 그리고 / 처리하겠습니다 / 즉시.(*저희들이 곧 확인 조치해 드리겠습니다.)

C Thank you. // This is / Hong, Gil-dong at housekeeping.

감사합니다. // 하우스키핑 홍길동입니다. (전화상으로 대답할 때 This is ~)

G This is room 1257. // Electricity / went out / suddenly.

여기는 / 1257호인데요. // 전기가 / 나갔습니다 / 갑자기.

C Are you using / any electric appliances?

지금 사용하시고 있습니까? / 어떤 전기 제품을.

G I've (only) been using / the coffee pot.

(단지) 사용 중이었습니다 / 커피포트를.

C Oh, I see. // It seems like / water got into / the coil at the base of the coffee pot / either / while you were using it / or / during our maintenance / and / may have caused short circuit. // Please unplug the coffee pot / and / turn on the switch of the power distributor. // If electricity doesn't come on / after taking all those steps, / please let / us / know. // We will have / it / examined / for you.

네, 알겠습니다. // ~ 한 것 같습니다 / 물이 들어가서 / 커피포트 바닥의 전선 안으로 / 둘 중 하나인데 / 손님께서 그것(포트)을 사용하고 있었거나 / 아니면 / 저희들이 수리 중이었거나 / 그래서 / 누전이 일어났을지도 모릅니다 / 커피포트 플러그를 뽑아 주십시오 / 그리고 / 배전판 스위치를 올려 주십시오. // 전원이 들어오지 않는다면 / 이런 모든 조치를 취한 후에도, / 저희들에게 / 알려 / 주십시오. // 저희들이 해 놓겠습니다 / 그것이 검사가 되어 지도록. (*저희들이 검사하여 조치해 놓겠습니다.)

C Thank you. This is Hong, Gil-dong / at housekeeping.
감사합니다. 하우스키핑 / 홍길동입니다.

G This is / room 1012. // The light bulb - in the bathroom / doesn't come on.
- ceiling (천정 등)
- desk lamp (스탠드 전등)
- above the sink (싱크대 위 전구)
- on the wall (벽등)

여기는 / 1012호실인데요. // 욕실 전구가 / 안 들어옵니다.

C Have you tried / to switch it on?
해 보셨습니까? / 스위치를 켜기를.

G Yes.
네.

C I see. // We will change / the bulbs for you
네 알겠습니다. // 교체해 드리겠습니다. / 전구를.

G This / is room 2015 at the hotel. // There is no electricity / in the room.
여기는 호텔 2015실인데. // 전기가 들어오지 않네요 / 객실에.

C Was it / like that / when you checked in? // Did you turn on / the switch / next to the bathroom entrance?
그게 / 그와 같았습니까? / 고객님께서 체크인 했을 때부터. // 켜보았습니까 / 스위치를 / 욕실입구 옆에 붙어있는데.

G Yes.
예.

C I will talk to the people at the front desk / and / have / them / connect the electricity in your room.
제가 프런트 직원에게 이야기해서 / 해 드리겠습니다 / 그들에게 / 방안에서 전원을 연결시키도록.

G Thank you.
감사합니다.

C Thank you. Have a good rest.
고맙습니다. 편히 쉬십시오.

Mechanical Problems (기계 사항)

C Thank you. / Condominium housekeeping.
감사합니다. / 콘도 하우스키핑입니다.

G The room / is not warm / enough.
방이 / 따뜻하지 않아요 / 충분히

C Did you try to adjust / the temperature control?
조절해 보셨습니까? / 온도조절기를.

G Where / is it located?
어디에 / 그것이 위치해 있습니까?

C You will find a small box / on the living room wall. // Would you try to find it / while you are on the phone?
조그마한 박스(온도조절기)를 찾을 수 있을 것입니다 / 거실 벽면에 있습니다. // 찾아보시겠습니까? / 전화를 끊지 마시고.

G Yes, I found it.
예. 찾았습니다.

C Where is / the temperature control indicator?
어디에 있습니까? / 온도조절 지침이. (* 몇 도에 맞추어져 있습니까?)

G It is / at 18 degrees C.
18도에 맞추어져 있습니다.

C You will find a temperature control lever / under the box. // Please turn the lever / so that / the needle will be adjusted / to 27 degrees C. // After 40 minutes / the temperature will be adjusted / to the range / you want.
온도조절 레버를 찾을 수 있습니다 / 박스 아래에. // 레버를 돌리세요 / 그래서 / 바늘을 조절하게 됩니다 / 27도로. // 40분 후에 / 온도가 맞추어집니다 / 고객님께서 원하는 / 설정에.

G Very well.
알겠습니다.

C If you (still) feel chilly / after forty minutes, / please give us / a call. // Have a good rest.
(여전히) 추위를 느끼시면 / 40분 후에도, / 저희에게 주세요 / 전화를.
// 편히 쉬십시오.

C Thank you. // This is / Park jun-ho of Condominium housekeeping.
감사합니다. // 콘도 하우스키핑 박준호입니다.

G The hot water runs / intermittently.
온수가 나오네요 / 간헐적으로. (* 온수가 나오다가 안 나옵니다.)

C It is / because you have used up / the heated water. // If you wait / for twenty minutes, / you will have steady supply / of hot water (again).
그건 / 손님께서 다 사용하셨기 때문입니다 / 데워진 물을. // 기다리시면 / 20분간, / 지속적으로 공급받게 될 것입니다 / 온수를 (다시).

G Is there any way / you can supply hot water (continuously)?
어떤 방법이 있습니까? / 온수를 (계속) 공급해 줄 수 있는.

C I am sorry. // We have separate furnaces / for each unit. // Since the hot water tank capacity is limited, / it is impossible / to have a great quantity of hot water / at a time. // I apologize / for the inconvenience. // But / I am afraid / you will have to wait / for the water / to be heated up.
죄송합니다. // 저희 콘도는 단독 보일러로 가지고 있습니다 / 각 객실마다. // 온수 탱크용량이 제한되어 있기 때문에, / 불가능합니다 / 많은 양의 온수를 가지는 것은 / 한꺼번에. // 제가 사과드리겠습니다 / 불편을 끼쳐드려서 // 그러나 / 죄송하지만 / 기다리셔야 합니다 / 물이 / 데워지도록.

C Thank you. Condominium housekeeping.
감사합니다. 콘도 하우스키핑입니다.

G There is no hot water. // I have no running hot water. // Hot water supply / has been cut off.
온수가 나오지 않습니다. // 수돗물 온수가 안 나옵니다. // 온수 공급이 / 끊어졌습니다.

C You don't have hot water!
온수가 나오지 않습니까!

C Haven't you used / any hot water / at all?
사용하지 않았습니까? / 온수를 / 전혀.

G No.
예.

C Could you give / us / your room number? // We will have / it / checked / and taken care of. // It takes / 20 to 30 minutes / to have the water in the tank / heated. // If you don't get any hot water / after that / please let us know.
주시겠습니까? / 저희에게 / 객실번호를. // 저희들이 해놓겠습니다 / 그것을 / 확인하고서 / 조치가 취해지도록. // 시간이 소요됩니다 / 20~30분 정도 / 탱크 안 물이 / 데워지는데. // 온수를 얻을 수 없다면 / 그 후에도 / 저희들에게 알려 주십시오.

C Thank you. This is ○○○ at the housekeeping.
감사합니다. 하우스키핑 ○○○입니다.

G This / is room 000. // The room / is (extremely) cold. // I can't control / the room temperature.
여기는 / 000호실입니다. // 방이 / (굉장히) 춥습니다. // 조절할 수가 없어요 / 방 온도를.

C We are controlling the temperature / from the central mechanical room, / and / you won't be able to adjust / the temperature / from the guest room.
저희들이 온도를 조절하고 있기 때문에 / 중앙 기계실에서, / 그래서 / 맞출 수가 없습니다 / 온도를 / 객실에서는.

구문해석

- short-circuit : (전기회로의)합선, 누전 / blocking switch 차단 스위치
- power distributor : 전력 배전관
- vestibule [vestibju:l] : (큰 건물의)현관
- appliance : 기계, 기구, 장치 설비, 전기기구 household electrical ~ 가전제품
- electric appliance : 전기기구(제품) / ~ engineer 전기기사 / ~ power 전력 / ~ apparatus 전기장치 / ~ current 전류
- get into ~ : 쓰며 들어가다 / ~에 들어가다, 타다, 도착하다, ~을 입다
- while + s + v ~ : ~ 하는 동안 = during + 명사
- take a step : 조치를 취하다
- have + 사물(무생물) + pp : 사물이 올 경우 뒤에 동사는 pp형으로 됨
  I / have / the TV / repaired. 내가 TV를 수선이 되도록 해놓겠다.
- adjust : 조정(조절)하다
- 0° degree C : 0 degrees centigrade [séntəgrèid] (섭씨 0 도) = celsius [sélsiəs] / (미국) 32°F : 32 degrees Fahrenheit [fǽrənhàit] 화씨 32도 화씨와 섭씨의 관계식은 「F(화씨) = 9/5C(섭씨) + 32」임. 따라서 섭씨 0°는 화씨 32°, 섭씨 100°는 화씨 212°에 해당됨. (3) 영미에서는 온도계의 단위로 보통 화씨가 쓰임.
- give a call : 전화하다
- water run : 물이 나오다
- intermittently [intərmítntli] : 간헐적인, 간간이 일어나는
- use something up : ~ 을 다 쓰다
- furnace [fə́:rnis] : 보일러 (boiler)
- unit : 콘도 동
- at a time : 한번에
- apologize for + 명 : ~을 사과하다
- I am afraid +s +v : 쇠송하지만, ~ 할 것 같다
- cut off : (수도 등) 단수하나 = shut off
- extremely [ikstrí:mli] : 아주, 극도로

Problems with gas range (가스레인지 사항)

C Thank you. This is ○○○ at housekeeping.
감사합니다. 하우스키핑 ○○○입니다.

G The gas range in our unit / doesn't work.
객실에 가스레인지가 / 안 됩니다.

C Could you explain / the problem / in detail?
설명해 주시겠습니까? / 안 되는 문제점을 / 좀 자세히.

G The ignition button is stuck / and / can't be pressed.
점화 버튼이 고장 나서 / 눌러지지 않아요.

C If that's the case, / please look for the ignition locking device lever / under the on and off buttons. // Please push the lever / to the opposite direction.
그럴 경우에는, / 점화 잠금장치 레버를 찾으세요. / 켜고 끄는 버튼 아래에 있습니다. // 레버를 밀어 보세요 / 반대쪽으로.

G Yes, light / is on now.
예, 불이 / 이제 들어옵니다.

C Thank you. Have a good rest.
감사합니다. 편히 쉬십시오.

C Thank you. This is ○○○ at housekeeping.
감사합니다. 하우스키핑 ○○○입니다.

G The gas range / doesn't light up.
가스레인지가 / 불꽃이 튀지 않습니다.

C Please try and see / if you can press / the on and off buttons
한번 시도해 보세요 / 눌러 지는지를 / 켜고 끄는 스위치가

G I can press them / both.
누를 수 있습니다 / 양쪽 다. (* 양쪽 다 눌러집니다.)

C I think / the charging battery is exhausted. // If you wait a moment, / we will have / our staff / examine the battery / and / replace it for you.
제 생각에는 / 충전용 건전지가 다 소모된 것 같습니다. // 잠시만 기다리시면, / 저희들이 / 시키겠습니다 / 직원에게 / 건전지를 점검하게 해서 / 그리고 / 교체를 하도록.

C Thank you. This is ○○○ at housekeeping.
감사합니다. 하우스키핑 ○○○입니다.

G The gas range / doesn't light up.
가스레인지 / 불꽃이 나오지 않습니다.

C In that case, / please try to find / the gas leakage blocking device / on the wall next to the kitchen. // You will find / on and off switches / on the device. // Please put the switch / at on position / and / try / lighting the range / again.

그러시면, 한번 찾아보십시오 / 가스누설 차단기를 / 주방 옆 벽면에 있는데. // 찾을 수 있을 것입니다 / on & off 스위치를 / 그 차단기에 보시면. // 스위치를 놓아두세요 / 열림(on) 상태로 / 그리고서 / 시도해 보세요 / 가스레인지 켜기를 / 다시 한 번.

G Yes, it's working.
예, 작동됩니다.

C Thank you. Please take care.
감사합니다. 편히 쉬십시오.

C Thank you. This is ○○○ housekeeping.
감사합니다. 하우스키핑 ○○○입니다.

G Could you explain to me / how to use the electric range.
저에게 설명해 주시겠습니까? / 어떻게 사용하는지 전기레인지를.

C When the range is on, / you can see / the lamp at the center / lighted.
전기레인지가 작동되면, / 알 수 있습니다 / 중앙에 있는 램프에 / 불이 들어오는 것을

C When you want high heat, / please adjust the dial lever / to 3.
높은 열을 원하실 때는, / 다이얼 레버를 맞추세요 / 3번으로.

When you are not using it, / please turn the dial to 0, / and / the lamp at the center / will go off. // Please take care / not to burn yourself / on the hot plate.
그것을 사용하지 않으실 때는, / 0번에 다이얼을 돌리시고, / 그러면 / 중앙 램프가 / 불이 꺼집니다. // 주의하시기 바랍니다 / 화상을 입지 않도록 / 열판에.

G I will be careful.
조심하겠습니다.

C Thank you. This is ○○○ at house keeping.
감사합니다. 하우스키핑 ○○○입니다.

G The gas alarm / has gone off. = I can hear / the gas alarm.
가스경보기가 / 삐 - 하고 소리가 나고 있습니다. = 들립니다 / 가스경보기 소리가.

C I see. // Have you (by any chance) unplugged / the leakage blocking device.
알겠습니다. // (혹시) 빼신 적이 있습니까? / 누전 차단기를.

G Yes, I have, / thinking / that / I was unplugging / the cord of the rice cooker.
네, 그런 적이 있습니다. / 생각하기로는 / 제가 뺐다 꽂았습니다 / 밥솥 코드인 줄 알고.

C Our gas alarm / goes off (automatically) / for 1-2 minutes / when the cord is unplugged / and then / plugged back in. // Since there is no problem / with gas, / please take it easy. // If you wait (for a while), / the alarm will stop automatically.

가스경보는 / 울립니다 (자동으로) / 1~2분간 / 코드가 빠졌다가 / 그리고서 / 다시 꽂으면. // 아무 이상이 없기 때문에 / 가스에는, / 안심하십시오. // (잠시만) 기다리시면, / 경보기가 꺼집니다 자동으로.

G I see. Thank you / for your help.
알겠습니다. // 감사합니다 / 도와주셔서.

Laundry service (세탁물 서비스)

G This is / room 000. // I would like - a dry cleaning service.
- laundry (라운드리 = 세탁)
여기는 / 객실 000호실입니다. // 드라이클리닝을 하고 싶습니다.

C We will send our staff (right away) / to pick up your laundry.
직원을 보내드리겠습니다 (즉시) / 세탁물을 수거하러

L(Laundry Pick-up Service) (세탁물 픽업 서비스) Hello. Did you ask for / laundry service?
안녕하십니까. 의뢰하셨습니까? / 세탁물을

G Yes, I did.
네, 그렇습니다.

L I will enter the items / in the laundry service form / and / verify them / one by one, / if you don't mind. // One pair of socks for laundry, / and / a suit for dry cleaning, / and / one pair of casual pants for ironing (only). // Is everything / correct?
품목을 기입해서 / 세탁물서비스 용지에 / 그리고 / 확인하려고합니다 / 하나씩 하나씩. / 그렇게 해도 되겠습니까? // 양말 1켤레는 세탁, / 그리고 / 양복 1벌은 드라이클리닝, / 그리고 / 캐주얼 바지 1개는 다림질(만) // 전부 / 맞습니까?

G Yes.

L When / will you need them (back)? // The charge for the same day service / is shown on the price list. // If you would like your laundry (back) / in two hours, / there is a 100% extra charge. // If you want it back in four hours, / there is a 50% extra charge. // For ironing only, / the charge is / half of dry cleaning.
언제까지 / 세탁물을 (다시)가져오길 원합니까? // 당일 서비스 요금은 / 가격리스트에 표시된 대로입니다. // (갖다 주는) 세탁물서비스를 원하시면 / 2시간 이내로, / 100% 추가 요금이 있습니다. // 4시간 서비스를 원하시면, / 50% 추가됩니다. // 다리미질만 할 경우에는, / 요금은 / 드라이클리닝의 50%입니다.

G I would like the - same day service. (당일서비스로 하고 싶습니다)
- 2 hour service. (2시간 서비스)
- ironing only. (다림질만)

L I see. // When the laundry is ready, / I will bring them (right up) / to your room.
잘 알겠습니다. // 세탁물이 완료되면, / (즉시) 갖다드리겠습니다 / 객실로.

Ordering additional bedding and changing towels (추가침구와 타올 교체)

G This / is room 1312 at condominium.
여기는 / 콘도 1312호인데.

I would like to order / one set of additional - bedding.
- new towels.

주문하고 싶은데요 / 1set 추가 - 침구를.
- 새 타올을.

C There is an additional charge of - 12,100 won / for an extra set of bedding /
- 2,000 won
per night.

추가요금 - 12,100원입니다 / 추가 침구 1set당 / 1박에.
- 2,000원

G What does / one set of - bedding include?
- towel

어떻게 됩니까? / 1set - 이불은 포함하여.
- 타올

C One set includes / one futon and comfort / in the case of a Korean style room, // and / one cot with bedding / in the case of a western style room. // One set of towels includes / four facial towel, / one with bath towel, / and one tub met.

1set은 포함됩니다 / 이불과 요 한 개씩이고 / 한실인 경우. // 그리고 / 침구류와 함께 간이침대 1개입니다 / 양실의 경우에. // 타올 1set은 포함이 됩니다 / 페이스 타올 4장. / 베스타올 1장. / 그리고 욕실바닥 매트 1장입니다.

G If that's the case, / please send / us / two sets of - Korean style bedding.
- towels
- cots

그럴 경우에는. / 보내 주십시오 / 저희들에게 / 2세트 - 한실 침구류를.
- 타올을.
- 보조침대를.

C Yes, we will send / them / (right away).
we will be (right) / with you.

보내드리겠습니다 / 그것들을 / (즉시). = 가져가겠습니다 / (바로) / 고객님에게.

C Hello. // I brought / the bedding / you requested. // Could you please tell me / for how many days / you are going to use / the bedding?

안녕하십니까. // 가져왔습니다 / 침구를 / 손님께서 요구하신 침구입니다. // 말씀해 주시겠습니까? / 며칠 동안 / 고객님께서 사용하실 예정이신지 / 침구를.

G For two nights.
2박 동안입니다.

C It's 12,100 won / for one day. // And / for two days / it amounts / to 24,200 won. // Could you please sign / the receipt?
요금이 12,100원입니다 / 1일간. // 그러면 / 2일간은 / 합계 계산이 됩니다 / 24,200원으로. // 서명 좀 해 주시겠습니까? / 영수증에.

G I see. / Thank you.
알겠습니다. / 고맙습니다.

When a guest has checked into an uncleaned room (미정비 객실로 입실)

G This / is room 1012. // I have (just) checked in. // The room / hasn't been cleaned (yet). // Could you clean it (up) / right away?
여긴 / 1012호실인데. // (지금 막) 체크인 했는데. // 방이 / (아직) 정비가 안 되어 있네요. // 청소를 (완전하게) 해 주시겠어요? / 즉시.

C I am sorry. // The room / is not ready (yet), / because / our check out time / is 11:00.
I / will have / a maid / get the room ready / as soon as possible. // If you spend time / in the lobby, / we will get / the room / ready / in the meantime. // We would appreciate it / if you could leave / the valuables / at the front desk.
죄송합니다. // 방이 / 준비가 안 되어 있습니다 (아직), / 왜냐하면 / 체크아웃 시간이 / 11시입니다. //
제가 / 시키겠습니다 / 룸 메이드로 하여금 / 방이 준비가 되도록 / 가능하면 빨리. // 고객님께서 시간을 보내시면 / 로비에서. / 저희들이 해 놓겠습니다 / 방을 / 준비토록 / 그 사이에. // 고맙겠습니다 / 맡겨 주시면 / 귀중품을 / 프런트에.

G Yes, I see.
예, 잘 알겠습니다.

C Thank you.
고맙습니다.

Lost items (분실물)

G Hello. I stayed in your hotel. // And / I am calling / because / I think / I left one of my personal belongings / in the room / when I was checking out.
안녕하십니까. 제가 투숙하였는데 호텔에서. // 그런데 / 전화를 드렸습니다 / 왜냐하면 / 제가 생각으로 / 제가 개인 소지품을 하나를 놓아 둔 것 같습니다 / 방안에 / 체크아웃 했을 때.

C Is that right? // Then / could you give / the date (you checked out), / your room number, / and / a description of the lost item?

그렇습니까? // 그러면 / 말씀해 주시겠습니까? / (손님께서 체크아웃 한) 날짜와 / 객실 번호, / 그리고 / 분실물 내용에 대해서.

G The room number / is 2156 / and / the check out date / is March 5th. // The item (I left in the room) / is a suit. (a dress shirt, a T shirts, a polo shirt, a wallet, a ski jacket and pants, a necklace, a pair of glasses, a pair of socks, a pair of sneakers, a bag, golf clubs.)

객실 번호는 / 2156호실이며 / 그리고 / 퇴실 날짜는 / 3월 5일입니다. // 분실물은 (제가 객실에 두고 온 것으로) 양복입니다. (Y셔츠, T셔츠, 폴로셔츠, 지갑, 스키복(재킷, 바지), 목걸이, 안경, 양말, 운동화, 가방, 골프채)

C One moment please. // I will check / the list of found items. // The item (you lost) / is being kept / in our office. // Could you come / to our office / to pick it up? // If it is difficult / for you / to come (in person), / we will send it / by home delivery service.

잠시만 기다려 주십시오. // 확인하겠습니다 / 습득물 대장을. // 물건은 (손님께서 분실한 것은) 보관되어 있습니다 / 저희 사무실에. // 오시겠습니까? / 저희 사무실로 / 물건을 찾으러. // 만약 그것이 어려우시면 / 고객님께서 / (본인이 직접) 오시기가, / 저희들이 보내 드리겠습니다 / 택배 서비스로.

*postal service 우체국 택배 / *delivery company 택배회사 = courier service

G I have a plan / to visit hotel / around March 10th. // I will stop by / during the visit.

I don't have any plans / (to visit hotel). // I would appreciate it / if you could send it / by courier service.

제가 계획하고 있습니다 / 호텔방문을 / 3월 10일경에. // 들리겠습니다 / 방문할 때.
저는 (호텔을 방문 할) / 아무 계획이 없습니다. // 고맙겠습니다 / 보내주실 수 있다면 / 택배로

C Yes, / whatever is convenient for you. // We will keep the item / until then. In that case, / could you please give / us / your address and the phone number?

예, / 고객님 편리하신대로 하십시오. // 저희들이 물건을 보관하고 있겠습니다 / 그 때까지. 그러시면, / 주시겠습니까 / 저희에게 / 주소와 전화번호를

G Good. // I will see you soon. // My cell phone number / is 010-4071-2321. And / the address / is 101-1010 Han-ill Apt, Samsung-dong, Kangnam, Seoul.

좋습니다. // 조만간에 뵙겠습니다. // 제 핸드폰번호는 / 010-4071-2321번입니다.
그리고 / 주소는 한라아파트 101동 1010호, 삼성동, 강남, 서울입니다.

C I see. // I will try to arrange it / so that / you will receive it / in delivery service / in two or three days.

잘 알겠습니다. // 물건을 잘 정리할 것입니다 / 그러면 / 받으실 것입니다 / 택배로 / 2~3일 이내로.

G　Thank you.

감사합니다.

C　I am (terribly) sorry. // But / we don't have / that item (listed) / here. // Could you think (once again) about / where you may have left it? // We will check our guest rooms (once again) / and / get in touch with you. // We will check with the maid / (who / was in charge of your room / at the time) / again // and / let you know. // Could I have / your name and the phone number?

(대단히) 죄송합니다만. // 저희는 없습니다 / (접수된) 물건이 / 여기에. // 생각해 보시겠습니까 (다시 한 번) / 어디에 두셨는지 그것을? // 저희들이 점검해서 (다시 한 번) / 그리고서 / 고객님께 연락드리겠습니다. // 저희들이 확인하겠습니다 (고객님의 객실을 담당했던 / 그 당시) 메이드에게 / 다시 // 그리고 나서 / 알려드리겠습니다. // 알려주시겠습니까? / 성함과 전화번호를. /

G　My name is Garry Jung, / and / the cell phone number is 010-0000-0000. Thank you.

이름이 게리 정이고, / 핸드폰번호는 010-0000-0000입니다. 감사합니다.

C　We have checked / with the room maid / again.

I think / you must have lost / it / somewhere else.

저희가 확인해 보았습니다 / 룸 메이드에게 / 다시.

제 생각으로는 / 고객님께서 분실하신 것 같습니다 / 물건을 / 다른 곳에서.

G　Thank you.

감사했습니다.

Electric light is out in the bathroom (욕실 전구가 안 들어 옴)

G　This / is room 712 at the hotel. // The ceiling (desk lamp / closet / time switch) light / is out.

여기는 / 호텔 712호실인데. // 천정 (책상 램프 / 옷장 / 타임스위치) 전등이 / 안 들어오는데요.

C　I see. We will take care of it / right away.

잘 알겠습니다. 조치를 해 드리겠습니다 / 지금 즉시.

G　Thank you.

고맙습니다.

C　Thank you. Have a good rest.

감사합니다. 편히 쉬세요.

Problem with electric appliances (전열기구 문제)

✔ [Electricity connection problem with the TV] TV 전원연결 문제

G This / is room 607 at the hotel. // The TV / doesn't come on.
여기는 / 호텔 607호실이네. // TV가 / 켜지지 않습니다.

C Did you check / whether the code is (firmly) plugged / into the wall outlet (at the back of the chest)?
확인하셨습니까? / 코드가 (단단하게) 꽂혀 있는지 / (문갑 뒤에 있는) 벽면 콘센트에.

G Yes, I did.
예, 확인하였습니다.

C Then, / could you please put the main switch (in the front part of the TV) / at the on the position / and / turn on the power switch (again)?
그러면, / (TV 앞면에 있는) 메인 스위치를 켜놓으시고 / on상태로 / 그리고서 / (다시) power 스위치를 눌러 보시겠습니까?

G I did / as you instructed me, / and / the TV / (still) doesn't come on.
제가 해 봤는데 / 가르쳐 준 대로, / 그런데도 / TV가 / (여전히) 안 나오네요.

C In that case / we will send one of our maintenance staff / and / have / it / repaired.
그러면 / 저희들이 수리직원 한명을 보내어 / 그리고서 / 조치해 놓겠습니다 / TV(it)가 / 수리될 수 있도록.

G Thank you.
감사합니다.

When the TV has a bad reception (TV 화질에 문제가 있을 때)

G This / is room 520 at the hotel. // The TV reception / is not very good.
여기는 / 호텔 520호실인데. // TV 화면상태가 / 좋지 않아요.

C Which channel / has the reception problem?
몇 번 채널이 / 화면상 문제가 있습니까?

G All channels / do.
모든 재널이 / 그래요.

C We will send one of our staff / to take care of the problem.
저희가 직원 한명을 보내서 / 문제를 조치해 드리겠습니다.

Operation problem with nigh table (나이트 테이블 작동에 문제)

G This is room 901. // I am trying to turn on the TV (the desk lamp, the radio, the air conditioner, the ceiling light), / but / the switch on the night table / doesn't work.

여기는 901호실인데요. // T.V (스탠드, 라디오 에어컨, 천정 전등)을 켜려고 하는데, / 그런데 / 나이트 테이블 스위치가 / 작동하지 않는군요.

C I / will have / our staff / take care of the problem (right away).

제가 / 해 드리겠습니다 / 저희 직원이 / (즉시) 그 문제를 조치하도록.

G I would appreciate it.

고맙습니다.

C Thank you.

감사합니다.

When the telephone is out of order (전화기 고장)

G This is room 1209. // The phone in the room / doesn't work. (There is much interference / in the reception. // The dial tone / doesn't come on.)

1209호실인데. // 객실 전화기가 / 작동하지 않습니다. (많은 잡음이 납니다 / 수신 중에. // 신호음이 / 울리지 않습니다.)

C I / will have / our staff take care of the problem / right away.

제가 / 해 드리겠습니다 / 저희직원이 그 문제를 조치하도록 / 즉시.

G Please do so / as soon as possible.

그렇게 해 주세요 / 가능하면 빨리.

C I will.

네 잘 알겠습니다.

G The refrigerator / doesn't work.

냉장고가 / 작동하지 않습니다.

C Is the electricity / connected?

전원은 / 들어옵니까?

G No, It is turned off.

아니요, 전원이 꺼져 있어요.

C We'll check it / right up, sir.

저희들이 점검해 드리겠습니다 / 즉시.

How to operate the air conditioner (에어컨 작동방법)

G This is room 613. The room is cold.
613호실인데, 객실이 추워요.

How does the heating system / work / in the western style room?
어떻게 난방이 / 작동됩니까? / 양실에서는.

C Our hotel / has a central heating system. // Heat / is supplied / between 4:00 a.m. and 6:00 p.m., / 4:00 p.m. and 6:00 p.m., / and / 10 p.m. and midnight / in winter. // During the heat supply hours, / please adjust the air conditioner switch / to the temperature (you want). // When the heating hours are over, / cold air will come (out of the air conditioner). // So / please make sure that / you turn it off.
저희 호텔은 / 중앙난방식입니다. // 난방은 / 공급됩니다 / 오전 04:00~06:00와, / 오후 04:00~06:00, / 그리고 저녁 10:00~24:00 사이 / 겨울에. // 공급시간 동안에, / 에어컨 스위치를 조절하시기 바랍니다 / (고객님이 원하는) 온도에. // 난방시간이 끝나면, / 찬바람이 (에어컨에서) 나올 것입니다. // 그러면 / 꼭 확인하셔서 / 고객님께서 꺼주시면 됩니다.

G Thank you / for the information.
감사합니다 / 알려주셔서.

C Thank you.
감사합니다.

Inadequate heating (불충분한 난방)

G This is room 1605. The room is very cold. (It's freezing.) //
Could you please check / the heating system in the room?
1605호실인데, 객실이 추운데 (얼 것 같아요). // 점검 좀 해주시겠어요 / 객실 난방을.

C Yes, but / before we send someone / to check it, / may I ask you to check / to what degree the temperature controlling switch / is adjusted?
예, 잘 알겠습니다만 / 저희들이 사람을 보내기 전에 / 점검을 위해, / 제가 고객님께 확인하도록 부탁을 해도 되겠습니까? / 몇 도에 온도조절 스위치가 / 맞추어져 있는지.

G It is / at 30 degrees.
30도에 놓어져 있습니다.

C I am sorry, but / the temperature switch doesn't work, / when it is adjusted to 30 degrees. // Here's / how you can operate the switch. // If you move the lever /

from the lowest temperature / toward higher temperatures, / you will here a clicking sound. // Place the lever (at the temperature) / that / is 2 or 3 degrees above the point / where / you heard the clicking sound.

죄송합니다만, 온도스위치가 작동하지 않습니다. / 30도로 조절이 되어있으면. // 여기에 / 스위치를 작동하는 방법은 이렇습니다. // 레버를 움직이시면 / 가장 낮은 온도에서 / 높은 온도로, / 들릴 것입니다 딸깍하는 소리가. // 놓아두시면 됩니다. 레버를 (그 온도에) / 그 온도는 / 2~3도씨 높은 위치입니다 / 그 위치에서 / 딸깍하는 소리가 들립니다.

G I see. / I tried, but / I couldn't hear / the clicking sound.

I can hear / the clicking sound.

잘 알겠습니다. / 시도를 해 보았는데, / 안 들리는데요 / 딸깍 소리가.

들립니다 / 딸깍 소리가.

C It's all set (then). // Please wait (half an hour), and / if the room hasn't gotten warm / by that time, / please give us a call (again).

다 맞춰졌습니다 (그러면). // (30분간) 기다리시고도, / 객실이 따뜻해지지 않으면 / 그때까지, / 저희들에게 (다시) 전화 주십시오.

G I called / about the heating problem / a while ago. // I waited (for half an hour) / as you instructed, / but / the room / hasn't gotten warm (at all).

제가 전화를 했는데 / 난방문제로 / 조금 전에. // (30분이나) 제가 기다렸는데 / 알려준 대로, / 그런데도 / 방이 / (전혀) 따뜻해지지 않아요.

C I am sorry / to hear that. // Do you think / you could wait (for 10 minutes) / until it is time (for the heat) to come on? // We could come in / and / check them.

죄송합니다 / 말씀을 듣고 보니. // 괜찮으시겠습니까? / (10분간) 기다려 주신다면 / (난방이) 들어올 때까지. // 저희들이 들어가서 / 확인하고자 합니다.

G That's fine / with me.

괜찮아요 / 저는.

C Thank you. // We / call on / you / in ten minutes.

감사합니다. // 저희가 / 방문하겠습니다 / 고객님을 / 10분 안에.

구문해석

- **ignition** [igníʃən] : 점화, 발화
- **next to** ~ : ~ 옆
- **how to + v** ~ : ~ 하는 방법
- **buzz** : n. 기계의 소음, 윙윙거리는 소리 / v. 윙윙거리다, 전화하다
- **insecticide** [inséktəsàid] : 살충제 / spray type ~ : 분무형 에프킬라
- **plaster** 미 [plǽstər] 영 [plɑ́ : s-] : 헝겊에 약품을 발라서 만든 고약의 일종, 석고, 회반죽 / muscle pain relieving 근육통 완화제

- **detect** : 감지하다, 탐지하다(알아내기 쉽지 않은 것을)
- **go off** : (전화, 알람소리가) 울리다 sound, ring(종소리가)toll, peal(알람, 경보등이)
- **by any chance** : (특히 의문문에서) 혹시라도, 어쩌다가, 만일
- **unplug** : (전기) 플러그를 뽑다
- **leakage** : 누출, 새어나감 / electric ~ : 누전 / blocking device : 차단장치(기구)
- **in the meantime** : (두가지 시점, 사건들) 그 동안(사이)에
- **plug something in** : ~의 플러그를 꽂다(전원을 연결하다)
- **verify** : (진실인지, 정확한지) 확인하다, 입증하다
- **laundry** : 세탁물 / a ~ bag : 빨래 자루
- **pants** : a pair of pants 바지 한 벌 / ski ~ : 스키복바지 / (영국) a pair of pants 팬티
- **casual clothes** : 평상복
- **iron** : 다리미질을 하다
- **additional bedding** : 추가침구(= extra ~)
- **futon** [ˈfu:ta:n] : (일본의) 방석 겸 요
- **comforter** : (미) (두툼한) 이불(a type of blanket)
- **cot** 미 [ˈkat] 영 [ˈkɔt] : 접침대 / 간이(야영용 침대) : (camp bed) – folding bed(접이침대)
- **in the case of ~** : ~의 경우에, ~에 관하여는
- **tub mat** : 욕조용 매트(욕조 안에 까는 미끄럼 빙지용)
- **It amount to ~** : (합계가 ~에 달하다)
- **sign** : (서류, 편지 등에) 서명하다 명 signature / autograph (유명인의 사인)
- **check in** : 객실에 입실하다 ≠ check out
- **have + 사람 + v~** : ~를 시키다
- **get + 사물 + 형용사 (pp)~** : ~되게 하다 Maid get the room ready
- **in the meantime(while)** : 그 사이에, 그럭저럭하는 동안에
- **appreciate** : 고마워하다, 감사하다
- **leave the valuables** : 귀중품을 맡기다
- **personal belongings** : 개인소지품
- **describe** : ~을 상세히 말하다, 서술하다 / 명 description
- **lost item** : 분실품목 / found ~ 습득물
- **sneaker** : 운동화
- **in person** : 직접 (몸소)
- **around** : 약, 대략 = about, **approximately** [əprá:ksimətli] : 거의
- **stop by** : ~에 잠시 들리다
- **whatever** : ~한 어떤(모든) /whatever is convenient for you : 당신이 편리한 아무 때나
  convenient [kənví:niənt] : 편리한 ≠ inconvenient
- **arrange** : 처리하다, 마련하다, 주선하다, 정리하다, 배열하다
- **have + 사물 + pp ~** : ~되게 하다 / have items listed (품목이 작성되게 하다)
- **get in touch with ~** : ~와 연락을 취하다
- **be in charge of ~** : ~을 담당하다
- **at the time** : 그 당시에
- **must have + pp ~** : 힌 것 같다
- **next to ~** : ~ 바로 옆에
- **have + 사람 + v ~** : ~하도록 시키다
- **ceiling light is out** : 천정 등이 나갔다 / closet ~ : 옷장 등
- **in case + s + v ~ = in case of v + ing~** : ~ 할 시에
- **take care of ~** : ~을 돌보다
- **electric appliance** : 전기기구 / electric connection : 전원연결

- whether + s + v ~ or : ~인지 아닌지
- as you instructed : 지시한 대로
- reception : (라디오, TV, 전화의) 수신 상태 / good ~ : 좋은 수신 상태
- it runs ~ : ~을 방영(상영, 공연)하다
- have staff take care of ~ : staff(직원)에게 돌보도록 시키다 (have + 사람 + pp)
- as +형용사 + as possible : 될 수 있는 데로 / as soon as possible 가능한 한 빨리
- work : (기계, 장치 등이) 작동되다
- freezing : 너무나 추운 / It's freezing in here! 여기 안은 꽁꽁 얼겠어!
- adjust + sth (to sth) : ~을 (~에) 조절하다
- make sure that + s + v ~ : 꼭 ~하다 = make sure to +v
- inadequate [in'ædikwət] : 불충분한, 부적절한 ≠ adequate

Linen department (린넨 부서)

Useful expressions(유용한 표현)

- Pick-up (수거)

1. Have you got anything / which needs pressing?
2. Here is your laundry slip, sir.
3. Have you filled out / the laundry slip?
4. Have you checked all the pockets?
5. Is this for washing, ma'am?
6. Is this for pressing only, ma'am?
7. The laundry forms and bags are / in the top right hand drawer of the writing desk.
8. By hand / in cold water. I understand, sir.
9. What time do you need it?
10. When would you like your laundry / returned?
11. If you are in a hurry, / we have a special 2 hour service.
12. There is a 100% surcharge / for a 2 hour service.
13. We charge double / for a 2-hour service.
14. If you're going out,/ would you leave your laundry bag / in front of the door?
15. If we pick up your laundry now,/ it will be ready / by 6 pm.
16. We pick up at noon /and/ deliver at 6 pm.
17. The hotel laundry is open / from 7 am / until 10 pm.
18. We have a special night pressing service / from 10 pm / until 7 am.

1. 다림질할 / 것이 있습니까?
2. 고객님, 세탁물 용지 여기 있습니다.
3. 세탁물 용지를 / 작성하셨습니까?
4. 호주머니를 모두 확인하셨습니까?
5. 사모님, 이것은 물빨래입니까?
6. 사모님, 이것은 다림질만 합니까?
7. 세탁물 양식과 봉지는 / 맨 위 오른쪽 책상서랍에 있습니다.
8. 찬물로 / 손세탁입니다. 잘 알겠습니다.
9. 고객님께서는 세탁물이 몇 시에 필요합니까?
10. 고객님의 세탁물을 언제 / 찾아드릴까요?
11. 급하시면, / 특별 2시간 서비스가 있습니다.
12. 2시간 서비스는 / 100% 추가요금이 있습니다.
13. 2시간 서비스를 이용하시면, / 2배의 요금을 부과합니다.
14. 외출하시면, / 세탁물 봉지를 놓아두시기 바랍니다 / 문 앞에.
15. 지금 세탁물을 수거하면, / 오후 6시까지 / 준비가 됩니다.
16. 12시에 수거해/서/ 오후 6시에 배달해 드립니다.
17. 호텔 세탁은 오픈합니다 / 오전 7시에서/ 오후 10시까지
18. 저희 호텔에서는 특별야간 다림질 서비스가 있습니다 / 오후 10시부터 / 아침 7시까지

- Delivery (배달)

1. Laundry service, I've brought your laundry.
2. Would you check your laundry, please?
3. I'm very sorry. I'll report / your missing trousers / to the laundry.
4. We'll deliver your dry cleaning / as soon as possible.
5. I'm afraid / we cannot launder / embroidered items.
6. We tried our best /but/ this stain is unremovable.
7. Leather goods / may change color.
8. I'm afraid / your shirt has shrunk.
9. I'm sorry. We don't do / weaving (patch work mending).
   May I sew it / by machine?
10. I'll tell the manager /and/ we'll wash it / again.
11. I'm afraid / we don't take any responsibility / for wool or silk.
12. Your leather jacket / has faded.
13. Your jacket / is ripped.
14. Your shirt / is frayed.
15. The zipper broke.
16. We had to mend your shirt / because it was torn.

17. You lost a button / in your shirt /and/ we replaced it / with a similar one. It's free of charge.

1. 세탁물서비스입니다. 고객님의 세탁물을 가져왔습니다.
2. 세탁 내용물을 확인해 주시겠습니까?
3. 죄송합니다만, 세탁실에 / 고객님의 분실한 바지를 / 보고하겠습니다.
4. 가능한 한 빨리 / 고객님의 드라이크리닝을 갖다 드리겠습니다.
5. 죄송하지만, / 수를 놓은 옷을 / 세탁할 수 없습니다.
6. 최선을 다해 보았습니다/만/, 이 얼룩은 지워지지 않습니다.
7. 가죽제품은 / 색상이 변할 수 있습니다.
8. 죄송합니다만, / 고객님의 셔츠가 줄어들었습니다.
9. 죄송합니다. 짜깁기 (옷 수선)은 / 하지 않습니다.
   재봉틀로 / 바느질 해 드릴까요?
10. 지배인께 말씀드리고, /그것을/ 다시 / 세탁해 보겠습니다.
11. 죄송합니다만, / 양모나 실크류에 대해서는 / 어떠한 책임도 지지 않습니다.
12. 고객님의 가죽 재킷이 / 색이 바래졌습니다.
13. 가죽 재킷은 / 찢어집니다.
14. 셔츠가 / 닳아서 해집니다.
15. 지퍼가 고장 났습니다.
16. 셔츠가 찢어졌기에 / 수선해야 했습니다.
17. 고객님 셔츠의 / 단추 하나가 없어져/서/, 비슷한 것으로 / 바꿔 달았습니다.
    무료입니다.

- Guest's requests and complaints (고객의 요구사항과 불평사항)

1. Please don't starch / my shirts.
2. This sweater will shrink.
3. This blouse will fade.
4. The color will run.
5. Please use soft soap.
6. Please do not use bleach/detergent.
7. Can you replace the zipper?
8. Can you replace/sew on a button?
9. The sweater / is out of shape.
10. This shirt has been scorched/bunt.
11. This sweater is fluffy.
12. The color has faded.
13. The color is frayed.

1. 셔츠에 / 풀을 먹이지 마세요.
2. 이 스웨터는 줄어듭니다.

3. 블라우스의 색이 바래집니다.
4. 색상이 번질 것입니다.
5. 연성비누를 사용하십시오.
6. 표백제/세제를 사용하지 마세요.
7. 지퍼를 바꿔 달 수 있습니까?
8. 단추 하나를 달 수 / 꿰맬 수 있습니까?
9. 스웨터가 / 모양이 변형됩니다.
10. 셔츠가 쭈그러들었습니다. / 눌었습니다.
11. 이 스웨터는 솜털처럼 부풀어 오릅니다.
12. 색이 낡아빠집니다.
13. 색이 바래졌습니다.

Dialogue 1. Delivery (배달) – 1

E House Keeping. Good morning, sir.
Here is your laundry, sir.
Could you check / your laundry items ?

G Thank you. Just a minute. There's a light black pants / that's missing.

E A light black pants? But / no check mark / on the laundry request.
I'll report / to the laundry service / as missing.
I'll check on that, /and/ get back / to you.

종업원 안녕하십니까?, 고객님.
고객님 세탁물 여기 있습니다.
확인하시겠습니까? / 고객님의 세탁물을.

고객 고마워요. 잠깐만요. 엷은 검은 바지가 / 빠졌네요.

종업원 검은색 엷은 바지입니까? 그런데 / 확인표시가 안되어 있습니다. / 세탁의뢰서에는.
제가 보고하겠습니다 / 세탁식에 / 없어진 것으로.
제가 확인하고서 그것을, /그리고/ 다시 말씀드리겠습니다 / 고객님께.

Dialogue 2. Delivery – 2

E House keeping, May I help you?

G Yes, / I'm in room 708. I'd like to check / if my laundry is ready.

E We're really sorry, /but/ your laundry isn't ready / yet.
We'll send house man (right) up / with your laundry.

G Send them up / as soon as you can, please.

E We'll do that, sir. Thank you / for calling.

****

E Laundry service. Good afternoon, sir. I've brought / your laundry.

G Good afternoon. Come in.

E Would you check / the laundry, please? Here is the laundry slip.

G I believe / it's correct.

E Would you please sign / here?

G OK. I'll sign / for it.

E Thank you, sir.

종업원 하우스키핑입니다. / 무엇을 도와드릴까요?

고객 예. / 저는 708호실인데요. 확인하려고요/ 제 세탁물이 다 되었는지를?

종업원 죄송합니다만 / 고객님의 세탁물이 덜 되었습니다 / 아직은.
저희들이 하우스맨을 (즉시) 보내드리겠습니다 / 고객님의 세탁물을 가지고서.

고객 그것들을 올려 보내주세요 / 가능하면 빨리, 부탁합니다.

종업원 그렇게 해드리겠습니다. 감사합니다 / 전화 주셔서

****

종업원 세탁물서비스입니다. 안녕하세요. 가져왔습니다 / 고객님의 세탁물을.

고객 안녕하세요. 들어오세요.

종업원 확인하시겠습니까? / 세탁물을. 세탁전표 여기 있습니다.

고객 제가 믿기로는 / 맞아요. (= 맞는 것 같아요)

종업원 서명해 주시겠습니까? / 여기에다.

고객 좋아요. 서명할게요.

종업원 감사합니다. 고객님.

Dialogue 3. Pick-up (수거) - 1

E House Keeping. May I help you?

G I have some laundry. Can you get someone / to pick up my laundry?

E Yes, we'll send / house man / right away.

****

(Ring the door bell)

E House keeping! Good afternoon, sir.

G Yes, come in. I want / this suit / dry cleaned.

E When / do you want / it / to be delivered?
We have regular service and express service.
For the regular service, / we will deliver the following day.
For the express service, / the charge is double / the regular service rate.

It will take 4 hours / to launder.

But / laundry items left / after 3 pm / will be delivered / 1 pm the next day afternoon.

G I'd like it / by express service.

I'm going to attend / the dinner meeting / tonight.

E Yes, then / you can get it / by 5 pm, sir.

종업원 하우스키핑입니다/ 무엇을 도와드릴까요?

고객 저에게 세탁물이 좀 있어서 그러는데. 누군가를 시키겠어요? / 제 세탁물을 수거해가도록.

종업원 예, 저희들이 보내드리겠습니다 / 하우스 맨을 / 즉시.

****

(초인종을 울린다)

종업원 하우스키핑! / 안녕하십니까, 고객님.

고객 예, 들어와요. 저는 원해요 / 이 양복 / 드라이크리닝하기를.

종업원 언제 / 원하십니까? / 양복이 / 배달되기를.

저희는 보통 서비스와 속성 서비스가 있습니다.

보통서비스는, / 저희들이 다음날 배달해 드립니다.

속성서비스는, / 요금이 2배입니다 / 보통서비스 요금에.

소요시간은 4시간 걸립니다 / 세탁하는데.

그러나 / 맡기신 세탁물은 / 오후 3시 이후에는 / 배달됩니다 / 다음날 오후 1시에.

고객 저는 그것을 하고 싶습니다. / 속성 서비스로.

저는 참석할 예정입니다 / 저녁모임에 / 오늘밤.

종업원 예, 고객님, 그러면 / 찾을 수 있습니다 / 오후 5시까지는.

Dialogue 4. Pick-up – 2

E Housekeeping, may I come in?

G Yes, I'd like to have / this laundry / done, please,

I want / these shirts / starched.

I'd like / this sweater / washed by hand / in cold water.

Otherwise, / it might shrink.

E I understand, sir.

Could you fill out / the laundry form, please?

G Where is it?

E It's / in the drawer of the writing desk.

****

G Please remove this stain / from the shirts.

E Is this grease?

G It might be / a fruit stain /or/ something.

E I'll ask them / to remove it (completely).

Would you fill out / this laundry slip, sir?

G Will it be all right?

E Thank you, sir.

종업원 하우스키핑, 들어가도 좋습니까?

고객 예, 좀 해주세요 / 이 세탁물이 / 세탁이 되게.

저는 원합니다 / 이 셔츠를 / 빳빳하게 풀을 먹여주세요.

해 주세요 / 이 스웨터는 / 손으로 빨아서/ 찬물로.

그렇지 않으면, / 줄어들지 몰라요.

종업원 잘 알겠습니다.

작성해 주시겠습니까? / 세탁물 양식에.

고객 어디에 있나요?

종업원 있습니다 / 책상서랍 안에.

****

고객 이 오점을 제거하도록 해 주세요 / 셔츠에서

종업원 이것은 기름때 입니까?

고객 ~일 것입니다. / 과일 묻은 오점이거/나/ 오점 같은 것.

종업원 제가 요청하겠습니다 / 그 것을 (완전히) 제거하도록

작성해 주시겠습니까? / 이 세탁물 기입용지에.

고객 이렇게 하면 다 되었나요?

종업원 감사합니다.

Dialogue 5. Wrong delivery (잘못 배달)

E Housekeeping, may I help you?

G Yes, / I'm in room 601. Some laundry was delivered / to my room / by mistake.

E I'm sorry, ma'am. / I'll have / our staff / come /and/ get it.

/ We'll send someone / to your room / immediately.

****

E Housekeeping.

G Yes, You can come in.

E I've brought you laundry. Is this your laundry, ma'am?

G Yes that's right.

E May I have / the wrong laundry / that were delivered?

G Sure, I'll get them / for you.

E Thank you, ma'am. We're very sorry / for the inconvenience.

G That's all right.

종업원 하우스키핑입니다. 무엇을 도와드릴까요, 고객님?
고객 예, / 저는 601호 투숙객인데요. 어떤 세탁물이 배달되었는데 / 제 방으로 / 잘못 전달되었어요.
종업원 죄송합니다, 사모님. / 제가 시키겠습니다 / 저희 직원이 가서/그리고서/ 가지고 오도록,
/ 즉시 / 누군가를 보내 드리겠습니다.

****

종업원 하우스키핑에서 왔습니다.
고객 예, 들어와도 됩니다.
종업원 세탁물 가져왔습니다. 이것이 고객님 세탁물입니까?
고객 예, 맞아요.
종업원 제가 가져가도 되겠습니까? / 다른 세탁물이 / 잘못 배달된 것은.
고객 물론이지요. 내가 가져다 드리지요 / 당신에게.
종업원 감사합니다, 사모님. 불편을 끼쳐드려서 / 죄송합니다.
고객 괜찮아요.

Dialogue 6. Damage (손상)

E House keeping. Order Taker, Miss Lee speaking.
Do you know /that/ [there is a frayed part / in your clothes / you left / a few minutes ago?]
G Yes, I knew, /but/ (just) leave it there.
E All right, sir.

****

G I sent / a sweater / to be cleaned /and/ it's come back / (badly) shrunk. It's ruined.
E We're very sorry, ma'am. Could you buy a replacement (here) /and/ give us the receipt? We'll refund the cost of the laundry /and/ pay for the new sweater.
G I should hope so,
E We're very sorry / for the inconvenience, ma'am.

종업원 하우스키핑, 오더테이크, 미스 리입니다.
알고 계십니까? /그 사실을/ [헤진 곳을 찾았는데 / 옷에 / 고객님이 맡기신 것으로 / 조금 전에.]
고객 예, 알고 있어요. /그러나/ (그냥) 그대로 두세요.
종업원 잘 알겠습니다.

****

고객 제가 보냈는데 / 스웨터 / 세탁하도록 /그런데/ / 가져왔어요 / (심하게) 줄어들어서, 망쳐놓았어요.
종업원 죄송합니다, 사모님. 고객님이 (여기) 같은 것으로 사가지/고/ 저희들에게 영수증을 줄 수 있습니까? 저희들이 세탁비용을 환불해 드리/고/ 새로운 스웨터로 지불하겠습니다.
고객 그렇게 했으면 해요.
종업원 불편을 끼쳐드려 / 죄송합니다, 사모님.

Dialogue 7. Pick-up (수거)

E　Laundry service, may I come in?

G　Yes, I'd like to have / this suit / dry cleaned and pressed. Do you think / you can get this spot out?

E　We'll do our best, sir.

G　And I'd (also) like / these shirts and slacks / to be ironed, too.

E　Yes, sir. Please fill out this laundry slip.

G　How long will this take?

E　Would tomorrow morning / be all right, sir?

G　Yes, that'll be fine. There's no hurry.

종업원　세탁서비스입니다. 들어가도 되겠습니까?

고객　이 양복 / 드라이크리닝해서 다림질을 / 원합니다. 이 오점 지워질 / 수 있나요?

종업원　최선을 다해 보겠습니다.

고객　그리고, 이 셔츠하고 평상복 바지(도) / 다림질해 / 주세요.

종업원　예, 고객님. 이 양식에다 기입해 주십시오.

고객　얼마나 걸리나요?

종업원　내일 아침이면 / 괜찮겠습니까?

고객　예, 괜찮아요. 급하지는 않아요

Dialogue 8. Mending (수선)

G　Do you have a mending service / for clothes?

E　I'm afraid / I don't understand. Could you repeat that, please?

G　A mending service. I'd like / these socks / mended.

E　I see, sir. Yes, we can mend them.

G　There's this jacket, too. It has a tear / in it.

E　I'm sorry, sir. We can mend / a seam /but/ not a hole.

G　There's (also) a stain / on this jacket.
I'd liked / it / removed / before it's dry-cleaned.

E　May I see it, please?

G　Yes, here you are.

E　What kind of stain is it, sir?

G　I spilled / some soy sauce / on it.

E　We will do our best / to remove the stain /but/ we cannot guarantee the result.

G That's OK. How long / do you think / it will take?

E I'm not sure, sir. but I will check / with the Laundry /and/ let you know.

G Fine. I'd like it / as soon as possible.

고객 옷 / 수선서비스가 있나요?
종업원 죄송합니다만, / 잘못 알아들었습니다. 다시 말씀해 주시겠습니까?
고객 수선서비스요. 이 양발 / 수선하고 / 싶어요.
종업원 그러세요. 고객님. 예, 수선이 가능합니다.
고객 이 자킷도 있어요. 그 안쪽이 / 찢어졌어요.
종업원 죄송합니다. 고객님. 터진 것은 / 수선이 되는/데/, 구멍은 할 수가 없습니다.
고객 이 자킷에 / 오점(도) 묻었어요. 드라이크리닝 하기 전에 / 제거되었으면 / 해요.
종업원 봐도 되겠습니까?
고객 예, 여기 있어요.
종업원 무슨 얼룩입니까?
고객 간장을 / 엎질렀어요 / 그 위에다.
종업원 최대한 / 얼룩을 지워 보겠습니다/만,/ 보장은 할 수 없습니다 그 결과를.
고객 괜찮아요. 얼마나 / 걸릴 것 / 같나요?
종업원 확실하지는 않습니다만, 세탁실에 / 확인해서 / 알려드리겠습니다.
고객 좋아요. 될 수 있으면 / 빨리 해줘요.

구문해석

- **wríting dèsk** : (서랍, 선반이 있는)책상 / **drawer** [drɔ́ːr;] : 서랍, 장롱
- **surcharge** [sə́ːrtʃɑ́ːrdʒ] : 추가요금, 부가비용, 추징금, 할증금, [동]추가비용을 치르게하다
- **embroider** [imbrɔ́idər] : 무늬 등을 …에 수놓다 (with..., in..., on...)
- **try one's best** : 최선을 다하다 = do one's best
- **removable** [rimúːvəbl] : 떼어낼 수 있는, 제거할 수 있는 ≠ unremovable
- **change color** : 변색하다
- **shrink** [ʃriŋk] : 오그라들다, 수축하다, 감소하다. [과거형] shrank [과거분사형] shrunk
- **weaving** [wíːviŋ] : 짜기(짜집기)/= . darning[dɑ́ːrniŋ]= patch-work mending
- **patch** [pætʃ] : (해진 부분에 대는) 헝겊[가죽] / pátch·wòrk 쪽매붙임(조각), 쪽매붙임이
- **sew** [sou] : 옷 등을 꿰매다, 천·가죽, 단추 등을 꿰매어 붙이다
- **fade** [feid] : [색이] 바래다, [소리·빛이] 사라져 가다; [꽃이] 시들다; [기력이] 쇠약해지다
- **rip** [rip] : 짝 잡아째다, 구멍을 내다 / [과거, 분사형] ripped
- **fray** [frei] : [옷 빗줄 등을] 닳게 하다 / 신경을 긴장시키다 / 명 닳아서 헤진부분
- **tear** [tɛər] : 찢다, 잡아째다 / [과거형] tore [과거분사형] torn
- **similar** [símələr] : 유사한, 비슷한, 닮은
- **starch** [stɑːrtʃ] : (세탁용) 풀 / 녹말(~s), 녹말식품/ (성격) 뻣뻣한, 동 풀을 먹이다
- **color will run** : (여기서) run은 색이 번지다
- **out of shape** : (비격식) 형태가 흐트러진, 모양이 변형된, 몸의 상태가 나쁜(쇠약하여)
- **discolor** [diskʌlər] : 변색하다, 퇴색하다, 더럽혀지다
- **scrooch** [skruːtʃ] : 쪼그러 들다(= shrink) / (구어) 쪼그리고 앉다, 움츠리다(crouch)
- **fluffy** [flʌfi] : 솜털로 뒤덮힌 / 폭신폭신한 / 하찮은
- **either A or B** : A와 B 둘 중 하나(양자 택일) / neither A nor B : A도 B도 아니다

- **grease** [gri:s] : 그리스, 윤활유, (일반적으로) 지방 / [미 속어] 뇌물
- **replacement** [ripléismənt] : 대체(품), 교환
- **get ~ out / get out ~** : [얼룩 등을] ~에서 없애다[of ~], [마개를] ~에서 뽑아내다
- **seam** [si:m] : (천의) 솔기, 이은자리, 꿰맨 자국 / 갈라진 틈
- **guarantee** [gærənti:] : 보증하다, 단언(보장)하다, [명] (제품)보증서 / a TV with 2 year guarantee : 2년간 보증 / ☞ (주의) 우리말로 게런티(출연료)는 콩글리쉬임 / performance fee(출연료)

Call center

콜센터

01. Room reservations(객실예약)

Useful expressions(유용한 표현)

1. Room reservations. May I help you?
2. How long / would you like to stay?
3. What kind of room / would you like?
4. Could you / tell / me / your flight number and your arrival time?
5. Please contact me / if you need any further information.
6. Would you like / us / to charge this / to your company?
7. Unfortunately / we're fully booked / for that day, /but/ we have available / from February 20th.
8. How / will you be paying / the bill?
9. What time / will you be arriving?
10. Could you give me / your flight number?
11. Could you hold line, please?
    I'll check / our room availability / for those days.
12. We look forward / to serving you.

1. 객실 예약담당입니다.
2. 며칠간 / 투숙하시겠습니까?
3. 어떤 방을 / 원하세요?
4. 고객님의 비행기 번호와 도착시간을 / 저에게 / 말씀해 주시겠습니까?
5. 더 많은 정보가 필요하시면, / 저에게 연락하십시오.
6. 저희들이 / 고객님의 회사에다 / 이 비용을 부담시킬 / 까요?
7. 불행히도, / 그 날짜에는 / 예약이 만실입니다/만/ 여유객실이 있습니다 / 2월 20일부터.
8. 계산서를 / 어떻게 / 지불할까요?

9. 몇시에 / 도착 예정입니까?
10. 고객님 비행기 번호를 / 알려 주시겠습니까?
11. 잠시만 기다려 주십시오.
    그날 동안에 / 저희 객실 사정을 / 확인해 보겠습니다.
12. 고객님을 모실 것을 / 기대합니다.

Reservation 1 (Accepting a reservation 예약 접수)

(E : Employee / C : Client)

E Good morning, sir, / May I help you?
Thank you / for waiting. Sky Hotel Miss Kim speaking. (long waits)
종업원 안녕하십니까, 고객님. / 무엇을 도와드릴까요?
감사합니다 / 기다려 주셔서. / 스카이호텔 Miss Kim입니다. (장시간 대기 시)

C I'd like to / make a reservation.
고객 하고 싶은데요? / 예약하나를.

E When for, sir?
고객님, 언제이신가요?

C January 19th.
1월 19일인데요.

E Yes, we have a room available / on that day.
예, 객실이 가능합니다 / 그 날짜에.

E How long / do you / plan to stay?
얼마간 / 고객님께서는 / 머무르실 것입니까?

C Two nights.
2박인데요.

E What kind of room / would you like, sir?
어떤 방을 / 원하십니까? 고객님.

C Twin room please.
트윈 룸을 부탁합니다.

E Can you give me your name, please?
성함을 말씀해 주시겠습니까?

C Mr. Bill Clinton, C-L-I-N-T-O-N.
빌 클린턴, C-L-I-N-T-O=N 입니다.

E Will you be paying / by cash or credit?
지불을 하시겠습니까? / 현금이나 신용카드로.

C I'll pay / in cash.
지불하죠 / 현금으로.

E You should deposit / into our hotel bank account.
고객님께서 입금하셔야합니다 / 저희 호텔은행 구좌로.

C If you give me your account number,/ I will make the deposit.
저에게 계좌번호를 주시면, / 제가 예치를 하죠.

E We'll text / the account number, amount / to the mobile number.
저희가 문자로 전송해드리겠습니다 / 계좌번호와, 금액을 / 핸드폰으로.

****

C I'll charge / on my credit card. (신용카드로 결제 시)
지불하죠 / 제 신용카드로

E Please enter a credit card number / after link-up with the ARS / for pre payment
신용카드 번호를 입력하시기 바랍니다 / ARS연결 후에 / 선 결제를 위해서.

****

E After checking a receipt of payment, / we'll text the reservation number.
Do you have / any further questions?
입금내역 확인이 되면, / 저희들이 문자 전송해 드리겠습니다 예약번호를.
있으십니까? / 다른 문의사항이.

C No, thanks.
아니, 고마워요.

E Thank you, sir, /and/ have a nice day.
감사합니다. 고객님. / 즐거운 하루 되십시오.

Reservation 2

C Thank you / for calling. // This is sky resort.
감사합니다 / 전화주셔서. // 스카이 리조트입니다.

May I help you?
무엇을 도와드릴까요?

G I'd like to reserve / a room, please. = I'd like to make a reservation, please.
예약을 하고자 합니다 / 방 하나를.

C O.K. / Is this for a hotel room or a condo?
그렇습니까? / 호텔입니까 아니면 콘도입니까?

G For a hotel room. // Is it available / for May, 6th?
호텔 객실인데. // 가능할까요? / 5월 6일 날이.

C Yes, it is. // What kind of room / would you like to reserve?
예. 가능합니다. // 어떤 객실을 / 예약하기를 원하십니까?

G What kinds / do you have?
어떤 종류가 / 있습니까?

C We have / on-dol rooms four people / and / rooms with twin beds.
저희 호텔은 있습니다 / 4인용 온돌/과/ 2인용 침대 객실이.

An on-dol room is a Korean-style, / floor-heated room.
온돌은 한국식으로, / 바닥에 난방을 하는 객실입니다.

G What are your rates? (How much are they?)
요금은 어떻게 되나요?

C The on-dol and the twin-bed / are two hundreds twenty thousands won / and / the deluxe / is a two hundreds forty thousands won.
온돌과 침실은 / 220,000원이/고/ 디럭스는 / 240,000원입니다.

G Are there any discounts / for foreigners? (Do you give a discounts?)
할인이 있습니까? / 외국인에게.

C We give a ten-percent discount / if you have / a duty free card.
10% 할인을 드립니다 / 소지하고 계신다면 / 외교관 면세카드를.

(Ten percent discount / for more than ten people)
(10% 할인 / 10명이상의 경우)

G I'd like / a room with twin beds.
하겠습니다 / 침대가 있는 객실로.

C OK, Fine, / May I have your name and phone number, please?
(Would you please spell / your full name?)
Thank you. // Your reservation / is made / for May 6th.
And / your reservation number / is #25870.
좋습니다. / 성함과 전화번호를 말씀하여 주시겠습니까?
(스펠링을 말씀해 주시겠습니까? / 정식 이름으로.
감사합니다. // 고객님의 예약은 / 되어 있습니다 / 5월 6일에.
그리고 / 예약번호는 / #25870입니다.

G How can I pay / for the room?
어떻게 지불하죠? / 객실료를.

C On-line please. // Our on-line number is 391-03-003630, / the name of the bank is the Nonghyup Bank / and / the account is / under the name of sky resort.

Your reservation / will be (automatically) cancelled. / if you don't make the deposit / on time. // Please show your deposit slip(= receipt) / when you check-in.
온라인으로 부탁합니다. // 온라인 번호는 / 391-03-003630으로, / 은행이름은 농협이/고/ 계좌번호는 / 스카이리조트 이름으로 되어있습니다.
예약은 / (자동으로) 취소될 것입니다. / 예치금을 지불하지 않으실 경우 / 기간 내에. // 예치금 영수증을 보여주시기 바랍니다 / 체크인 하실 때.

Reservation 3

G I'd like to reserve / a condo, please. // Could you tell me / what kind / do you have?
예약을 하고자 합니다 / 콘도를. // 말씀해 주시겠습니까? / 어떤 종류의 객실이 / 있는지를?

C We / have a sky and mountain condo.
저희는 / 스카이콘도와 마운틴 콘도가 있습니다.

We have 20, 30, 41, and 50; / the 20 is for four / and / the price is two hundred thousands won.
저희는 20평, 30평, 41평과 50평이 있으며; / 20평은 4인용이/고/ 가격은 200,000원입니다.

G How many rooms / are there / for the 20?
몇 개의 방이 / 있습니까? / 20평에는.

C The 20 / is (only) a studio, / but / the 30 / has a room, a livingroom and a kitchen / with the price of two hundred and ninety thousands won.
20평은 / (단지) 원룸이/지만/ 30평은 / 방하나, 거실 겸 주방인데 / 가격이 290,000원입니다.

G I want the 20.
20평을 원합니다.

G Well, / the rate is higher / than I thought. // Are there / any cheaper rooms?
예, / 요금이 좀 비싸군요 / 제가 생각했던 것보다. // 있나요? / 좀 더 싼 객실이.

C Yes, / there is hostel, / but / the hostel doesn't operate / in the off-season.
예, / 호스텔이 있긴 하/지만/ 호스텔은 운영하지 않습니다 / 비수기에는.

G What kind of room / do you have?
어떤 종류의 객실이 / 있나요?

C We've got / on-dol for 5 and 8 / which / you need to use / the public rate. // We (also) / have on-dol for 10 and 14 / with the bathroom.
저희는 / 온돌 5인용과 8인용이 있는데 / 그 온돌을 / 이용하실 수 있습니다 / 저렴한 요금으로. // 저희는 (또한) / 10인용과 14인용 온돌이 있는데 / 욕실이 딸려 있습니다.

G What is your rate?
요금은 어떻게 되나요?

C Seventy thousand won / for the on-dol / for 5.
70,000원입니다 / 온돌 / 5인용이.

Reservation 4

G I'd like to cancel / my reservation.
취소를 하고자 합니다 / 예약을.

C When / did you make / the reservation? // May I have / your name and your reservation number?
언제 / 하셨습니까? / 예약을. // 말씀해 주시겠습니까? / 성함과 예약번호를.

G It / was on May 19th. // My reservation number is #29-00321.
그게 5월 19일입니다. // 예약번호는 #29-00321입니다.

C Thank you, / your reservation / is cancelled / and / since you called / in 3 days prior to your reservation, / we'll give you a full refund.
(Because you called / in 2days prior to your reservation, / we can (only) give you / 75% of your deposit.)
Or, / if you want, / we can change / your reservation date .
감사합니다. / 예약이 / 취소되었으/며/ 고객님께서 전화 주셨기에 / 예약일 3일전에, / 저희들이 전액 환불을 해 드리겠습니다.
(고객님이 전화 주셨기에 / 예약일 2일전에, / 저희들은 고객님께 드릴 수 있습니다 / 예치금액의 75%(만)을.
그렇지 않으면, / 고객님이 원하시면, / 저희들이 변경해 드릴 수 있습니다 / 예약날짜를.)

G - No, thanks. // I want to cancel / my reservation;
- OK. / I'd like to change / my reservation / to a later date.
- 아니, 고마워요. // 취소하고 싶어요 / 예약을.
- 좋아요. / 변경하죠 / 예약을 / 이후의 날짜로.

Reservation 5

G I need to change / my reservation, please.
변경하고자 합니다 / 예약을.

C Reservations number, please.
예약 번호를 말씀해 주십시오.

G It's #12349.

C Is your reservation / for May 19th? // OK, when do you want to change it to?
예약이 / 5월 19일이시죠? // 좋습니다. 언제 날짜로 변경 원하십니까?

G I want to change / it / to May 25th.
변경을 원합니다 / 예약날짜를 / 5월 25일로.

C No problem. // Your reservation number is the same.
문제없습니다. 예약번호는 같습니다.

구문해석

- **floor heating** : (공기조화 냉동 공학) 바닥 난방
- **pay the deposit** : 선금(예치금)을 치르다 = pay in advance
- **deferred payment** : 후불 = pay later
- **on time** : 시간을 어기지 않고, 정각에
- **pyung** : 평; 1평(pyung)은 3.3㎡ (읽는 법 three point three square meters)
- **high** 가격이 비싼 = expensive ≠ cheap / reasonable 가격이 적정한
- **public rate** : 대중요금(여기서는 저렴한 요금)
- **prior to** : ~ 에 앞서, 먼저
- **refund** : 명 [ri:fʌnd] 환불 / 동 [ri|fʌnd]

Reservation 6 (The client doesn't know / how long he'll be staying)
- 고객이 잘 모를 때 / 몇 일간 머무를지

E Reservation. May I help you?
종업원 예약데스크입니다.

C Yes, I'd like to book / a room / for two, please. We plan to arrive in / on the 1st, / but / we don't know / how long we'll be staying. It could be anything / from three to four days.
고객 예, 예약하고 싶은데요 / 객실 하나를 / 2인용으로. 저희는 도착예정입니다. / 1일 날에. / 그러나 / 잘 몰라요 / 몇 일간 투숙할 지를. 될 수 있을 것 같습니다 / 3일에서 4일 정도.

E What kind of room / would you like?
어떤 방을 / 원하세요?

C A double room please, sir.
더블 룸 부탁합니다.

E One moment, please, sir.

…

We can confirm a room / for the 1st, 2nd, and 3rd, /but/ as you're not sure / how long you'll be staying, / we won't be able to guarantee you a room / after the 3rd.

잠시만 기다리십시오, 고객님.

…

1, 2, 3일 날의 / 객실은 확인해 드릴 수 있지/만,/ 고객님께서 며칠 투숙하실 줄 / 저희가 모르기 때문에 / 3일 이후의 / 객실은 보장해 드릴 수가 없습니다.

C And / what if / there isn't any room / then?

그때, / 객실이 없어면 / 어떻게 하나요?

E We can either / put you / on a waiting list, /or/ we can find / you / a room / in another hotel.

저희들이 / 고객님을 올려놓든지 / 대기자 명단에, / 아니면 / 저희들이 찾아 드릴 수 있습니다 / 고객님에게 / 객실을 / 다른 호텔에서.

C Fine.

좋습니다.

E Who's the reservation for?

어느 이름으로 예약하십니까?

C Mr. Alfred King.

Mr. 알프레드 킹.

E Alfred King. a double room / from the 1st / to the 3rd.

We'll see you / on the first, / then, / Mr. King.

알프레드 킹 고객님, 1일부터 / 3일까지 / 더블 객실 하나입니다.

1일 날, / 그때 / 고객님을 뵙겠습니다.

C Thank you. Good-bye.

고마워요. good-bye

E Good-bye, sir.

good-bye, sir.

Reservation 7 (Getting details of arrival 도착의 세부사항)

E Can I help you?

종업원 무엇을 도와드릴까요?

C I'm calling / from Paris. I'd like to book / a single room / from October 1st / to the 6th please. The name's George Colby.

고객 파리에서 / 전화 하는데요. 10월 1일부터 6일까지 / 싱글 룸 하나 / 예약하고 싶어요. 이름은 George Colby입니다.

E Just a moment, please.

...

I'm afraid / we're fully booked / for the 6th, /but/ I can give you a room / from the 1st / to 5th.

잠시만 기다리십시오.

......

죄송합니다만, / 6일 날은 / 예약이 만실입니다/만,/ 1일부터 5일까지 / 객실 하나는 드릴 수 있습니다.

C Mmm ... I suppose / that'll be all right.

음… 괜찮을 줄 / 알았는데.

E What time / will you be arriving, sir?

몇 시에 / 도착하십니까? 고객님!

C Around 6:00 / in the evening.

저녁 / 6시 경에요.

E Could you give me your flight number, please, / in case the plane's late?

비행기가 연착할 경우에 / 고객님의 비행기 번호를 주시겠습니까?

C Air France, flight 602, / arriving in Seoul / at 6:05 pm.

에어 프랑스, 비행기 탑승번호 602, / 오후 6시 5분 / 서울 도착입니다

E Thank you, sir.

감사합니다, 고객님.

C Oh, yes ... I have a meeting / in Seoul on the 4th. Have you got / any conference rooms.

아, 예…. 4일 날 서울에서 / 회의가 있어요. 회의실이 / 있습니까?

E Yes, sir, but you'll have to speak / to the manager / about that. Could you hold on / a moment, please / and / I'll see / if I can put / you / through.

예, 고객님, 그 점에 대해서 / 지배인님께 / 저희들이 말씀 드려야만 합니다.

잠시만 / 기다리시겠습니까? 당신을 / 전화로 연결해 드릴 수 있을지 / 알아보겠습니다.

Reservation 8 (From a domestic sources 국내 출처로부터 예약)

E Good morning. This is room reservations.

May I help you, sir?

종업원 안녕하세요. 객실 예약계입니다. 무엇을 도와 드릴까요?

G Yes, I'd like to reserve a room.
고객 예, 객실 하나를 예약하고 싶어요.

E Thank you, sir. For / which date?
감사합니다. 고객님! 며칠 / 날짜입니까?

G From October 15th.
10월 15일부터 인데요.

E For / how many nights?
몇 / 박이세요?

G For three night.
3박 입니다

E How many guest / will there be / in your party?
고객님 일행이 / 몇 분 / 이세요?

G (Just) my wife and myself.
제 아내와 저 둘 뿐입니다

E Which kind of room / would you prefer, / a double or a twin?
더블과 트윈 중에 / 어떤 방을 / 선호하십니까?

G A twin, please.
트윈으로 해주세요.

E Could you hold the line, please? I'll check our room availability / for those days. Thank you / for waiting, sir. We have a twin / at 240,000 and 260,000 won. Which / would you prefer?
잠시만 기다려 주시겠습니까? 그날의 / 객실 여유를 확인해 보겠습니다.
고객님, 기다려주셔서 / 감사합니다. 240,000원, 260,000원 / 트윈 객실이 있습니다.
어떤 것으로 / 하시겠습니까?

G We'll take the one / at 260,000 won.
그 방으로 하겠습니다 / 260,000원 요금으로.

E Certainly, sir. May I have / your name and initials, please?
좋습니다. / 성함과 첫 글자가 어떻게 되십니까?

G Yes, it's Carruthers, T. E.
Carruthers, T. E입니다.

G How do you spell that, please?
철자가 어떻게 됩니까?

G C.A. double R-U-T-H-E-R-S.
C. A. double R-U-T-H-E-R-S입니다.

E　Mr. Carruthers. May I have your connect number or e-mail address, please?
Mr. Carruthers씨, 연락처나 이메일 주소를 알 수 있을까요?

G　Yes, the number is 010-3214-2345. e-mail address is rut1234@motos.com
번호는 010-3214-2345이고, 메일은 rut1234 at symbol, motos, dot com입니다.

E　010-3214-2345. Is this your cell phone number?
010-3214-2345번이 핸드폰 번호입니까?

G　Yes, it is.
예, 맞아요.

E　What time / do you expect to arrive, sir?
몇 시에 / 도착예정이십니까?

G　Oh, (around) 6 pm / I suppose.
아, (대략) 오후 6시가 / 될 걸로 생각됩니다.

E　I'd like to confirm your reservation. A twin room / for Mr. and Mrs. Carruthers / at 260,000 won (per night) / for three nights / from October 15th to October 17th.
My name is Kim / and / we look forward to / serving you.
예약확인을 하겠습니다. / Twin 룸 1실 / Carruthers 내외분 / (1박 당) 260,000원 / 3박으로 / 10월 15일 부터 17일까지 입니다.
저는 Kim이고 / 저희들이 기대하겠습니다 / 고객님을 모실 것을.

Reservation 9 (Made by a third party - 1, 제3자에 의한 예약)

E　Good morning. Room reservations. May I help you, sir?
종업원　안녕하십니까? 객실 예약 담당입니다. 무엇을 도와드릴까요?

G　Yes, I'd like to reserve a room / for the president of our company.
고객　예, 객실을 하나 예약하고 싶은데요 / 저희 회사 사장님 이용으로.

E　Thank you, sir. Which date / would that be?
감사합니다, 고객님. 며칠 날짜 / 이신가요?

G　For one week, from November 1st / to 7th.
일주일간, 11월 1일에서 / 7일까지 인데요.

E　Which kind of room / would they prefer?
어떤 방을 / 선호합니까?

G　A double. He'll be accompanied / by his wife.
더블 객실 하나, 그의 부인을 / 동반하고 갈 것입니다.

E Could you hold the line, please? I'll check / our room availability......
Thank you for waiting. I'm afraid / we have no double rooms, /but/ we do have some twin rooms / at 260,000 won / and / 240,000 won available.
잠시만 기다려 주시겠습니까? 확인해 보겠습니다 / 객실여유 상태를.
오래 기다리셨습니다. 죄송하지만, / 더블 객실은 없습니다/만,/ 260,000원, / 240,000요금의 / 트윈 객실이 조금 있습니다.

G The one at 260,000 won / sounds fine.
260,000원 객실 하나가 / 좋은 것 같군요.

E Certainly, sir. May we know / the name of your president and his wife?
좋습니다. 고객님. 당신의 사장님과 부인의 성함을 / 알고 싶은데요?

G Mr. and Mrs. Vernon Williams.
Vernon Williams 부부인데요.

E Thank you. May I have / your name and contact number, please?
감사합니다. 고객님의 존함과 연락처 / 주시겠습니까?

G Yes, my cell phone number is 010-4212-1234. I work in IBM, Seoul. My name is Dan Smith.
예, 제 핸드폰 번호는 010-4212-1234입니다. 저는 IBM, 서울에서 근무하며, Dan Smith입니다.

E OK, / from November 1st / to 7th, a twin room / under the name of Vernon Williams. // You reservation is made.
좋습니다. / 11월 1일부터 / 7일까지, 트윈 룸, Vernon Williams의 이름으로. // 예약이 잘 되었습니다.

G Can I ask / a bottle of red wine and fruit basket / upon arrival / that day?
부탁드려도 되나요? / 레드와인과 과일바구니를 / 도착 시에 / 그날.

E Yes, of course.
We have bottle of wine and fruit basket for 100,000 won.
예, 물론입니다.
100,000원 가격으로 와인과 과일바구니가 있습니다.

G Then / have them ready / in the room / when they arrive, please.
I'll remit[send] / that payment online / if you give me bank account number.
그러면 / 그것들을 준비가 되도록 해 주세요 / 방안에다 / 그분들이 도착하면.
제가 보내드리겠습니다 / 지불금을 온라인으로 / 저에게 은행계좌번호를 주시면.

E We'll send / text messages with a reservation number /and/ bank account number / to your mobile number.
Thank you very much. // We will be expecting / your president and his wife.
저희들이 보내드리겠습니다 / 문자전송을 예약번호/와/ 은행계좌번호를 함께 / 고객님의 핸드폰으로.
감사합니다. // 저희들이 뵙기를 기대하겠습니다. / 고객 분의 사장님과 사모님을.

Reservation 10 (Made by a third party -2, 제3자가 한 예약)

E Reservation desk. May I help you? (on the line)
종업원 예약담당입니다. 말씀하십시오. (전화상으로)

C I'm calling / from Singapore. // I'd like to book a double room / for 2 nights / from the 22th of October.
고객 전화를 하는 중입니다 / 싱가폴에서. // 제가 더블 룸 하나를 예약하고 싶은데요 / 2박으로 / 10월 22일부터.

E Just a moment, please.

....

Yes, we can book you / for October 22th (though).

Shall I reserve a double room / for those dates?

잠시만 기다려 주십시오.

......

예. 저희들이 예약을 해드릴 수 있습니다(만) / 10월 22일 날은.

예약을 해 드릴까요? / 그 날짜에.

C Yes, please.
예. 부탁합니다.

E Under what name / do you want the reservation?
어느 분의 이름으로 / 예약을 해드릴까요?

C Mr. John Brown. // He's our ABC clothing company's president.

Chief John Brown / will check into your hotel / with two members of his family.

존 브라운으로. // 그분은 저희 ABC의류회사 회장입니다.

회장 존 브라운이 / 당신의 호텔에 투숙할 것입니다 / 2명의 가족과 함께.

E How do you spell / your president name?
철자가 어떻게 됩니까? / 당신의 회장이름이.

C His first name is John, J-O-H-N /and/ last name is Brown, B-R-O-W-N.
그분의 이름은 존으로, J-O-H-N /이고/ 성이 브라운으로, B-R-O-W-N입니다.

E May I ask / who I am speak with / now?
여쭤보아도 될까요? / 제과 통화하시는 분은 어떤 분이신지 / 지금.

C ABC clothing company Mr. John's secretary, Ann.

What's the room rate?

ABC의류회사의 Mr. John의 비서, Ann입니다.

요금이 어떻게 되나요?

E It's 270,000 won / per night.
270,000원입니다 / 1박에.

C He (also) asked / for a extra bed.
그분이 (또한) 요청하셨어요 / 추가 침대를.

E In case of using a extra bed, / you have to pay / 22,000 won extra / per night.
추가침대를 사용할 경우, / 지불하셔야 합니다 / 22,000원의 추가요금을 / 1박당.

C Does the price of the room / include / breakfast?
객실요금에 / 포함이 되었나요? / 아침식사가.

E It doesn't include / breakfast.
How / will he be paying, madam?
거기에는 포함되어 있지 않습니다 / 조식이
어떻게 / 요금을 지불하실 것입니까?

C I'll send / a wire transfer / to your hotel, Korea.
보내드리겠습니다 / 온라인 송금으로 / 당신의 한국 호텔로.

E OK, I reserved one double room with extra bed / 2 nights / from October 22th / for John Brown.
Could you give me / your e-mail address?
예, 제가 예약을 해드렸습니다 / 드블 룸에 추가침대를 포함해서 / 2박으로 / 10월 22일부터 / 존 브라운의 이름으로.
저에게 주시겠습니까? / 이메일 주소를.

C Yes, my e-mail address is / ann1234 at abccloth dot com.
예, 제 이메일 주소는 / 엔 a-n-n, one, two, three, four, at,
에이비씨클로스 a-b-c-c-l-o-t-h, 닷, 컴입니다. (ann1234@abccloth.com)

E We'll send you / booking conformation number / by e-mail.
저희들이 당신에게 보내드리겠습니다 / 예약 확인 번호를 / 이메일로.

C Thank you. Please do.
감사합니다. 그렇게 해주십시오.

E What time / will they be arriving?
몇 시에 / 도착하실 예정이세요?

C (Around) 7:00 in the evening.
저녁 7시(경)에요

E Will they be coming / by plane?
그분들이 오실 예정이십니까? / 비행기로.

C Yes.
예.

E Could you give me the flight number, please, / in case the plane is late.
항공편 번호를 알려 주실 수 있으십니까? / 항공기가 연착할 시에.

C I don't know the flight number, /but/ I'll send it to you / by fax / tomorrow morning.
항공편 번호는 모릅니다/만,/ 내일 / 아침까지 / fax로 / 보내드리겠습니다.

E Thank you.
감사합니다.

C Is there public transportation / to your hotel / for that evening?
How can they get to your hotel / from airport?
대중교통편이 있습니까? / 당신의 호텔까지 / 그날 저녁에.
당신의 호텔까지 어떻게 갈 수 있나요? / 공항에서.

E Yes, / they can use / high- speed rail transportation.
예, / 이용할 수 있습니다 / 고속전철 교통편을.

C How long does it take / for train / to get to your resort / from airport?
얼마나 소요되나요? / 기차로 / 당신의 리조트까지 / 공항에서.

E It takes / (only about) 1 hour 30 minutes.
시간이 걸립니다 / (불과 내략) 1시간 30분 정도.

C Thanks / for your good information.
고마워요 / 좋은 정보를 주셔서.

E You're welcome.
아닙니다.

Reservation 11

C S resort (Name). // May I help you?
클락 S 리조트 (~입니다). // 무엇을 도와드릴까요?

G I'd like to make a reservation, please.
고객 예약을 하나 하고 싶은데요.

C OK. Is this for a hotel room /or/ a condo?
예. 호텔입니까 /아니면/ 콘도입니까?

G For a hotel room.
호텔 객실인데요.

C What kind of a room / would you / like to reserve?
어떤 종류의 객실을 / 고객께서 / 예약하고 싶습니까?

G What kinds / do you have?
어떤 종류가 / 있습니까?

C We have / ondol rooms for four people / and / with twin beds.
(An ondol room / is a Korean-style, floor-heated room.)
있습니다 / 4인용 온돌방 / 과 / 트윈침대가.
(온돌방은 / 한국식이며, 방바닥 난방이 되는 객실입니다.)

G How much / are they?
얼마입니까? / 그 객실들이.

C It's 200,000 won (for four people) / and / same for twin-beds.
(4인용으로) 200,000원이고 / 그리고 / 동일합니다 트윈 침대도.

G I'd like a room with twin beds, / for the 19th of July.
트윈 침대로 하겠습니다. / 7월 19일 날.

C Fine. // May I have / your name and phone number please?
알겠습니다. // 말씀해 주시겠어요? / 이름과 전화번호를

G My name is Elizabeth Klaus / and / the number is 010-790-9933.
이름이 엘리자베스 클라우스 / 이고 / 전화번호는 010-790-9933입니다.

C Thank you. // Your reservation / is made / for the 19th. // How / would you like to pay / for this?
고맙습니다. // 고객님의 예약을 / 해 놓겠습니다 / 19일로. // 어떻게 / 지불하시겠습니까? / 이 요금을.

G If you give me your bank account number, / I will make the deposit.
I'll pay it / on arrival at the hotel.
은행계좌번호를 주시면 / 입금하겠습니다 / 예치금을.
지불하겠습니다 / 호텔에 도착해서.

C Then, / we'll send a text message / to your number.
그럼, / 저희들이 문자 전송을 하겠습니다 / 고객님의 번호로.

구문해석

- **charge the expense to the company** : 비용을 회사로 달아놓다
- **ùn·fórtunately** [ʌnfɔ́ːrtʃənətli] : 유감스럽게도
- **expect you** : 오시기를 기대하고 있겠습니다. 기다리고 있겠습니다.
- **when for, sir?** : 여기서 for 다음에는 숫자가 와서 기간을 나타냄)
- **client** [kláiənt] : (호텔, 상점)의 고객, 단골 = customer
- **you're not sure how long you'll be staying?** (*주의 : 의문사 + s+ v가 앞의 문장에 종속될 때 how long) will you be~?가 how long you will be~로 어순이 바뀜)
- **Who's the reservation for?** 여기서 for는 누구의 이름으로
- **detail** [ditéil, díːteil] : 세부사항, 자세함(details)
- **Paris** [pǽris] : 파리 / 발음주의 (페'리스)
- **in case (that) s+v~** : 만약 ~인 경우에는, 만일 ~이면(※if보다 구어적) = in case of + 명

- conference [kɑ́nfərəns] room : 회의실 / convention ~ /meeting ~ / seminar ~(세미나)
- have you got ~ ? : = do you have~ ?
- put through : [전화를] ~ 에 연결하다 / Put me through to Mr. Kim. 김씨를 대주십시오
- demestic [dəméstik] : 국내의, 가정의 / ~ source 국내 출처(정보, 자료)
- how many guests will be there in your party? 일행이 몇 분입니까? (party는 일행)
- availability [əvèiləbíləti] : 이용가능성
- initial [iníʃəl] : (보통) initials 이름 명칭의 머리글자 / 형 처음의, 최초의, 머리글자로 된
- CARRUTHERS : 연속되는 문자를 읽을 때(RR : double R / 00324 : double zero)
- thírd párty : 제3자 , 제3정당
- be accompanied[əkʌmpənid] by ~ : ~를 동반하다(with~), 수반하다
- Mr. & Mrs. Conrad Burke : Conrad Burke 부부
- floor-heated [flɔːr hiːtid] : 가열하는 바닥 / ~ room 방바닥 난방 객실

G I'd like to make a reservation for a room.
객실을 예약하고 싶습니다.

O When will you arrive?
언제 도착하실 예정입니까?

G Tonight.
오늘밤 사용하고 싶습니다.

O All right, I'll put you through / to the front desk
connect you / with the front desk.
예, 연결시켜 드리겠습니다 / 프런트로.

G I'd like to make a reservation for a room / on July, 12th.
예약하고 싶습니다 / 7월 12일 날짜에.

O I'm sorry, / you have to call / our call center / to make a reservation. // The main number is 1588-7575. Thank you.
죄송합니다만, / 전화를 하셔야 합니다 / 콜센터로 / 예약을 하시려면. //
대표전화 번호는 one five double eight, seven five seven five입니다. 감사합니다.

By remitting money to you (돈을 송금하기)

OK. Madam, / you can go / to the nearest Nonghyup Bank, / and / send your money / to our account. // The account number is 391-03-003630.
알겠습니다. 사모님. / 가셔서 / 가장 가까운 농협으로, / 그리고서 / 돈을 보내시면 됩니다 / 저희 구좌로. // 계좌번호는

391-03-003630.

The receiver is S resort.

수신자는 S리조트입니다.

Please / make this payment / five days before you come, / otherwise / your reservation / will be (automatically) canceled.

부탁드립니다 / 지불을 하십시오 / 오시기 5일전에, / 그렇지 않으면 / 예약이 / (자동) 취소됩니다.

Please / show your deposit receipt / when you check in.

부탁드립니다 / 예치금 확인서를 보여 주십시오 / 체크인 시에.

Thank you / for calling.

감사합니다 / 전화주셔서.

구문해석

- **put a call through** 전화를 연결하다 = connect, get through …에게 전화를 연결해주다
- **remit** [rimít] : [금전·수표 등을] [장소로] 보내다[to··]; 송부하다, 감면하다, 면제하다
- **Madam** [mǽdəm] : 마님(부르는 경칭), M–) (성이나 직함 등에 붙여) …(영) 부인, 여 …
- **May I help you, madam?** (도와드릴까요, 부인?) / Madam President (대통령 영부인)
- **account** [əkáunt] : 은행계좌, 예금(액), 외상계정/ 설명 / 이유 / 사건의 기술
- **checking account** 당좌예금계좌 / Put it on my account. (외상으로 달아 놓다)
- **make the payment** : 지불하다 / pay A B / pay B to A [A(남)에게 B(돈)를] 지불하다
- **depósit recèipt** [dipázit risí:t] : 예금증서 / 발음주의(디파'짓 리시–잇)

Peak season reservation (성수기 예약)

G Can I make a reservation / for a room at condominium / this coming Dec. 24th?

예약을 할 수 있습니까? / 콘도객실을 / 이번 오는 12월 24일에.

C We're sorry sir, / but / nonmember cannot book for condo room / on the phone.

고객님 죄송합니다 /만/ 비회원은 콘도객실을 예약할 수 없습니다 / 전화상으로.

We allocate members room / first / by a lottery system / during the peak holiday season.

저희들은 회원에게 객실을 배정을 합니다 / 우선적으로 / 추첨을 통해 / 휴가철 성수기 동안에는.

G Then, / would it possible / for me / to make a reservation at hotel / on that day?

그럼, / 가능한가요? / 제가 / 호텔을 예약하는 것은 / 그날에.

C Yes, / you can book into the hotel / for that date.

예, 고객님께서 호텔로 예약을 하실 수 있습니다 / 그 날짜로.

Shall I reserve a hotel room / for those dates, / sir?
호텔객실을 예약해 드릴까요? / 그 날짜로, / 고객님.

G A twin room / for two nights, please.
트윈 객실 / 2박으로 부탁합니다.

C May I have your name and contact number, please?
성함과 연락처를 말씀해 주시겠습니까?

G My name is Garry Jung and cell phone number is 010-1234-9876.
제 이름은 Garry Jung이고, 핸드폰번호는 010-1234-9876입니다.

C Can you spell it out for me?
철자를 불러주시겠어요?

G Last name is Jung, J-U-N-G, first name is Garry, G-A-R-R-Y.
성은 Jung이고, 이름은 Garry입니다.

C For a twin room for 2 nights, Dec. 24th.
12월 24일 Twin room 2박으로.

OK, your room is reserved / and / you may cancel your reservation / before five days prior.
예약이 되셨습니다 / 그리고 / 예약을 취소할 수 있습니다 / 5일 전에.

If you need to cancel your reservation (for the day), / no refund is possible,
(당일) 예약 취소를 원하시면 / 환불이 불가능합니다만,

/ but / five days cancellation notice / is required / for full refund.
5일 전에 예약취소를 알려야만 / 받을 수 있습니다 / 전액 환불을.

Do you have any other questions?
다른 질문은 없으십니까?

G Oh, no thanks.
아니요, 됐어요.

C We'll text you / confirmation number / on cell phone / immediately.
저희들이 고객님께 문자로 전송해 드리겠습니다 / 예약확인번호를 / 핸드폰으로 / 즉시.

For further information, / you can check available room / at any time / accessing the website of Sky resort.
자세한 객실 정보는 / 고객님께서 여유객실 현황을 확인할 수 있습니다 / 언제든지 / 저희 스카이 리조트 홈페이지에 접속해서.

구문해석

- visit / homepage at (www.skyresort.com) 홈페이지를 방문하다.

*You can access / connect to / visit Sky resort website / homepage / to make reservation.

Sky resort 홈페이지에서 접속해서 / 예약할 수 있습니다.

*My e-mail address / is jung1234, the "at"symbol, then naver, dot com

저의 이메일 주소는 / jung1234@ 다음에 naver, 그 다음에 닷컴입니다.

jung1234@naver.com

02. Operator(교환)

Greetings and more procedures (인사와 절차)

1. Good (morning, afternoon, evening), sir.
2. May I help you
3. What's number?
4. May I have your name, please?
5. How do you spell your name?
6. I would like to repeat the number.
7. Just a moment, sir. There's no answer.
8. Please wait for a few more minutes.
9. Sorry sir, but the line's busy (engaged).
10. Hold the line, please.
11. Do you wish to cancel your call?
12. Shall I / have / him / call you back?
13. I'm afraid / you have the wrong number.
14. Here is your party now. Go ahead, sir.
15. Please dial 9 / before you dial the number.
16. I'm sorry / to disturb you.
17. I'll connect you / with ---
18. We had a bed connection.

19. There is no one here / by that name.
20. You are wanted / on the phone.
21. Would you like to leave a message?
22. Could you speak a little louder, please?

1. 안녕하십니까, 고객님.
2. 무엇을 도와드릴까요?
3. 객실번호가 어떻게 되십니까?
4. 성함을 말씀해 주시겠습니까?
5. 고객님 성함의 철자가 어떻게 되니까?
6. 제가 번호를 한 번 더 불러 보겠습니다.
7. 잠시만 기다리십시오. 아무 응답이 없습니다.
8. 잠시만 더 기다려 주십시오.
9. 죄송합니다, 고객님. 통화중입니다.
10. 끊지 말고 기다려 주십시오.
11. 전화를 취소하시겠습니까?
12. 제가 / 그분께 / 고객님에게 전화 드리라고 / 말씀할까요?
13. 죄송합니다만, / 전화 잘못 거셨습니다.
14. 지금 상대방이 나와 있습니다. 말씀하십시오.
15. 번호를 돌리기 전에 / 9번을 돌리십시오.
16. 방해가 되게 해서 / 죄송합니다.
17. ---를 / 연결시켜 드리겠습니다.
18. 연결 상태가 좋지 않습니다.
19. 그런 분은 / 여기 안 계십니다.
20. 전화 / 왔습니다.
21. 전하실 말씀 남겨 주시겠습니까?
22. 좀 큰 소리로 말씀해 주시겠습니까?

Speaking to a customer service (고객담당자와의 통화)

Dialogue 1. Standard procedure (표준 절차) (O : Operator / C : Caller)

O May I help you?
C Yes, could you put me through / to room 706?
O Certainly, sir. Just a moment, please.

교환 무엇을 도와드릴까요?
통화자 예, 객실 706호실로 / 연결시켜 주실래요?
교환 예, 고객님. 잠시만 기다리십시오.

Dialogue 2. The line is busy (통화 중일 때)

C May I speak to Mr. Peppas, please?

O Could you spell that, please?

C P-E-P-P-A-S.

O Hold on, please.

****

The line is busy. Would you like to hold on or call back?

C I'll hold on.

****

O I'm afraid / the line's still busy.

C I'll call back then.

통화자 Peppas씨랑 통화하고 싶은데요?

교환 철자가 어떻게 됩니까?

통화자 P-E-P-P-A-S

교환 잠시만 기다리십시오.

****

통화 중입니다. 기다리시겠습니까? 아니면 전화를 다시 하시겠습니까?

통화자 기다릴게요.

****

교환 죄송합니다만, / 아직도 통화중입니다.

통화자 그럼, 다시 전화할게요.

Dialogue 3. I havent got the name (이름을 못 찾을 때)

O Hotel Palace.

C May I speak to Miss Anthony, please?

O Could you repeat that, please?

C Anthony.

O Just a moment...

****

I haven't got the name. When did she arrive?

C This morning.

O I'll connect you / to the front desk.

교환 Palace 호텔입니다.

통화자 Miss Anthony와 통화하고 싶은데요.
교환 다시 한번 말해 주시겠습니까?
교환 잠시만 기다리십시오.
****
이름이 없는데요. 그분이 언제 도착하셨나요?
통화자 오늘 아침에요.
교환 프런트로 / 연결해 드리겠습니다.

Dialogue 4. When the guest has already checked out (고객이 이미 체크아웃 했을 때)

O This is call center. May I help you?
C Yes, / please give me Mr. John /who/ is staying at room 801.
Could you please connect me / to (Mr. John) / in room 801?
O Just a moment, please. Oh! I'm sorry, /but/ he checked out / half minutes ago.
He will go to the Seoul / with the others, / he said.
But / I am not clear / whether he departed, sir.
C If he left (already), too bad. Well, / thanks anyway.
O You'ar welcome, sir.
(The caller hangs up)

교환 교환입니다. 무엇을 도와드릴까요.
통화자 예. / 저에게 연결해 주세요 Mr. John을 / John은 / 투숙하고 있어요. / 801호에.
교환 잠시만 기다려 주십시오. 아! 죄송하지/만,/ Mr. John씨는 퇴실하셨습니다 / 30분 전에.
그분이 서울을 가신다고 / 다른 일행 분들과 함께. / 그분이 말씀하셨어요.
그런데 / 확실하지는 않습니다 / 그분이 출발하셨는지는.
통화자 그가 떠났다면 (이미). / 어쩔 수 없군요. 어. / 고마워요 아무튼.
교환 아닙니다. 고객님
(통화자가 전화를 끊는다)

Dialogue 5. Wake-up call (모닝콜)

O Operator.
C Could you wake me up / at 7:00, please?
O Yes, sir What's your room number?
C 209.
O Tank you.

교환 교환실입니다.

통화자 7시에 / 깨워주시겠어요?
교환 예, 고객님. 객실번호를 말씀해 주십시오.
통화자 209호실인데요.
교환 감사합니다.

G I'd like a wake-up call / at seven (o'clock) tomorrow morning.
O All right, / we'll wake up / at seven, tomorrow morning. (= next morning)
O Good morning. // This is your seven o'clock wake-up call.

고객 모닝콜을 부탁합니다 / 내일아침 7시에.
교환 좋습니다. / 깨워드리겠습니다 / 내일 아침 7시에.
교환 안녕하십니까. // 7시 모닝콜입니다.

Dialogue 6. When there is no reply / from the room (객실로부터 응답이 없을 경우)

C Hello. Can I speak to Mr. Franks / in room # 510, please?
O Certainly, sir. Just a moment, please...
Thank you / for waiting. I'm afraid / there's no reply / from room # 510.
C Could you try again?
O Certainly, sir. Just a moment, please.
****
Thank you / for waiting. I'm afraid / there is (still) no reply.
Would you like to leave a message?
C Yes, I'll do that.
O I'll connect you / with the concierge. Just a moment, please.

통화자 510호실 / Franks씨와 통화할 수 있나요?
교환 예, 고객님, 잠시만 기다려 주시겠습니까?
오래 기다리셨습니다. 죄송합니다만, / 510호실 고객님 / 전화를 받지 않습니다.
통화자 다시 연결 해 보시겠어요?
교환 예, 고객님, 잠시만 기다리십시오.
****
오래 기다리셨습니다. 죄송하지만 / (여전히), 아무 응답이 없습니다.
메시지를 남겨 드릴까요?
통화자 예, 그렇게 해 주세요.
교환 컨시어지 데스크로 / 연결해 드리겠습니다. 잠시만 기다리십시오.

Dialogue 7. Direct call / from the room (객실에서 직접 전화를 걸기)

O Operator.

C I'll like to make a long distance call / to Montreal, please.

O You can dial that (directly) / from your room.

C Do you know the area code / for Montreal?

O It's 514.

C What time is it / in Montreal?

O It's 03:30 am.

C Thank you.

교환 교환입니다

통화자 몬트리올로 / 장거리 전화하고 싶은데요.

교환 객실에서 / (직접) 전화를 걸 수 있습니다.

통화자 몬트리올 / 지역번호를 아시나요?

교환 514번입니다.

통화자 몬트리올 / 거기는 몇 시인가요?

교환 새벽 3시 30분입니다.

통화자 고마워요

Dialogue 8. Speaking / to the paged guest (찾는 고객과 / 통화하기)

G Baker, speaking.

O This is the hotel operator. There is an outside call / for you. Could you hang up please, / and / we will call you back?

(Operator speaks to caller)

O I'm very sorry / to have kept you waiting. Mr. Mercer is / on the line. Go ahead, please.

고객 Baker입니다.

교환 호텔 교환입니다. 고객님한테 / 외부에서 전화가 와 있습니다. 끊어 주시면, / 저희들 이 전화를 드릴 것입니다.

(교환이 통화자와 통화한다)

교환 오래 기다리게 해서 / 죄송합니다. Mercer씨가 / 나와 있습니다. 말씀하십시오.

Dialogue 9. When someone from the outside / call for hotel guest (외부에서 누군가가 / 호텔투숙객을 찾을 때)

O　May I help you?

C　Yes, I want to know / whether Garry Jung stay at your hotel.

O　I'm sorry, / we can't tell any information / regarding our hotel guest / without his permission

C　Could you leave a message / that a Mr. Clinton tried to reach him?

O　Then, I'll talk to him directly, first. / Would you hold for a moment?

****

O　A Mr. Clinton is on the phone. / What should I do?

C　(Just) let him know / my room number /and/ transfer him to me.

교환　무엇을 도와드릴까요?

통화자　예, 알 수 있나요 / 게리 정이라는 분이 당신의 호텔에 투숙하고 있는지?

교환　죄송하지만, / 저희들이 알려드릴 수는 없습니다 어떠한 정보도 / 저희 호텔 고객과 관련해서 / 본인의 허락 없이는 마음대로.

통화자　전해주시겠어요 / 클린턴이라는 사람이 통화했으면 한다고.

교환　그러면, 제가 먼저 직접 고객님과 통화해보겠습니다. / 잠시만 기다려 주시겠습니까?

****

교환　클린턴이라는 분이 전화가 와있는데요 / 어떻게 할까요?

통화자　그분에게 알려주시고 / 저의 객실 번호를 /그리고/ 저에게 연결시켜주세요.

구문해석

- **swítch·bòard** : 전화교환대, 배전반
- **you are wanted on the phone** : 전화 왔습니다.(= telephone for you. / call for you.)
- **put ·· through** : 전화를 ~로 연결하다 / Put me through to Dr. Kim 김박사를 대주세요
- **have got** : 가지고 있다(have)
- **Have you got the time?** = Do you have the time? (몇 시입니까?)
- **this morning** : 오늘 아침
- **destination** [dèstənéiʃən] : 목적지, 행선지, 도착지
- **voy·age** [vɔ́iidʒ] : (먼 나라·땅으로의 긴) 항해, 배 여행, 육로여행; 탐험
- **wake-up call** : 모닝콜 = morning call
- **concierge** [kànsiέərʒ] : 컨시어지 (호텔의) 접객 담당자 : 호텔의 로비 한곳에 위치하여 고객을 안내하고 환대한다. 방문고객들에게 1:1고객 서비스 차원에서 설명과 각종 정보를 제공해주고, 짐도 들어주는 등 고객이 원하는 다양한 서비스를 제공을 해주는 안내원 역할을 한다.
- **page** [peidʒ] : (사람을) 안내방송 등으로 부르다, 찾다, 무선 호출기 등으로 호출하다. 호출 방송, 벨[급사]에 의한 호출
- **keep + v ~ing** : 계속해서 ~하게 두다 : keep a person waiting 기다리게 하다.

Dialogue 10. Collect call (수신자부담 전화)

G I want to make a long-distance call / to Seoul.
oversea call / to Hongkong.
local call

장거리 전화를 사용하고 싶습니다 / 서울로.
국제전화를 사용하고 싶습니다 / 홍콩으로.
시내전화를 사용하고 싶습니다.

O To place call to Seoul, / you can dial / direct. // First press 0, / wait for the dial tone, / and then, area code, / and / the number (you want to call).

서울로 전화를 하려면, / 고객님이 전화할 수 있습니다 / 직접. // 먼저 0을 누르고서, / 발신음이 들리기를 기다리시고서, / 그리고서, 지역번호/와/ (고객님이 통화하기를 원하시는) 번호를 돌리세요.

****

G I'd like to / make a collect call / to (the country name).
reverse charge call / to (USA)

전화를 하고 싶습니다 / 수신자부담으로/ (국가명)

O You can put through / to a international operator / directly // First press 0, / and then, the international access code / and / follow the recorded process. Then / an operator for the country / will be with you.

There is ten thousand handling charge(= surcharge) / to make a collect call.

직접 연결할 수 있습니다 / 국제 교환에게 / 직접. // 먼저, 0번을 누르고서, / 그리고, 국가별 접속 번호 / 그리고서 / 녹음음성 안내를 따릅니다. 그러면 / 상대방 국가 교환원이 / 당신과 연결될 것입니다. 1,000원의 수수료(= 추가요금)가 부과됩니다 / 수신자 부담으로 전화하시려면.

☞ How to call the international call / direct / in the room, /or/ with a pay phone.
First, / Check the country code /and/ choose the international telecommunication company (001, 002, 008)
For example : If you are calling to LA, USA,
001 + country code + area code + phone number

국세선화를 직접 거는 방법 객실에서/나/ 공중전화로.
먼저, / 국가번호를 확인 후 /그리고서/ 국제전화 사업자 인식번호(001, 002, 008)를 선택.
예 : 미국 LA로 전화할 경우,
국제사업자(001) + 국가번호(1) + 지역번호 + 상대전화 번호

O Goof morning, Sky Hotel. Can I help you?

안녕하십니까? 스카이 호텔입니다. 도와드릴까요?

G Yes. Can you put me through / to room 809, please?
예. 저를 연결해 주세요 / 809호실로.

O All right, sir. (minute later)
잘 알겠습니다. (잠시 후)

(There is) No answer. (The line is busy.)
전화를 받지 않습니다. (통화 중입니다.)

G Then, can I leave a message?
그럼, 메모를 남길까요?

O Certainly. / I'll put you through / to the front desk.
Certainly. Go ahead please.
물론입니다. / 연결해 드리겠습니다 / 프런트로. // 물론입니다. 말씀하십시오.

G Please tell him / that Max called, / and / ask him / to call me back / as soon as he gets back. // I'm staying at the Hilton hotel, in Seoul. // My room number is 1207.
그분께 말씀 부탁합니다 / Max가 전화했다고. / 그리고 / 요청 부탁합니다 / 저에게 전화 달라고 / 그분이 돌아오면. // 저는 서울 힐튼 호텔에 투숙하고 있습니다. // 제 객실번호는 1207호입니다.

O All right. // I'll make sure / that Mr. Brown will get the message.
알겠습니다. // 틀림없이 / 브라운 씨가 메시지를 전달 받도록 하겠습니다.

This is the operator. // Can I speak / to Mr. Brown?
저는 교환입니다. // 통화하고자 합니다 / 브라운 씨와.

G Speaking.
접니다.

O There was a call / from Mr. Max / while you were out. // The message says, / "Max called. // Call me / as soon as you get back. // I'm staying at the Hilton hotel, in Seoul. // My room number is 1207."
전화가 있었습니다 / Max 씨로부터 / 외출 중에. // 메시지 내용에, / "Max 씨가 전화했고. // 전화달라고 합니다. // 돌아오시면. // 서울 힐튼 호텔에 투숙 중입니다. // 객실번호는 1207호입니다.

구문해석

- **long distance call** : 장거리 전화 / local call 시내전화 / overseas call 국제전화 / collect call 수신자 부담 통화 / person-to-person call 지명통화
- **reverse-charge** : (미)수신자 부담의 / reverse the charge 수신자 부담으로 걸다
- **replace [put down] the receiver** : 수화기를 내려놓다 ≠ pick up ~ / lift ~

Food & Beverage

음식 & 음료

01. Restaurant

Useful expressions(유용한 표현)

- This dish / takes long – about half an hour / to prepare.
  이 요리는 / 걸립니다 시간이 오래 - 약 30분 / 준비하는데.
- How would you like / your boiled egg / done? - Soft boiled or hard-boiled? / - For how many minutes?
  어떻게 / 보일드 에그를 / 만들어 드릴까요? - 반숙 아니면 완숙으로? /- 몇분간?
- Group / or / individual? // How many (people) / in your party?
  단체 / 아니면 / 개인고객이십니까? // 몇 분입니까? / 일행이.
- I'm sorry, this dish / is not available / at the moment.
  죄송합니다만, / 이 요리는 / 이용할 수가 없습니다 / 지금은.
- Do you have / the duty-free card for diplomats / with you?
  가지고 있습니까 / 외교관 면세카드를 / 수중에.
- You can be exempted / from tax / (only) with the tax-free card.
  면제가 됩니다 / 세금에서 / 면세카드(만)으로.
- If you put / it / on the bill, / you'll be asked / to pay it / together with other charges / when you check out.
  올려놓는다면 / 비용을 / 계산서에다, / 요구될 것입니다 / 지불하도록 / 다른 비용과 함께 / 퇴실하실 때
- There has been a change / for this item.
  정정이 있었습니다 / 이 항목에 대해서.
- And / this means / the item is no longer available.
  그리고 / 이건 뜻입니다 / 이 항목은 더 이상 유효하지 않다. (*주문 취소란 뜻입니다)

- Please present / the meal ticket (the discount ticket) / to us (first), / if you have one.
  제시해 주십시오 / 식권을 (할인권) / 저희들에게 (먼저), / 식권을 가지고 계시면.
- You have to pay – first. 지불하셔야만 합니다 – 먼저.
  – in advance. – 선불로.
- – You have to pay / for it. 지불하셔야만 합니다 / 그것을.
  – we charge / for it. 계산합니다 / 그것을.
- This is / our traditional full-course meal.
  이것은 입니다 / 한국의 전통 정찬 요리.

  It starts with porridge / made with rice and pine nuts. // Then / jumbo shrimps, beef rib stew, and Shin-sun-ro (a Korean traditional casserole) / are for the main dishes. // The course (also) include / fifteen different side dishes / along with rice and Korean soup.
  먼저 나가는 것이 죽으로 / 밥과 잣으로 지었습니다(잣죽). // 그리고서 / 왕새우, 갈비찜, 신선로 (한국의 전통 찜 냄비 요리)가 / 메인 요리입니다. // 코스요리는 (또한) 포함됩니다 / 열다섯 가지의 다른 반찬을 / 거기에 밥과 국이 따라 나옵니다.

  Shik-hae / is a kind of punch / made with rice.
  식혜는 / 펀치의 일종으로 / 쌀로 만들었습니다.

  The best way to eat Bi-Bim-Bob / is putting in chili paste / as much as you want, / and then / mixing it well / with the other ingredients in the bowl.
  비빔밥을 먹기 가장 좋은 방법은 / 고추장을 넣습니다. / 원하는 만큼 / 그리고서 / 잘 비비는 것입니다 / 사발에 있는 다른 양념과 함께.

Taking an order at the coffee shop

W Good morning. 어서 오십시오

G May I sit here? 여기에 앉아도 좋습니까?

W (A table for) just yourself? = How many / in your party?
한 분이십니까? = 몇 분이십니까? / 일행이.

G (No,) Someone / will join / me.
(혼자인데,) 누군가가 / 합석할 것입니다 / 저와 함께.

W Then, come this way please. = follow me. (The customer takes a seat)
그러시다면, 이쪽으로 오십시오. (고객이 자리에 앉는다)

W Are you ready / to order? = May I take / your order?
하시겠니까 / 주문을 = 받으시겠습니까? / 주문을.

G I'd rather wait. = I want to ... .
다소 기다리겠습니다 (*나중에 했으면 합니다만) = …를 원합니다.

W All right, sir. Call me / when you are ready.
잘 알겠습니다. 저를 불러주십시오 / 준비가 되시면.

(After while, another customer comes in / and / joins the person.)
(잠시 후, 다른 손님이 들어와 /서/ 함께한다.)

G Excuse me, waiter. 여보세요.

W Yes, sir? 네.

G Do you have ice coffee? 아이스커피 됩니까?

W Yes, we have ice coffee and coffee float.
예, 아이스커피와 플로트가 있습니다.

G Then, - bring / two ice coffee, please. 그럼, 갖다 주세요 / 아이스커피 2잔
- we'd like two ice coffee.
- we'll have two ice coffee.
- we are going to have two ice coffee.

W Yes, sir. 예, 잘 알겠습니다.

Taking an order at the Korean restaurant

W Good evening. How many? (How many of you are / in the party?)
어서 오십시오. 몇 분이십니까? / 일행이.

G Two. 2명입니다.

W Come this way please. How do you like / this table?
이쪽으로 오십시오. 어떻습니까? / 이 자리는.

G It's fine. 좋습니다.

W I'll bring / water and a menu. (after a while)
가지고 오겠습니다 / 물과 메뉴를. (잠시 후에)

May I take your order?
주문하시겠습니까?

G Yes, I'd like / two orders / of (barbecued) short rib and two beers.
네, 원합니다 / 2인분의 / 갈비(구이)와 맥주 2병을.

W Two servings of short rib and two beers?
2인분 갈비, 맥주 2병 맞습니까?

G Yes. 네

W I'll bring them / shortly. - Bring the food -
갖다 드리겠습니다 / 곧. – 음식을 나른다 –

Thanks / for waiting. / Here you are,/ two servings of short rib.
감사합니다 / 기다려 주셔서.(* 오래 기다리셨습니다.) / 여기 있습니다. / 2인분 갈비.

G Can you bring beers / quickly? / We'd like to make / a toast.
맥주를 갖다 주시겠어요 / 빨리? / 하고 싶어서요 / 건배를.

W Oh, I'm sorry. / I'll bring them / right away. - Bring beers -
아, 죄송합니다. / 가져오겠습니다 / 곧. – 맥주를 가져온다. –

W Sorry / that / I / kept / you / waiting.
죄송합니다 / 제가 / 계속해서 / 고객님을 / 기다리게 해서. (* 오래 기다리셨습니다.)

G1 Let's / make a toast. // Cheers!
자, 합시다 / 건배를. // 건배!

G2 Excuse me, waiter. // We'd like something / to go with the drinks.
저기, 이봐요. // 뭔가를 원해요 / 술에 어울리는. (* 뭔가 가벼운 안주 같은 것 없나요?)

W Well, / we have / some fruits and snacks.
있습니다 / 과일이나 스낵 종류가.

G1 I'd like / two dishes of fruits and snacks.
하고 싶네요 / 과일과 스낵 2접시로.

W All rights, sir.
잘 알겠습니다.

Taking an order at the western restaurant(Breakfast)

W Good morning. / May I take your order?
안녕하세요. 어서 오십시오. / 주문을 받겠습니다.

G (Looking at a menu) / I'd like / an American breakfast.
(메뉴를 본다) / 부탁합니다 / 아메리칸 블랙퍼스트를.

W What kind of juice / would you like?
어떤 주스로 / 하시겠습니까?

G Grape juice, please.
그레이프 주스로, 주세요.

W You have a choice / of ham or bacon with eggs. // Which one / would you like?
선택하실 수 있습니다 / 계란에 햄이나 베이컨 중에. // 어느 것으로 / 하시겠습니까?

G Bacon please. 베이컨으로 주세요.

W All right, / and / toast or a roll?
좋습니다./ 그리고 / 토스트 나 롤빵 중에서는 어느 쪽으로?

G A roll, please. 롤빵을 주세요.

W So / that's / an American breakfast / with grape juice, bacon, and a roll.
알겠습니다 / 주문하신 것이 / 아메리칸 조식으로 / 그레이프주스, 베이컨, 롤빵을 함께 하셨습니다.

G Yes, (That's right.) 예, (그렇습니다.)

W Your breakfast / will be ready / in a few minute.
아침식사가 / 준비될 것입니다 / 잠시 후에.

Lunch & Dinner

W Good afternoon (Good evening). // Are you ready to order?
어서 오십시오. // 주문하실 준비 되셨습니까? (* 무엇을 드시겠습니까?)

G No, not yet. Can you bring a menu / first?
아니요, 아직. 메뉴 표 갖다 주시겠어요? / 먼저.

W Certainly, sir. Here you are.
예. 여기 있습니다.

G I'd like a beef steak and salad.
하겠습니다 / 소고기 스테이크와 샐러드로.

W Anything to drink?
어떤 것으로 하시겠습니까? / 마실 것으로는.

G A glass of beer, please. 맥주 한잔, 주세요.

W How would you like / your steak (done)?
어떻게 해서 / 스테이크를 (구워 드릴까요)?

G Medium rare, please.
중간 덜 익은 것으로, 부탁합니다.

W And which salad dressing, please?
샐러드드레싱은 어느 것으로 할까요?

G French, please.
프렌치드레싱으로, 부탁합니다.

W All right, sir. Anything else? 네 잘 알겠습니다. 그밖에 다른 것은 없습니까?

G No, thanks. Oh! one more thing, / I'm kind of / thirsty. // Will you bring the beer / first?

아니, 됐습니다. 아! 하나 더, / 조금 / 목이 마른데. // 맥주를 갖다 주시겠어요 / 먼저?

W Yes, sir. I'll bring it / right away.

예, 가져 오겠습니다 / 즉시.

G I hate to complaint / but / the steak is too well-done, / see?

불평하고 싶지는 않는데 / 그렇지만 / 스테이크가 너무 익혀 나왔어요. / 보이세요?

W I'm really sorry, sir. / I'll have / a new steak / brought out / for you

대단히 죄송합니다. / 제가 조치하겠습니다 / 새로운 스테이크를 / 가져 오도록 / 고객님을 위해서.

구문해석

- **dish** : 음식
- **soft-boiled** : 반숙 / hard-boiled egg : 완숙으로 삶은 계란
- **individual** : 개인
- **duty-free shop** : 면세점
- **diplomat** : 외교관
- **exempt (from something)** : (…이) 면제되는 / ~ed from tax 면세
- **present** : 주다, 제시하다 (to)
- **in advance** : (~ 보다)미리, 사전에 / pay ~ 선불로
- **porridge** : (미; oatmeal), 포리지, 오트밀에 우유나 물을 부어 걸쭉하게 죽처럼 끓인 음식
- **stew** : 스튜(고기와 채소를 넣고 국물이 좀 있게 천천히 끓인 요리) / chicken ~ 치킨스튜
- **casserole** : 캐서롤 (오븐에 넣어 천천히 익혀 만드는 한국음식의 찌개나 찜 비슷한 요리)
- **main dish** : 주 요리 / side dish 반찬
- **punch** : 펀치(술, 설탕, 우유, 레몬, 향료를 넣어 만든 음료)
- **ingredient** : (요리 등의) 재료, 성분
- **customer** : 고객 / regular ~ 단골
- **coffee float** : 커피 플로트(커피에 설탕을 넣고 아이스크림이나 휘핑크림을 얹은 커피)
- **Regular coffee of Decaf?** : 일반커피로 드릴까요? 카페인 없는 커피로 드릴까요?
- **How many of you are in the party?** : 일행이 몇 분입니까?
- **short rib** : 갈비
- **thanks for ~ing** : ~ 해주셔서 감사하다
- **(make a) toast** : 건배하다 / drink a toast / cheers
- **American breakfast** : 계란요리가 곁들여진 아침식사(Season Fruit, Juice, Cereal, Eggs, Beverage, Cake, Bread & Rolls) 및 그밖에 계란요리가 제공될 때에는 햄, 베이컨 혹은 소시지 등을 곁들여 제공
- **stake** : 익히는 정도 순서 rear 〈 medium rare 〈 medium 〈 medium well 〈 well done

Korean restaurant (Arirang)

G This is / my first visit / to this hotel. // Could you recommend / a nice restaurant / and / give me / a description of the place?
이곳이 / 처음 방문인데 / 이 호텔에. // 추천해 주시겠습니까? / 좋은 식당을 / 그리고 / 해 주실 수 있나요? / 그 장소 설명을

C Yes, certainly. / There is a Korean restaurant Arirang, / where / you can have / traditional Korean meals. // They are open / from 8:00 am till 10:00 pm // They serve / various kinds of soup, a variety of fish and beef dishes, and mildly seasoned Kim Chi. // Fresh vegetables / are (also) served / on the side.
// Dishes / such as / Kalbi stew, Naeng-myun(cold noodle), and Bibim-bap(rice / mixed with seasoned vegetables) / are (also) available.
예, 물론입니다. / 한식당 아리랑이 있는데, / 그곳에서 / 드실 수 있습니다 / 전통 한국음식을. // 그곳은 영업합니다 / 아침 8시부터 저녁 10시까지. //
그곳은 제공합니다 / 다양한 국과, 다양한 생선과 쇠고기 요리, 그리고 담백하게 양념한 김치를. // 신선한 야채도 / (또한) 내 놓습니다 / 반찬으로. //
음식으로 / 가령 / 갈비찜, 냉면, 그리고 비빔밥이 (밥에 / 양념한 채소를 함께 얹어) / (또한) 됩니다.

G Very good. Thank you very much. 좋아요. 대단히 고맙습니다.

C You're welcome. 천만에요.

Sky lounge

G Could you recommend / a nice place for a drink?
추천해 주시겠습니까? / 한잔 할 좋은 장소를.

C Yes, / we have / a sky lounge. // It is open / from 5:00 pm till 02:00 in the morning.
예, / 있습니다 / 스카이라운지가. // 영업합니다 / 오후 5시부터 새벽 2시까지.
You can have / a wonderful view of the ski slopes / while you drink.
볼 수 있습니다 / 멋진 전망의 스키 슬로프를 / 술을 마시면서.

G2 Oh, there's a lot of guest / in the bar / tonight.
아, 손님이 많네요 / 바에 / 오늘밤은.
Do you have a firework / outside / tonight?
불꽃놀이가 있나요? / 야외에서 / 오늘밤.

W I'm afraid, / we have fireworks / every Saturday night / at 9 o'clock.
죄송합니다만, / 불꽃놀이는 있습니다 / 매주 토요일 밤 / 9시에.

G I'll come here again / tomorrow night / then.
다시 와야겠군요 / 내일 밤에 / 그럼.

Can I reserve a table for tomorrow night?
테이블 예약이 되나요? / 내일 밤에.

W Of course, sir. // We'll reserve a window seat (for you) /where/ we can see the fireworks (outside), / if you tell us / your name, number of people, and time.
네. // 창가 쪽으로 예약해 놓겠습니다 (고객님을 위해서) /그곳에서/ (바깥쪽의) 폭죽놀이를 볼 수 있습니다. / 만약 저희들에게 말씀해 주시면 / 성함과, 인원수와, 시간을.

G A table for two / in the name of James / for tomorrow night / at 08:30, please.
그럼, 2인 테이블 예약 부탁합니다 / James 이름으로 / 내일 밤 / 08:30분에

W Yes, we'll reserve / two seats / for you.
예, 예약해 놓겠습니다 / 2인 자리를 / 고객님을 위해서.

G Thanks.
고마워요.

구문해석

- **drink** : 음료, 마실 것 한 잔(한 모금) / for a drink : 술 한잔 하러
- **view** : 경관, 전망 / a mountain ~ 산이 보이는 전망 / a room with view 전망 좋은 방
- **a window seat <u>with a good view of</u> ~** : ~가 보이는 전망 좋은 창가 좌석
  window seat <u>overlooking</u> the lake 호수가 보이는 전망좋은 창가 좌석
  a window <u>commanding</u> a fine view of the lake 호수가 보이는 전망좋은 창가
- **while + s + v** : ~하는 동안 / during + 명사 / for + 기간(숫자)

Bar

(W : Waitress / G : Guest)

W Good evening, sir. This way, please.
안녕하십니까! / 어서 오십시오.

How many are you / with? = How many people / (in your party)?
몇 분이 / 함께 오셨습니까? = 몇 분이시죠? / 일행이.

G A party of two, please.
두 사람 자리 / 부탁드려요.

W I'll show you / to the window seat. (= near the window)
안내해 드리겠습니다 / 창가 자리로.

****

G What kind of wine / do you have? // Could you recommend / a good wine.
어떤 와인이 / 여기 있어요? // 추천해 주시겠어요? / 좋은 와인을.

W We have 1340 house wine /that/ is produced / in Central Valley of Chile, / Carmenere grape.
저희는 1340하우스와인(레스토랑 와인)이 있는데 /그 와인은/ 생산지가 / 칠레산 센트럴밸리로, / 포도품종은 까미네르입니다.

G What's the meaning / of '1340'.
어떤 것인가요? / 1340이라는 것이.

W Yes, / The 1340 is / 1,340 meters above sea level - highest point of this ski resort.
예, 1340은 / 해발 1340m로 / 이곳 스키장의 최고 높은 지점을 말합니다.

G Can I order wine / by the glass.
주문이 가능한가요? / 잔으로도.

W Yes, / you can try / a glass of wine / first. // And then / if it taste good, / you can order / by the bottle.
예, / 먼저 한잔 드셔 보시고, / 먼저 // 그러고 나서 / 맛이 괜찮으시면 / 주문이 가능합니다 / 병으로도.

G How much / is the price?
가격이 어떻게 되요?

W It costs / 12,000 won / a glass, /and/ 55,000 won / a bottle.
가격은 / 12,000원이고 / 잔으로, / 55,000원입니다 / 병으로는.

G Then / give us a glass of wine / each, / first.
그럼 / 1잔씩 주세요 / 각각으로 / 우선.

W What would you like / with your drink.
안주는 필요 없으신가요? / 와인과 함께 드시면서.

G Which is batter / for wine?
어떤 것인 괜찮아요? / 와인에는

W Red wine mathes well / with cheese. = Cheese goes very well with wine.
레드와인에는 잘 어울립니다 / 치즈가.

G Well, / then / I'll take it.
그럼, / 그걸로 주세요.

W Two glasses of red win, /and/ cheese. // Very well, sir.
와인 두 잔/과/ 치즈로. // 네, 알겠습니다.

****

G Do you have a live (music) performance.
라이브 공연이 있나요?

W Yes, / A Russia trio / composed of violin, piano, singer / is performing / at 9:00 and 10:00 pm.
예. / 러시아 3인조로 / 구성된 바이올린, 피아노, 싱어가 / 공연을 하고 있습니다 / 21:00와 22:00에.

G Today is special day / for my wife. // So / can I request / a birthday song?
오늘 특별한 날인데 / 제 아내가. // 그래서 / 요청해도 되나요? / 축하 송을.

W Certainly, sir. // Tell us name /and then/ a birthday song is sung / with name.
예, 물론입니다. // 성함을 알려주시/면/ 축하 송을 불러 드립니다 / 이름을 넣어서.

G All right, then / make it / for 21:30, please.
그럼. / 좀 해 주세요 / 21:30에, 부탁드립니다.

W Yes, / we can do that. // We'll / get the song / ready / for requested time.
예. / 그렇게 해 드리겠습니다. // 저희들이 / 노래를 해 드리겠습니다 / 준비되도록 / 요청한 시간에.

G Thanks.
고마워요.

W I hope / you'll have a good time.
바랍니다 / 즐거운 시간되시길.

****

W Good evening, sir. It's been a while. How are you?
안녕하세요. 고객님. 오랜만에 오셨어요. 잘 지내셨습니까?

G Just fine.
예. 좋아요.

I stopped at the bar / for a whisky / tonight.
바에 들렸어요 / 위스키 한잔 하려고 / 오늘 밤.

W Would you like / your usual drink?
고객님 드릴까요? / 매번 드시던 술로.

G Is there the rest of the whisky /which/ kept / after drinking / last time?
남아 있나요 / 위스키가 /그것은/ 보관해 놓은 것인데 / 마셨다가 / 지난번에.

W I'll check it out.
제가 확인 해보겠습니다.

There are / two drinks of 30-year Valentine whisky / left.
있습니다 / 2잔 정도의 발렌타인 30년산이 / 남아 있습니다.

We were left / bottle of 30 year - Valentine two drinks
남겨져 있습니다 / 30년산 발렌타인 병에 2잔 정도.

G Then, / give me that whisky / left.
그럼, / 저에게 주시고 그 위스키를 / 남은 걸로.

I want to drink Johnnie Walker Blue / tonight.
마시고 싶어요 / 조니워커 블루로 / 오늘 밤은.

W Do you want / by the bottle?
고객님은 원하십니까? / 병으로.

G Give me / by the glass.
주세요 / 잔으로.

W Then, / we'll serve whisky / on the rocks / as usual.
그러면, / 위스키를 제공하겠습니다 / 온드락(얼음을 넣어)으로 / 평상시와 같이.

G Thanks.
고마워요.

I (just) had dinner, / a moment ago /that/ I don't need anything.
(방금) 저녁을 먹어서, / 조금 전에 /그래서/ 다른 것은 필요 없어요.

Give me popcorn or peanuts / served free of charge, / instead.
팝콘이나 땅콩을 주세요 / 무료로 제공되는 것으로, / 대신에.

W That's no problem, sir. // I'll get it / for you / in just a minute.
그렇게 해드리겠습니다, 고객님. // 가져다 드리겠습니다 / 고객님께 / 곧.

G And, / please show a lady in yellow one-piece dress / to my seat / when she come here / later.
그리고, / 안내를 부탁합니다 노란 원피스 드레스를 입은 여성 한분을 / 제 자리로 / 그녀가 여기로 오면 / 잠시 후에.

W All right, sir.
잘 알겠습니다.

..... (A few minute later, / take an order / from the lady / after arriving.)
..... (잠시 후, / 주문을 받는다 / 여성으로부터 / 도착 후에.)

W What kind are you drinking?
어떤 것으로 마시겠습니까?

G2 I want to have / a sweet cocktail / with a little alcohol in.
마시고 싶어요 / 달콤한 칵테일 한잔을 / 알코올이 적게 들어간 것으로 해서.

W There are four kinds of cocktail ; Pina Colada, Junebuck, Blue Hawaii, Singapore Sling.
4종류의 칵테일이 있습니다만 ; 피나콜라다, 준벅, 블루하와이, 싱가폴 슬링.

These are woman's favourite sweet cocktail /that/ can have a light drink.
이것들은 여성분들이 좋아하는 달콤한 칵테일로 /그 칵테일을/ 가볍게 드실 수 있습니다.

G2 Could you recommend / a nice cocktail / among them?
추천해 주시겠어요? / 좋은 것으로 / 그 중에서.

W Then, / I'll get the Pina Colada / for the lady.
그러면, / 피나콜라다를 갖다 드리겠습니다 / 여성분에게.

G2 Thanks.
고마워요.

..... (After drinking a cocktail)
..... (칵테일 한잔을 마시고 난 후)

G2 Excuse me, / I'd like to have another, please.
저기요, / 한잔 더 주시겠어요.

W Yes, certainly.
예, 그렇게 하겠습니다.

G2 Where is / the smoking room?
어디에 있나요? / 흡연실이.

W If you go / outside the doorway, / there is / a room with glass walls / in the lobby.
고객님이 나가시면 / 출입구 바깥쪽으로, / 있습니다 / 유리벽으로 된 방이 / 로비에.

G2 And where is the restroom?
그리고 화장실은?

W The toilet is / (right) next to smocking room.
화장실은 / (바로) 흡연실 옆에 있습니다.

구문해설

- **bár·tènder** : 바텐드 / (영국) barman
- **on the rock**(온더락) : "바위 위에", glass에 얼음을 2~3개 넣어 그 위에 술을 따르면 바위에 따르는 것처럼 보인다는 표현.
  whiskey on the rocks 물을 타지 않고 얼음을 넣는 위스키(whiskey with ice)
- **shot** [ʃat] : 술 한모금, 소량 / one(a) shot 한잔 / ☞ 건배는 bottoms up이라고 함.
  one shot(원샷)은 콩글리쉬.
  straight는 물, 얼음을 넣지 않고 그냥 마시는 것. (순수한, 물을 타지 않은)
- **usual** : 정해진 것, 평소의 일 / my usual 내가 평소에 늘 마시든 것(음료수 등)
- **one piece dress** : 원피스 / * one piece는 콩글리쉬
- **pina colada** [pi:nəkə|la:də] : 피나콜라다(럼주에 파인애플 주스와 코코넛을 넣은 칵테일)
- **junebuck** : 준벅 (Malibu rum, midori, banana liquor, sugar syrup, pineapple juice 3을 넣은 칵테일)
- **blue hawaii** : 파인애플 주스와 레몬주스를 섞은 조금 달콤한 맛의 칵테일
- **singapore sling** : 체리 브랜디와 레몬 주스를 넣어 만든 새콤달콤한 맛이 나는 칵테일
- **scréw·drìver** : 스크루드라이버(보드카와 오렌지 주스의 칵테일)

02. Income department

Useful expressions(유용한 표현)

1. Would you like to have / your bill / now?
2. May I bring you check?
3. Here's your check, sir.
4. Did you enjoy your meal?
5. How was your dinner?
6. Could you give me your room number?
7. Would you like one bill or separate bills, sir?
8. All one bill, sir?
9. Shall I make / it / separate bills?
10. Shall I put it all / on one bill?
11. Your amount / comes to 560,000 won.
12. Your bill / comes to 560,000 won.
13. It comes to / 560,000 won.
14. Today's exchange rate is / 1,100 won / to the dollar.
15. The rate today is / 1,100 won.
16. Here is your change and your receipt, sir.
17. Here you are, sir.
18. I'm afraid / there is a 10% tax and a 10% service charge.
19. Your bill include / a 10% tax and a 10% service charge.
20. I'm afraid / we don't accept personal checks / here.
21. I'm afraid / we cannot accept foreign currency / as payment here.
22. We accept the credit cards / displayed here.
23. Could you show me your room key, please?
24. We might charge the bill / to the wrong room / by mistake.
25. Excuse me, sir. You have another bill. Please sign here.
26. I'm sorry / it's our closing time
27. We close at 10:00 pm.
28. We open at 07:00 am.
29. You can cash this check / at the exchange counter / on the 1st floor.
30. Please wait a moment, sir. I'll correct your bill.

31. Your amount is / above this limit, sir.
32. We don't accept tips.
    It's our rule / not to accept tips
    No tipping, please.
    No tipping is our pride.
33. I'm very sorry. I gave you 3,000 won more / by mistake. (≠ less by mistake.)
34. I'm sorry. We cannot accept this card / it has (already) expired.

1. 지금 / 계산서를 / 지불하시겠습니까?
2. 고객님의 계산서를 가져다 드릴까요?
3. 고객님, 계산서 여기 있습니다.
4. 식사 맛있게 하셨습니까?
5. 저녁식사 어떠하셨습니까?
6. 객실 번호 알려주시겠습니까?
7. 계산서를 한꺼번에 하시겠습니까? 아니면 따로 하시겠습니까?
8. 모두 한꺼번에 해 주세요.
9. 계산서를 / 별도로 / 할까요?
10. 계산서를 / 한 장으로 작성할까요?
11. 합계가 / 560,000입니다.
12. 모두 / 560,000입니다.
13. 모두 / 560,000입니다.
14. 오늘의 환율은 / 1달러에 / 1,100입니다.
15. 오늘의 환율은 / 1,100입니다.
16. 고객님의 거스름 돈과 영수증 여기 있습니다.
17. 여기 있습니다, 고객님.
18. 죄송합니다만, / 10% 세금과 10% 봉사료가 있습니다.
19. 계산서에 포함되어 있습니다 / 10% 세금과 10% 봉사료가.
20. 죄송합니다만, / 개인 수표는 / 받지 않습니다 / 여기서는.
21. 죄송합니다만, / 외화는 받지 않습니다 / 여기서 지불 시에.
22. 여기에 제시된 / 신용카드를 받습니다.
23. 고객님의 객실 키를 보여 주시겠습니까?
24. 저희들이 부과한 것 같습니다 계산서를 / 다른 방으로 / 잘못.
25. 죄송하지만, 고객님의 다른 계산서가 있습니다. 여기에 사인해 주십시오.
26. 죄송합니다만, / 마감시간입니다.
27. 저희는 오후 10시에 마칩니다.
28. 저희는 오전 7시에 오픈합니다.
29. 1층 / 환전소에서 / 이 수표를 현금으로 교환할 수 있습니다.
30. 잠시만 기다리십시오, 고객님. 계산서를 정정해 드리겠습니다.
31. 고객님의 계산서가 / 이 한도를 초과했습니다.
32. 저희는 팁을 받지 않습니다.
    저희 규정입니다 / 팁을 받지 않는 것은.
    팁을 사양합니다.

팁을 받지 않는 것이 저희들의 자부심입니다. (= 팁을 받지 않습니다.)

33. 죄송합니다. 제가 3,000원을 더 드렸습니다 / 실수로. (≠ 덜 드렸습니다. 실수로)

34. 죄송합니다. / (이미) 기한 만료된 / 이 카드는 받을 수 없습니다.

구문해석

- **bill** : 계산서 (= check , account), 지폐, 법안
- **meal** [miːl] : 식사
- **come to ~** : 합계 ~이다 / 원래는 Your total comes to ~ come to + 금액
- **currency** [kə́ːrənsi] : 통화 / foreign ~ 외환 / local ~ 국내통화 / gold ~ 금화
- **cash ~** : [동] ~ 을 현금으로 바꾸다, 환전하다 / Cash a check, 수표를 현금으로 바꾸다
- **correct** [kərékt] : 정정하다, 고치다
- **expire** [ikspáiər] : (계약 등의) 기한이 끝나다, 만기가 되다
- **òver·chárge 사람 (by) 금액 for 물건** : 사람에게 물건 값을 금액만큼 부풀려서 청구하다 / overcharged me (by) 10,000 won for the coffee. 커피 값을 10,000원 더 청구하다.
- **immediately** [imíːdiətli] : 곧, 즉시, 당장에(= at once)

Restaurant cashier (레스토랑 수납원)

Cashier (E : Employee / G : Guest)

Dialogue 1.

E Your amount / comes to 352,000 won.

G Here is 360,000 won.

E Thank you. We received 360,000 won.
Here is your change and receipt.
Please come again. Good-bye.

종업원 합계가 / 352,000원입니다

고객 360,000원 여기 있습니다.

종업원 감사합니다. 360,000원 받았습니다.
거스름돈과 영수증 여기 있습니다.
또 오십시오.

Dialogue 2.

G Excuse me, I'm afraid / you've overcharged me. // You've charged me / for two coffees / but / I (only) here one. // I think / you've made a mistake.

E Oh, is that so? Let me check the bill, ma'am. Yes, I'm sorry, we've made a mistake. I'll adjust the bill / immediately.

G Thank you.

고객 저기, 미안하지만, / 계산서금액이 더 많이 청구되었어요. // 청구되었는데 / 커피 2잔 값으로 /그러나/ 저는 한잔(만) 먹었어요. // 잘못하신 / 것 같네요.

종업원 아, 그러세요? 제가 계산서를 확인해 보겠습니다, 사모님. 예, 죄송합니다. 저희들이 실수했습니다. 정정해 드리겠습니다 / 즉시.

고객 고마워요.

Dialogue 3. Restaurant cashier and guest 1

E Did you enjoy your meal, sir?

G Yes, / It was fantastic, /and/ the food was nice. // Specially / I'm (deeply) impressed / with friendly staff.

E Thank you / for your complements.

G Check, please? = Can I get the check, please?

E Certainly, sir. // the total / is 150,000won, / including tax and service charge. How would you like / to pay?

G Oh, / I don't think / I have enough cash. // Can I charge it / to my room?

E Certainly, sir. // Then, / we'll do that. // May I have your room number?

G Here's my room key, 705.

E OK, sir. // And please sign the bill.

G I'd like to tip / for the kindness of the waiter.

E No, thank you. // we don't accept the tip.

G But / please take it / as a token of my gratitude.

E Tips are included / in a 10% service charge / added onto your bill.

G Well, then, / I can't help it. // I (really) enjoyed the meal / anyway.

E Thank you / for choosing our restaurant. // we hope / your day is pleasant one

G Thanks.

종업원 식사 즐겁게 하셨습니까? 고객님.

고객 예. / 식당이 멋있고, /그리고/ 음식이 훌륭하네요. //
특히 / 저는 (깊게) 감명받았어요 / 친절한 종업원으로부터.
종업원 감사합니다 / 칭찬해주셔서.
고객 계산서 부탁드립니다.
종업원 예. // 합계 / 150,000입니다 / 세금, 봉사료 포함해서.
계산을 어떻게 하시겠습니까? / 계산서 지불을.
고객 그런데, 생각이 들지 않네요 / 현금이 충분하다고. // 후불로 넘겨도 되죠 / 객실로.
종업원 네, 그러면 그렇게 해드리겠습니다. // 여기 계산서에 서명해 주시고,
객실번호를 알려주시겠습니까?
고객 여기 있어요. 705호실.
종업원 됐습니다. // 그리고 계산서에 서명 부탁드립니다.
고객 팁을 드리고 싶어요 / 웨이터의 친절한 서비스보답으로
종업원 아니, 괜찮습니다. // 저희는 팁을 받지 않습니다.
고객 그래도 / 받아둬요 / 감사의 표시로.
종업원 팁은 포함되어 있습니다 / 10%의 봉사료가 / 고객님의 계산서에 더해져서.
고객 그럼, 할 수 없네요. // (정말로) 맛있게 잘 먹었습니다 / 아무튼.
종업원 대단히 감사합니다 / 저희 식당을 선택해 주셔서.
바랍니다 / 하루 즐거운 날이 되시기를
고객 고마워요.

Dialogue 4.

E That'll be 234,750 won, sir.
G I'll sign for it, Miss.
E Are you a guest in the hotel, sir?
G Of course I am.
E What's your room number, sir?
G 306. Here's my key.
E Just sign here, please.

종업원 234,750원입니다, 고객님.
고객 아가씨, 제가 서명할게요.
종업원 호텔에 투숙하신 고객분이십니까?
고객 그럼요.
종업원 객실 번호가 어떻게 되십니까?
고객 306호인데요, 제 열쇠 여기 있어요.
종업원 여기에 서명해 주시겠습니까?

Dialogue 5. Restaurant cashier and guest 2

E　How was / your dinner buffet, ma'am?

G　Food was fresh, and / (especially) short rib /which/ was roasted / on the spot, / it was very delicious. // My son loved it so much. //
Check, please. // I have / 20% off coupon / at buffet restaurant.

E　Yes, You are welcome / to use the coupon. // But, / discount is / applicable to / (only) two people.

G　Don't you have a discount / for 6-year-old child?

E　Yes, / We can give a child 50% discount.

E　Then, / how much / in all?

G　Your amount / comes to 125,000 won / at a reduced rate.

E　OK, here's 130,000 won
Out of 130,000 won / your change is 7,500 won / and / here's your receipt.

G　Thank you, Miss.

E　It was our pleasure, ma'am. / Please come again.

종업원　사모님, 어떠하셨습니까? / 저녁 뷔페.

고객　음식이 신선하고, / (특히) 갈비가 / 구워져 나오는데 / 즉석에서, / 너무 맛이 있었어요. // 제 아들이 너무 좋아했어요. //
계산서 부탁합니다. // 저는 20% 할인 쿠폰을 가지고 있는데 / 뷔페식당에.

종업원　예, 가능합니다 / 쿠폰사용이. // 그런데 / 할인은 / 적용됩니다 / 두 사람(만).

고객　그러면 / 할인이 안 되나요? / 6세 어린아이는.

종업원　예, / 어린이는 50% 할인을 해드리고 있습니다.

고객　그러면, / 얼마죠? /전부.

종업원　합계가 / 125,000원입니다 / 할인된 금액으로

고객　좋아요. 130,000원 여기 있어요.

종업원　130,000원 받았습니다. / 거스름돈 7,500원/과/ 영수증 여기 있습니다.

고객　고마워요, 아가씨.

종업원　오히려, 저희들이야말로 그렇습니다. / 또 오십시오.

구문해석

- **be out of** : 동나서, 떨어져서 / ~ won 원화가 모자라다 / ~ cigarettes 담배가 동이 나다
- **accept** : 수락하다 / Will you accept a credit card? 신용카드를 받나요?
- **fantastic** [fænˈtæstɪk] : 환상적인, 기막히게 멋진
- **complement** [ˈkɑːmplɪmənt] : 칭찬, 금상첨화적 요소
- **applicable** : 미 [əˈplɪkəbl] 영 [ˈæplɪkəbl] : ~ to (~에 해당되는, 적용되는) 명사 앞에는 쓰지 않음

03. Restaurant reservation

Taking a reservation by phone (전화상으로 예약 접수)

A Good afternoon.
종업원 안녕하십니까.

B Good afternoon. What time do / you open / this evening?
통화자 안녕하세요. 오늘 저녁 / 몇 시에 / 오픈합니까?

A We're open / from 06:00 to 10 pm.
종업원 오후 6시에서 10시까지 / 오픈을 합니다.

B I'd like to reserve / a table for four / for Garry, please.
통화자 게리 이름으로 / 4인 테이블 / 예약하고 싶습니다.

A Yes, sir. What time would you like / your table, sir?
종업원 예. 선생님. 몇 시에 원하십니까? / 테이블을.

B Well, I want it / around 07:30.
통화자 어. 7:30경에 / 하고 싶은데요.

A A table for four / this evening at 07:30 / for Mr. Garry.
종업원 게리씨 이름으로 / 오늘 저녁 7:30분에 / 4인 테이블이시죠.

B That's right, sir.
통화자 맞아요.

A Thank you. Good-bye.
종업원 감사합니다. 선생님.

Fully booked (Refusing the phone reservation)

예약이 다 차서 (전화 예약을 거절)

A Good afternoon, This is Lee.
종업원 안녕하십니까. Lee입니다.

B Good afternoon, what time do you open / this evening?
통화자 안녕하세요. 오늘 저녁 / 몇 시에 오픈입니까?

A At 06:00 /and/ we closed at 10:00
종업원 6시에 /해서/ 10시에 종료합니다.

B I'd like to reserve a table.
통화자 테이블 하나 예약하고 싶은데요.

A For how many, sir?
종업원 몇 분입니까, 고객님?

B For five.
통화자 5명인데요.

A What time would you like it?
종업원 몇 시에 하시겠습니까?

B Around 07:00.
통화자 7시경에요.

A I'm sorry, / there aren't any tables left / for 07:00, / but,/ we can make one / at 08:00.
종업원 죄송합니다만, / 7시에는 / 어떤 테이블도 남아있지 않습니다만, / 8시에 / 하나를 만들 수 있습니다.

B All right.
통화자 좋습니다.

A May I have your name, please?
종업원 성함을 말씀해 주시겠습니까?

B Garry Jung.
통화자 게리정입니다.

A Well, a table for five / at 08:00 / for Mr. Garry. // Thank you.
종업원 게리정 성함으로 / 8시에 / 5분의 테이블 입니다. 감사합니다.

A table by the window (창가 쪽 테이블)

A Good morning. This is Lee.
부지배인 안녕하십니까, Lee입니다.

B Good morning. What time do you open / this evening?
통화자 안녕하세요. 오늘 저녁 / 몇 시에 오픈하나요?

A We open / at 06:00, madam.
부지배인 06시입니다, 사모님.

B Good. I'd like to reserve a table / for two persons.
통화자 좋아요. 2사람 / 테이블 예약하고 싶어요.

A Yes, What time would you like your table, ma'am?
부지배인 예, 몇 시에 테이블을 원하십니까, 사모님?

B Well, around 07:30.
통화자 07시30분경에요.

A Fine, I'll reserve / a table for two / at 07:30, ma'am. // May I have your name please?

부지배인 좋습니다. 예약하겠습니다. / 2인 테이블을 / 7시 30분에. // 성함을 말씀해 주세요?

B It's Marge.

통화자 Marge입니다.

A Thank you Mrs Marge.

부지배인 감사합니다. Marge 여사님.

A Oh, can I get a table / by the window?

통화자 창가 쪽 / 테이블 하나를 얻을 수 있나요?

A We'll do our best / in arranging your table / by the window / though I can't guarantee it.

부지배인 장담해 드릴 수 없지만, / 창가 쪽 / 테이블을 배정 하는데 있어서 / 최선을 다해 보겠습니다.

B I would appreciate it / if it could be arranged.

통화자 배정이 될 수 있다면 / 고마울 따름입니다.

A I'll try my best. // We'll look forward to having you / with us / this evening. Mrs. Marge, / thank you / for calling.

부지배인 힘써보겠습니다. // 고객님을 모실 것을 기대하고 있습니다 / 저희와 함께 / 오늘 저녁에. // Marge 여사님, / 감사합니다 / 전화 주셔서.

B Good-bye.

통화자 잘 계세요.

A Good-bye and have a nice day!

부지배인 즐거운 시간 되십시오.

Cancelling the reservation (예약 취소하기)

A Good afternoon, / Japanese style, Harajuku. // This is Kim speaking. May I help you?

캡틴 안녕하세요. 일식당 하라주쿠. Kim입니다. // 말씀하십시오.

B This is Mr. Kale. // As a matter of fact, / I reserved / a table for four, / tonight at 07:30.

통화자 저는 Kale이라고 합니다. // 사실 / 오늘밤 07시 30분에 / 4인 테이블을 / 예약했습니다.

A Yes, sir. Mr. Kale at 07:30, / a table for four.

캡틴 예. 07시 30분 케일씨 이름으로 / 테이블 4인용입니다.

B	But I am afraid / I must cancel the table / for tonight / and / postpone it / till tomorrow / at the same time.
통화자	그런데, 죄송합니다만 / 제가 테이블을 취소하고서 / 오늘밤은 / 그리고 / 연기하려고요 / 내일 / 같은 시간으로.
A	All right, Mr. Kale. You'll have / a table for four / at 07:30 / tomorrow night.
캡틴	좋습니다. 케일씨. 내일 저녁 / 07시 30분 / 4인 테이블이 / 가능하십니다.
B	I'm sorry / for the trouble. Thank you.
통화자	번거롭게 해서 / 미안합니다. 고마워요.
A	Not at all, sir. Thank you. Good-bye.
캡틴	괜찮습니다. 선생님. 감사합니다.

구문해석

- **refuse** [rifjú:z] : 거절하다. 사절하다
- **though + 주어 + 동사** : (추가, 보충적으로 주절 뒤에 두어) 다만 ~이지만
  ☞ although는 주로 문두에 옴 (비록 ~일지라도)
- **as a matter of fact** : 사실상, 실제로 = in fact, actually
- **postpone** [poustpóun] : [until ~] ~까지 연기하다 = put off / delay

Receiving and seating in the restaurant (레스토랑에서 고객을 맞이하고 앉히기)

✔ Seating the guest

A	Good afternoon, sir. Do you have a reservation?
A	안녕하십니까? 예약을 하셨습니까?
B	Yes, a table for two / at 08:00. // The name's Garcia.
B	예, 2인용 테이블 / 08시에. // 이름이 가르시아입니다.
A	Would you follow me, please? Will this table / all right, sir?
A	저를 따라오십시오. 이 테이블이 / 어떻습니까?
B	It's fine. Thank you.
B	좋아요.
A	I'll bring you the menu, sir.
A	제가 고객님께 메뉴판을 가져오겠습니다.

✔ Receiving and seating the guest

A　Good evening, Mr and Mrs. Peterson. Welcome (back) to Korea. Nice to meet you again. Do you have a reservation?

A　안녕하십니까. Peterson씨. 한국에 (다시) 오신 것을 환영합니다. 다시 만나 뵙게 되어 좋습니다. 예약을 하셨습니까?

B　No, we don't. How are you doing, Mr. Kim? Is this possible / to have dinner?

B　아니, 못 했어요. Mr. Kim, 어떻게 지냈어요? 저녁식사 먹을 / 수 있나요?

A　I'm sorry, sir. The restaurant is full now, /but/ we may be able to seat you / in 5 minutes.

Would you mind / sitting in the lounge / while we prepare a table for you. This way please.

A　죄송합니다만, 선생님, 식당자리가 지금 다 찼습니다/만/, 5분 안으로 / 저희들이 자리에 앉혀 드리겠습니다. 저희들이 테이블을 준비하는 동안 / 라운지에서 앉아 / 계시겠습니까? 이쪽으로 오십시오.

B　Okey. Thank you very much.

B　그러지요. 감사합니다.

--- (5 minutes later)

--- (5분 후)

A　Your table is ready now. Could you come / with me, please?

Will this table / be suitable / for you, sir?

A　테이블이 지금 준비 되었습니다. 저와 함께 / 가시겠습니까?

이 테이블이 / 고객님에게 / 적당하겠습니까?

B　Thank you, It's very nice.

B　고마워요. 아주 좋아요.

A　I'll bring you the menu.

A　메뉴판을 가져오겠습니다.

✔ Seating the guest (고객을 자리에 앉히기)

A　Good evening, sir. Do you have a reservation?

A　안녕하십니까. 고객님 예약을 하셨습니까?

B　I'm Mr. Parker and this is my wife. We reserved a table / this morning

B　저는 Parker라고 하고 이쪽이 제 아내입니다. 저희가 테이블 하나 예약을 했어요 / 오늘 아침에

A　Good evening, Mr. and Mrs. Parker. Would you wait a moment, please?

A nice table by the window / is reserved / for you. This way please.

A　안녕하세요. Parker씨 내외분. 잠시만 기다려 주시겠습니까? 고객님을 위해 / 멋진 창가 쪽 테이블 하나를 / 확보해 놓았습니다. 이쪽으로 오십시오.

B　Thank you, yes, sir. Our restaurant is frequented / by lots of guests, sir. Here's your table. Your waiter will be with you / in a minute. I hope / you'll enjoy our food, sir.

B　감사합니다. 그렇습니다. 선생님. 저희 식당은 자주 찾아오고 있습니다 / 많은 고객들이. 여기가 고객님 테이블입니다. 웨이터가 올 것입니다 / 잠시 후에. // 저희 음식을 즐겁게 드시기를 / 바랍니다.

✓ Receiving and asking for a drink

A　Good afternoon, sir. Are you dining / alone?

A　안녕하세요. 고객님. 식사를 하십니까? / 혼자서.

B　No, I'm having lunch / with a friend. A table for two / please.

B　아니요. 점심을 먹어요 / 친구랑. 2인 테이블을 / 부탁합니다.

A　Please come this way. We have a nice table / with a good view.

A　이쪽으로 오십시오. 좋은 테이블이 있습니다 / 전망이 함께 좋습니다.

B　Oh, yes. This is a nice view. Here comes / my friend / now.

B　아. 예. 전망이 좋군요. 여기 오네요 / 제 친구가 / 지금.

A　Here is the menu, sir. Would you like a drink / while you decide?

A　여기 메뉴판이 있습니다. 마실 것을 하시겠습니까? / 결정하시는 동안에.

B　Yes, a coffee for me /and/ a beer for my friend.

B　예. 저는 커피하고 / 제 친구는 맥주로.

A　What kind of beer / would you like?

A　맥주는 어떤 것으로 / 하시겠습니까?

B　What brand / do you have?

B　어떤 종류가 있죠?

A　We have Cass and Hite bear sir.

A　카스와 하이트 맥주가 있습니다.

B　We'll try Cass.

B　카스로 주세요.

A　Thank you, sir.

A　감사합니다.

✓ Ordering a drink before dinner (저녁식사 전에 마실 것 주문하기)

(Sommelier : S / Guest : G)

S　May I suggest a drink / before you meal, sir? // Would you care for / a sherry or a martini?

소믈리에　식사 전에 / 음료는 어떤 것으로 하시겠습니까? // 세리주나 마티니 한잔 / 하시겠습니까?

G　I'll have / a dry martini, please.

고객　나는 드라이 마티니 한잔 / 마시겠어요.

S　A dry martini. How would you like it?

소믈리에　드라이 마티니 한잔. 괜찮으시겠습니까?

G　Six measures of gin / to one of dry vermouth / on crushed ice.

고객　6 measure gin에 / dry vermouth 하나 / 얼음을 넣어서.

S　What brand of gin / would you prefer?

소믈리에　어떤 종류의 gin이 / 좋습니까?

G　It doesn't matter. Any kind / will do.

고객　상관없어요. 아무거나 / 좋아요.

✔ Taking order in the coffee shop (커피숍에서 주문 받기)

A　Good morning, sir. May I take your order?

A　안녕하십니까, 고객님? 주문 받겠습니다.

B　Yes, please. I would like to have / the American breakfast.

B　예, 그러세요. 아메리칸 조식을 / 먹고 싶은데요.

A　Yes, sir. You have a choice of orange, grapefruit, tomato or pineapple juice.

A　예, 고객님. 오렌지, 포도과일, 토마토나 파인애플, 주스 중에 선택하시면 됩니다.

B　Grapefruit.

B　포도과일 주스.

A　And how would you like / your eggs?

A　그리고, 어떻게 요리해 드릴까요? / 계란은

B　Over easy please. But make sure that / the whites are done.

B　한쪽만 살짝 익혀 주세요. 그렇지만, 반드시 / 흰자위는 잘 익혀 주세요,

A　How do you want / your bacon or sausage / done?

A　어떤 식으로 / 베이컨과 소시지를 / 요리해 드릴까요?

B　I want the bacon / very crisp.

B　베이컨은 / 아주 바삭하게 / 구워주세요.

A　Yes, sir. What would you like / to drink?

A　예, 고객님. 음료는 / 어떤 것으로 하시겠습니까?

B　Black coffee, please.

B　블랙커피로 부탁해요.

A　Thank you / for your order. Just a moment, please.

A　주문해 주셔서 / 감사합니다. 잠시만 기다려 주십시오.

Coffee shop waitress and guest (커피숍 웨이츄레스와 고객)

A Good evening, sir What would you like?
웨이츄레스 안녕하십니까, 고객님. 어떤 것으로 하시겠습니까?

B Good evening. I'll just coffee and ... / do you have / something sweet / such as...
고객 안녕하세요. 저는 단지 커피를 주고, 그리고 … / 혹시 …처럼 / 단것이 / 있나요?

A Yes, We have fresh fruits and walnut pies, / and / several kinds of cake, sir.
웨이츄레스 예, 저희는 생과일과, 호두 파이가 있으며, / 또한 / 여러 종류의 케이크가 있습니다, 고객님.

B Ah, that's good. I love cake. Do you have a piece of cheese cake?
고객 아, 좋아요. 저는 케이크가 좋아요. 조각 치즈 케이크가 있나요?

A Yes, we do. How would you like your coffee? Do you use cream and sugar?
웨이츄레스 예, 선생님, 있습니다. 커피는 어떻게 해 드릴까요? 크림과 설탕을 넣습니까?

B No, I'll (just) have / mine / black. Do you have cafe espresso?
고객 아니요, 제 것은 / 블랙으로 / 해 주세요. 카페 에스프레소(여과커피)가 있나요?

A I'm afraid / we don't, sir.
웨이츄레스 죄송합니다만, / 없습니다, 고객님.

B Well, then / I'll stay / with regular coffee.
고객 음, 그러면, / 저는 하지요 / 레귤러(일반)커피로.

A Very well, sir. So / you'll have black coffee / and / a pie of cheese cake.
웨이츄레스 알겠습니다, 고객님. 그럼, / 고객님은 블랙커피/와/ 치즈 케이크 한 조각으로 하셨습니다.

B All right. And, where is the smoking room?
고객 좋아요. 그리고, 흡연실이 어디 있나요?

A There is no smoking / in all public areas.
If you want to smoke, / you'll have to go / outside the hotel.
Smoking room is across / from hotel's parking area.
웨이츄레스 금연입니다 / 모든 공공장소 안에서는.
만약 고객님께서 담배 피우기를 원하시면, / 나가셔야 합니다 / 호텔건물 밖으로.
흡연실은 건너편에 있습니다 / 호텔 주차장으로부터.

B I am away for a moment /and/ have a smoke / while you get my order.
고객 내가 잠시 나갔다/가/ 담배 한 대 피우고 올 동안에 / 제가 주문한 것을 가져오세요.

A I am (quiet) prepared / to do it, sir.
웨이츄레스 (기꺼이) 준비해놓겠습니다 / 그렇게 하도록.

Recommending today's speciality (오늘의 특별요리를 추천하기)

A Good evening, sir. Are you ready / to order, now?
웨이터 안녕하세요. 고객님. 지금 주문 / 하시겠습니까?

B What are your specialities?
고객 여기 특별요리는 어떤 것이 있어요?

A The chef's specialities are / smoked trout mousse, tournedos provencal / and / crepes with crab.
주방장의 특선 요리로 / 스모그 송어 무즈와 투르느도 프로방스 스테이크/와/ 크랩(게)을 곁들인 크레이프 빵이 있습니다.

B I'll have the tournedos.
투르느도 소고기 스테이크로 하겠습니다.

A How would you like it? // Rare, medium or well done?
어떻게 요리를 해 드릴까요? // 덜 익힌 것, 중간, 완전히 익힌 것이 있습니다만?

B Rare, please. What does it / come with?
덜 익혀 주세요. 어떤 것이 / 곁들여 나오나요?

A Would you like creamed potatoes / or / french fries?
크림 감자/나/ 프렌치프라이 중에 어느 것을 하시겠습니까?

B I'll take some chips. What kind of vegetable / do you have?
포테이토칩으로 하겠어요. 야채는 어떤 것이 / 있나요?

A Today, / we have brussels sprouts and spinach.
오늘은, / 브뤼셀 스프라우트 새싹과 시금치가 준비되어 있습니다.

B Do you have any green beans?
그린 빈(껍질 콩)이 있습니까?

A I'm sorry, / there aren't any / left.
죄송합니다만, / 남은 게 / 아무것도 없습니다.

B I'll take some spinach / then.
그럼, / 시금치로 조금 하겠어요.

A Would you like / anything to begin with?
식사와 함께 시작할 것이 / 있습니까?

B No, thanks. May I have the wine list, please?
아니요, 됐습니다. 와인리스트를 좀 주세요.

A Certainly.
Is everything / all right?
그러겠습니다. 다 / 되셨습니까?

B Very good.
아주 좋아요.

Ordering meat (고기 주문)

A Would you like to order, sir?
웨이터 주문하시겠습니까, 고객님?

B Yes, I'll have / a fillet-mignon, and french fries, please.
고객 예, 저는 필렛 미뇽과 프렌치프라이로 / 하겠어요.

A How would you like the steak? Rare, medium, or well-done?
스테이크를 어떻게 해 드릴까요? 덜 익힌 것, 중간 익힌 것, 완전 익힌 것 중 어느 것으로 하시겠습니까?

B Rare.
덜 익혀 주세요.

A Would you like a salad?
샐러드를 하시겠습니까?

B Yes, please.
예, 부탁합니다.

A What kind of vegetable / would you like? // You have a choice / of fresh asparagus, green beans, spinach and grilled tomatoes.
야채는 어떤 것으로 / 하시겠습니까? // 신선한 아스파라거스, 그린 빈, 시금치, 구운 토마토 한 가지를 / 선택하실 수 있습니다.

B I'll have some asparagus / with Hollandaise sauce.
네덜란드 소스를 곁들인 / 아스파라거스 약간 하겠어요.

A I'm sorry, / we don't have any Hollandaise sauce. It's served / with melted butter.
죄송하지만, / 네덜란드 소스는 없습니다. 버터 소스가 / 제공됩니다.

B Okey.
음… 좋아요.

A May I suggest a bottle of wine / to go with the steak / perhaps?
혹시 / 스테이크에 같이 나오는 / 와인 한 병이 어떠세요?

B Yes, please.
예, 부탁합니다.

Recommending Korean food (한국음식 추천)

G　My family want to eat / many delicious Korean foods.

G　저희 가족들이 먹기를 원해요 / 맛있는 많은 한국음식들을.

What kind of Korean food / do they serve?

어떤 한국음식들이 제공됩니까?

Could you recommend a nice Korean food / that / is reasonably priced.

좋은 한국음식들을 추천해 주시겠어요? / 적당한 가격으로.

Could you explain / about Korean national dish?

설명해 주시겠어요? / 한국 전통음식에 대해.

E　Yes, / Korea food is called "han-shik". // A typical Korean meals consist of / rice, soup and pickled Chinese cabbage or sliced radish, / known as kimchi /and/ some raw vegetable side-dishes.

E　예. / 한국음식은 "한식"이라고 부릅니다. // 전형적인 한국식사는 짜여져 있습니다 / 밥, 국과 절인 배추나 깍두기 / 김치로 불리우며 /그리고/ 채소반찬으로.

Meat and fish can (also) be served, / cooked stew or fried.

육류와 생선은 (또한) 제공됩니다 / 찌개요리와 구이로.

Red pepper and garlic / are ubiquitous.

고춧가루와 마늘은 / 어디에든 들어갑니다.

You can experience jung-shik / called a course meal / with (at least) 12 or 15 side dishes / in total. // There are many side dishes.

당신은 경험할 수 있습니다 정식을 / 코스요리라고 하는데 / 적어도 12~15가지의 반찬들이 / 한꺼번에. // 많은 반찬들이 나오고 있습니다.

By law / all restaurants [have to say / where all their food products from.]
[must display / their origin information of all food items.]

법률로 / 모든 식당은 표시해야 합니다 / 모든 음식재료의 원산지 정보를.

Bibimbap is (also) a representative Korean dish.

비빔밥은 (또한) 한국 대표음식입니다.

Bibimbap is served / with various kind of vegetables, / steamed and pickled, /and/ red pepper paste (kochoojang), sesame oil / on top of rice.

비빔밥은 제공됩니다 / 각종 채소를, / 데치고 절인 것과 /그리고/ 고추장, 참기름을 / 밥 위에 얹어서. //

A fried egg and a finely sliced beef / are common addition.

계란 프라이와 잘게 다진 소고기가 / 공통적으로 추가됩니다.

Prime Korean beef is very popular / with foreign guests.

최상등급 한우는 / 매우 인기 있습니다 / 외국인에게.

Bulgogi hot pot is / thin sliced marinated beef / that / is stewed / in a pot / at a table. // It's (usually) eaten / with rice and some kimchi, / wrapped in a lettuce leaf.

불고기전골은 / 얇게 썰어서 양념한 소고기로 / 끓이는데 / 냄비 안에 / 테이블 위에서. // (대개) 먹습니다 / 밥과 김치와 함께, / 상추에 싸서.

And / Kalbi, short beef ribs / is marinated / with a various sauce.

그리고 / 갈비는 / 양념합니다 / 각종 소스로.

Naeng-myon is tough noodle, / (usually) served / with hot pepper or mustard. We (often) eat naeng-myun and makguksu(buckwheat noodle) / after eating meats.

냉면은 쫄깃쫄깃한 면 종류로, / (보통) 제공됩니다 / 고추장이나 겨자가. 저희들은 (종종) 냉면과 막국수를 먹습니다 / 고기를 먹은 후에.

G Well, / that sounds (really) good.

예, 그것 (정말) 좋을 것 같군요.

I (really) want to try / all the traditional Korean foods (later).

저는 (정말로) 먹어보고 싶어요 / 전통한국음식 모두를 (나중에).

Thank you / for your kind explanation.

감사합니다 / 친절하게 설명해 주셔서.

E You're welcome, ma'am.

아닙니다, 사모님.

구문해석

- **marvelous** [mɑ́:rvələs] : 놀라운, 감탄할, 멋진 (= wonderful / fantastic [fæntǽstik])
  we had a fantastic time. (아주 즐거운 시간이었습니다)
- **frequent** [frikwént] : [타동사] 빈번하다, (장소, 모임) 자주가다, …과 친하게 지내다 /
  ☞ (형용사 / 발음 주의) [frí:kwənt] 빈번한 / ~ly 자주, 비번하게 (프리퀀~리)
- **dine** [dain] : (격식) 정찬을 먹다, 식사를 하다 (= have a dinner) / [타동사] 식사를 대접하다 / dine in 집에서 식사하다 ≠ dine out 외식하다
- **dish** [diʃ] : (여기서는) 요리, 음식 / 큰 접시 / 미녀, 매력적인 사람
- **sherry** [ʃéri] : 셰리주(남스페인산 독한 황갈산 포도주)/ 식전 주(appetizer wine)로 사용
- **martini** [ma:rtí:ni] : 진과 베르무트(vermouth)의 칵테일 / apple martini 사과 마티니
- **drý martíni** : 단맛이 없는 베르무트 1에 대해 진을 4내지 10의 비율로 섞은 칵테일.
- **measure** [méʒər] : ··비율(of ··), 분량, 정도 / 6 measure ·· to ·· : to는 ~에 대한 비율
- **verm(o)uth** [vərmú:θ] : 베르무트(백포도주에 향료를 섞은 술) / (영발음) [və́:məθ]
- **crush** [krʌʃ] : 으깨다, 눌러 부수다, (과즙을) 짜내다, 진압하다
- **tomato** [təméitou] : (발음주의) 토메이토우
- **sausage** [sɔ́:sidʒ] : (발음) 소-시지 / chocolate [tʃɔ́:kələt, tʃɑ́k-] (발음) 쵸-콜럿
- **drugstore** [drʌ́gstɔ̀:r] : 약국 / ☞ (미국에서는) 담배·신문·잡지·일용 잡화·문구·필름 등도 판매. 그 밖에 커피·음료·햄버거 등 가벼운 식사도 판매. 또한 soda fountain이라는 경양식 판매대(counter)도 준비되어 있음 / =

pharmacy [fɑ́:rməsi] (영) 제약업 = chemist's shop
- **trout** [traut] : 송어 / strawberry mousse 딸기 무스
- **mousse** [mu:s] : 무스; 생크림·계란 등을 섞어서 차게 한 부드러운 맛의 디저트
- **tournedos** [túərnədòu] : 필레 미뇽(filet mignon) 이나 서로인(sirloin)의 둥글고 두껍게 썬 토막; (영국) 그 스테이크. (발음) 투어너도우
- **provenca** [pròuvənsɑ́:l] : 프로방스(의), [요리] provencale / (발음) 쫘본 사 아 –
- **provencale** : [요리] 프로방스풍의 : 올리브유·마늘·토마토를 충분히 씀(provencal의 여성형)
- **crepe** : 얇은 팬케이크 / crèpe su·zétte : 크레잎 수제트 : 리큐어가 들어가고 뜨거운 오렌지 버터 소스를 친 두 번 접은[롤 모양의] 크레이프
- **come with ~** : ~ 와 곁들여 나오다(go with ~)
- **Frénch frìes** : (미) 프렌치 프라이, 잘게 썬 감자튀김 = (영) chips
- **Brússels spròuts** [brʌsəlz spraut] : 싹 양배추의 일종 [복수취급]
- **spinach** [spínitʃ] : 시금치 / gréen béan 초록 강낭콩 / kidney bean 강낭콩 / pea 완두콩
- **filet** [filit] : 소·돼지의 부드러운 허리, 양의 허벅지 두꺼운 고기, (생선의 뼈 없는) 저민 살
- **filet mignon** [mìnjɑ́:n, –ˊ–] : 필레 미뇽: 소 허리 부분의 작고 둥근 필레 고기
- **asparagus** [əspǽrəgəs] : [프랑스] [식물] 아스파라거스(백합과의 일종), 그 어린 싹(식용)
- **hól·lan·daise sàuce** : [발음] 홀런데이 소스 : 생선에 치는 크림 형태의 소스(네덜란드 소스)
- **consist of ~** : ~ 로 구성되다 / consist in ~ing ~데 있다 / consist with~ ~와 일치하다
- **síde dìsh** : 반찬, (주된 요리에)곁들이는 요리
- **pickle** [pikl] : (식초, 간물에) 절이다 / ~s 절인 것, 피클 / (미) 오이절임 / (영) 양파 절임
- **spice** [spais] : …에 향료를 넣다, 양념, 향신료 / spicy 향신료를 넣은, 양념이 된, 신랄한
- **pepper** [pépər] : 후추 , [프] 고추 / red pepper 고춧가루 / garlic [gɑ́:rlik] 마늘
- **plane** [plein] : (여기서는 음식 맛이) 담백한, 향료가 안 들어간, 밋밋한 / 쉬운, 평이한
- **raw** [rɔ:] : 날 것의, 요리되지 않은 / raw vegetable 생 야채
- **strip** [strip] : 길쭉한 조각 / prime[praim] : 최상의, 제 1급의 /prime beef : 최상급 쇠고기 / ☞고기의 등급 순서 prime – choice –good – standard – commercial
- **broil** [brɔil] : (고기) 불에 굽다, 석쇠 구이로 하다(grill) / a beef broil 쇠고기 불고기

☞ bake 오븐 열에 굽다 / roast 오븐에 굽다, 콩을 볶다 / fry 기름에 튀기다 / fan fry[saut] 프라이팬에 살짝 튀기다 / braise 고기나 야채 볶은 후 소량의 물로 천천히 익히다 / boil 끓이다 / stew 뭉근한 불로 끓이다 / simmer(약한 불로 뭉근히 끓이다)

- **reasonably** [ri:znəbli] : 합리적으로, 적당하게
- **stew** [stu:] : 스튜(고기, 채소를 넣어 소량의 국물로 은근하게 끓임), 찌개, 전골
- **ubiquitous** [ju:|bıkwıtəs] : (주로 명사 앞에 씀)(격식 또는 유머)어디에나 있는, 아주 흔한
- **finely** [|faınli] : 잘게, 곱게, 촘촘하게.
- **wrap** [ræp] : 싸다, 포장하다
- **short beef rib** : 갈비 / steamed short ribs 갈비찜(beef rib stew)
- **pepper sauce** : 고추장 (paper paster) / paper 고추, 후추 /paper oil 고추기름 / spice products 양념류
- **Marinated Grilled Beef Ribs** : 소 양념갈비(so yangnyeom galbi)
- **Set Menu with Marinated Beef Ribs** : 소 양념갈비 정식(so yangnyeom galbi jeongsik)
- **Grilled Beef Ribs** : 생 갈비구이(saenggalbi gui)
- **(sliced and seasoned) barbequed beef** : 불고기(bulgogi)
- **Korean Table d'hote with Wild Vegetables** : 산채 한정식(Sanchae han-jeongsik)
- **Korean Table d'hote with Hot Pot Rice** : 돌솥밥 한정식(Dolsotbap Han-jeongsik)

Sports

스포츠

01. Ski

Customer Service

A Where / is the restaurant?
어디 있죠? / 식당이.

B On the second floor, / on your right. // Please take the stairs / over there. (It's on the second floor.)
2층. / 오른쪽입니다. // 계단으로 가십시오 / 저기입니다. (2층입니다.)

A Where / is the lift ticket office?
어디 있죠? / 리프트 매표소가.

B Go outside / at the first exit. // It's on the left.
밖으로 나가십시오 / 첫 번째 출구에서. // 왼쪽에 있습니다.

A Where / is the ticket office / for renting ski equipment?
어디죠? / 매표소가 / 스키 장비를 빌리려고 하는데.

B Go / out of this building. // It's on the left / at the end of this building.
나가십시오 / 이 건물을. // 왼쪽입니다 / 이 건물 끝에서.

A Where / is the restroom?
어디죠? / 화장실이.

B It's over there.
저기입니다.

A How / can I / rent ski equipment?
어떻게 / 제가 / 스키를 빌리죠?

B There is a ticket office (for ski rental) / outside this building. // Get the ticket (first), / and / rent the boots and the skies, / in order.

(스키렌탈) 매표소가 있습니다 / 건물 밖에. // 표를 끊으시고 (먼저). / 그리고서 / 부츠와 스키를 빌리시기 바랍니다. / 순서대로.

A Where can I / get the ticket for ski repair? // Where can I / change coins?
어디서 제가 / 스키수선 티켓을 살 수 있나요? // 어디서 / 동전을 바꿀 수 있나요?

B Go / to the registry (at the ski school).
가십시오 / (스키학교) 접수처로.

A Where / is the cigarette vending machine?
어디 있죠? / 담배 자판기는.

B It's/ in front of the door, / on the right.
있습니다 / 문 앞, / 오른쪽에.

A Where / is the pay phone?
어디 있죠? / 공중전화는.

B Go / outside through the door (over there). // Than you can see it.
나가십시오 / (저쪽) 바깥문을 지나서. // 그러면 // 보입니다.

A Where / is the interphone?
어디 있죠? / 구내전화가.

B It's / on the wall (near the first entrance).
있습니다 / (첫 번째 입구 가까이) 벽면에.

A Where / is the vending machine (for soft drinks or coffee)?
어디에 있나요 / (음료수나 커피용) 자판기가.

B I'm sorry / there aren't any vending machine / here. // You can get some drink / at the food court / on the second floor.
죄송합니다만 / 아무 자판기도 없습니다 / 여기에는. // 살 수 있습니다 / 식당가 / 2층에 있습니다.

A Where is the convenience store?
편의점이 어디 있죠?

B It's at the sky condo, / the building / you see / over there.
Sky 콘도에 있습니다. / 저 건물 / 보이시죠 / 저기.

A Where is the snack bar?
매점이 어디 있습니까?

B Go / this way / a little. // It's on the left.
가십시오 / 이쪽으로 / 조금만. // 왼쪽에 있습니다.

A My locker / is out of order. (= isn't working.)
제 락카가 / 고장인데요. (작동이 안돼요.)

B What is your locker number?
락카번호가 몇 번입니까?

A Number 1.
1번입니다.

B Please wait / in front of your locker. // I'll send the maintenance man / right away
기다려 주십시오 / 고객님의 락커 앞에서. // 제가 수리직원을 보내드리겠습니다 / 즉시.

A Could you page / someone / for me?
찾아 주시겠습니까? / 사람을 / 저를 위해서?

B I'm sorry / we don't have a paging service / because of our company's policy.
죄송합니다만 / 저희는 사람 찾는 서비스를 하지 않습니다 / 왜냐하면 회사 방침상.

We / (only) make / the regular announcement for information.
저희들은 하고 있습니다 / 정규방송 안내(만).

A Where can I keep / my shoes and the other personal items?(= belongings)?
어디에 보관하나요? / 신발과 다른 개인물품(소지품)을.

B Please use / the coin-operated locker (with a key).
사용하세요 / (열쇠가 있는) 코인 락카를.

A Which slopes(= runs) / are open (now)?
어느 슬로프가 / (지금) 가동되고 있나요?

B The red, the green, the blue, and the white.
레드, 그린, 블루, 화이트코스입니다.

A Where is / the sledding area?
어디에 있습니까? / 눈썰매장이.

B It's / in middle section of the blue slope.
있습니다 / 블루 슬로프 중간지점에.

A Where can I / buy a ticket?
어디서 / 표를 끊죠?

B At the entrance to the sledding area. // If you buy a ticket, / you can rent the sleigh / for free.
눈썰매장 입구에 있고. // 티켓을 구입하시면, / 빌릴 수 있습니다 / 무료로.

A Where / is the announcement desk?
어디에 / 방송실이 있습니까?

B Go out / at the first exit, / and / you'll see a window / on the left. // That / is the announcement room.
나가세요 / 첫 번째 입구로, / 그러면 / 창문이 보일 것입니다 / 왼쪽에. / 거기가 / 방송실입니다.

A Do you have / the lost and found section?
있습니까? / 습득물 보관 부서가.

B The announcement desk / is in charge of / the lost and found items.
방송실에서 / 담당하고 있습니다 / 분실 습득 물품을.

A Where can I / change my clothes?
어디서 / 옷을 갈아입죠?

B There is a changing place / in the restroom.
갈아입는 곳이 있습니다 / 화장실 안에.

A I'm going skiing / tomorrow. // Is there any place / I can keep my skies?
스키타러 가는데 / 내일. // 어떤 곳이 있습니까? / 제가 스키를 맡길 수 있는 곳으로.

B There is a ski depository / in the next building.
스키 보관소가 있습니다 / 옆 건물에.

A I've lost my skis. // What am I supposed to do?
스키를 잃어 버렸는데. // 어떻게 해야 하나요?

B Oh, you are not supposed to leave / your skis / in the locker / over night. // We can't accept responsibility / if you leave them / in the coin-operated locker / and lose them. //
What you can do is / check with the announcement desk / since all the skis (turned in to us) / are kept (there). // Also, / if you fill out the missing report form, / we'll contact you / at the number / in case any skis are turned in.
아, 놓아두어서는 안 됩니다 / 스키를 / 락카 안에다 / 야간에는. // 저희들은 책임지지 않습니다 / 만약 스키를 보관하시고서 / 코인락카 안에다 / 그리고 잃어버리실 경우에.//
고객님께서 하실 수 있는 것은 / 방송실로 확인하시는 일입니다. / 왜냐하면 모든 분실스키가 (저희들에게 신고되어 들어오는데) / (그곳에서) 보관되기 때문입니다. // 또한, / 분실물 신고서를 작성하시면, / 저희들이 고객님께 연락드릴 것입니다 / 그 번호로 / 만일 어떠한 스키가 들어올 경우에.

A What are / night skiing hours?
언제 있습니까? / 야간 스키는.

B From six / to nine thirty / (only) on Saturdays.
06시부터 / 09시30분까지 / 토요일에(만) 있습니다.

A What are / your morning skiing hours?
어떻게 됩니까? / 새벽스키는.

B From seven / to nine / (only) on Sundays.
07시부터 / 09시까지 / 일요일에(만) 있습니다.

A When / are you open / today?
언제 / 오픈하죠? / 오늘은.

B From nine / to five.
09시부터 / 05시까지입니다.

A How much do you charge / for the lift ticket and ski rental / for a full day?
얼마를 지불합니까? / 리프트 권과 스키 렌탈 가격이 / 일일권으로.

B Forty-two thousand hundred won / for each.
42,000원입니다 / 리프트, 렌탈 각각으로

A What is / the Ski Day Care Center?
무엇 하는 곳인가요? / 스키유아원은.

B It is a day care facility(= center) / for children. // The children can play / and get ski lessons (there) / while their parents are skiing. // It is ninety thousand won / a full day, / and / fifty thousand won / for a half day.
스키유아원은 / 어린이를 위한 곳입니다. // 어린이들이 놀면서 / 스키를 배울 수 있습니다 (그곳에서) / 부모들이 스키를 타는 동안에. // 90,000원이고 / 1일 권이, / 그리고 / 50,000원입니다 / 반일권이.

A Where / can I rent / a ski suit?
어디서 / 빌릴 수 있나요? / 스키복을.

B There is no ski rental shop / here. // There is one / in a town called Moonmack on the way to ski resort.
스키복 대여하는 곳은 없고 / 여기에는. // 대여하는 곳이 있습니다 / 문막이라는 마을 / 스키장 오시는 길 쪽에.

A Where is / the first aid clinic?
어디에 있습니까? / 의무실이.

B Outside / on the right.
바깥 / 오른쪽입니다.

구문해석

- **exit** [égzit, éksit] : (공공건물, 차량의) 출구
- **equipment** : 장비, 설비, 비품, 기기 / ski ~ 스키장비 / office ~사무용품
- **in order** : 순서대로
- **vending machine** : 자동판매기 (영) slot machine / coin-changing ~ 동전교환기
- **pay phone** : 공중전화 = public phone / interphone 구내전화 = house phone
- **pay telephone** : 유료(공중)전화
- **page someone** : (이름을 불러) 사람을 찾다
- **make an announcement** : 안내방송하다
- **personal belongings** : 개인 소지품
- **sleigh** [slei] : 썰매 / a sleigh ride : 썰매 타기
- **go out + /and/ + s + v** : (나가/면/ ~ 할 것이다)
- **go + v ~ing** : ~ 하러가다 / go shopping 쇼핑가다, go fishing 낚시가다
- **depository** [diːpɑːzətɔːri] : 보관소
- **be supposed to do/be something** : …하기로 되어 있다, …해야 한다
- **leave skis** : 맡기다 = keep skis

- **what you can do is + v~** : 당신은 ~하시기만 하면 됩니다
  what you can do is search by your name. : 당신 이름으로 검색하시면 됩니다
- **turn something in** : ~을 돌려주다, 반납하다
- **fill out the form** : 양식을 작성하다 / write, enter, put, fill in : 기입하다
- **missing report form** : 분실물 보고 양식
- **day care center** : 유아원, 탁아소, 놀이방
- **baby-sit** : 아이를 돌봐주다 = look after, nurse, take care of
- **Could you baby-sit for us?** : 아기 좀 봐주실 수 있어요?
- **facility** : 부대시설
- **on the way to** : 도중에 / on the way to work 일터로 가는 길에
- **first aid clinic** : 응급처치 치료소

At the ski repair shop

A　My I help you?
어떻게 오셨습니까?

B　I'd like to get / the edge / sharpened. // How much is it?
하고 싶습니다 / 에지를 / 갈도록. // 얼마입니까?

A　Twenty thousand won. // Please go to the ski school / and / get a ski maintenance ticket.
20,000원입니다. // 스키학교로 가셔서 / 스키 수선 티켓을 끊어 오십시오.

B　How long does it take?
얼마나 시간이 걸리나요?

A　Fifteen / to twenty minutes.
15분에서 / 20분 걸립니다.

B　I'd like to get / my skis / waxed.
하려고 하는데요 / 스키에 / 왁스를 입히도록.

A　Please go to the ski school / and / get a waxing ticket.
스키학교로 가셔서 / 왁스 티켓을 끊어 오십시오.

B　How am I / supposed to take care of / my skis / when I put them away / for a long period.
어떻게 제가 / 보관을 하면 됩니까? / 스키를 / 따로 맡기려고 하면 / 장기간으로.

A　You need to get / them / ski maintenance / and / wrap the edge / with scotch tape.
고객님께서 받으시면 되는데 / 스키바닥을 / 수리 받고/서/ 에지부분을 감싸면 됩니다 / 스카치테이프로.

B What do you mean / by ski maintenance?
무슨 뜻입니까? / 스키 바닥 수리라는 것이.

A That means / to get the edge / sharpened / and / the bottom waxed.
그건 의미합니다 / 에지를 / 갈고 /서/ 바닥을 왁스칠이 되게 하는 것입니다.

B What / does waxing do?
무엇 때문에 / 왁스를 합니까?

A It keeps / snow / from sticking / to your skis. // So / they glide / more smoothly.
그것이 유지 시켜줍니다 / 눈이 / 붙지 않게 / 스키바닥에. // 그래서 / 스키가 미끄러져 나갑니다 / 더 부드럽게.

B What / does sharpening the edge / do?
어떻습니까? / 에지 갈기를 / 하면.

A It helps you / turn better, / keeping your skis / from skidding.
도와줍니다 / 턴이 더 잘되게, / 유지시키면서 스키를 / 밀리지 않게.

구문해설

- sharpen : 날카롭게 갈다
- get +사물 + pp~ : ~ 하게 해놓다 / get the edge sharpened 에지를 갈아놓다
- put away : (다 쓰고 난 물건을 보관 장소에) 넣다[치우다]
- wrap~ sth (up) (in sth) : (포장지 등으로) 싸다, 포장하다 / gift-wrap : 선물포장지
- that mean to + v ~ : ~을 의미(뜻) 하다 / what does that mean? : 무슨 뜻인가?
- I mean, ~ : 내 말은(무슨 말인가 하면), ~이다
- keep from ~ing : ~을 못하게 하다, ~을 막다

At the ski boots room

A Can you get / me / a pair of ski boots?
주시겠어요? / 저에게 / 부츠 하나를.

B What size?
사이즈가 어떻게 됩니까?

A Two hundred fifty.
250입니다.

A How can I tell / that I'm wearing the right size?
judge / the size is right for me?
choose the right size?

What is the best way / to see if / the boots are not too big or too small?

어떻게 / 식별할 수 있습니까? / 제가 맞는 치수를 신고 있는지를.
판단할 수 있습니까? / 치수가 저에게 맞는지를.
옳은 치수를 고를 수 있습니까?
어떤 것이 가장 좋은 방법입니까? / 알려고 하면 / 부츠가 너무 크지 않거나 너무 작은지.

B　Your toes / are supposed to (almost) touch / the front end of the boot / when you stand / in an upright position.
발가락이 / (거의) 닿을 정도면 됩니다 / 부츠의 앞 끝부분에 / 섰을 때 / 곧은 자세로.

A　I feel / too tight / on the sides.
느껴집니다 / 너무 조이는 것 같이 / 사이드 부분에 (발볼).

B　Then / you should wear / one size larger.
그러면 / 신으세요 / 한 치수 큰 것으로.

A　Should I wear the ski boots / five / to ten millimeters larger / or / smaller / than my foot length?
스키부츠를 신을까요? / 5에서 / 10mm 크게 / 아니면 / 작게 신나요 / 내 발 길이보다.

B　Wear the ones / the same length / as your foot.
부츠를 신습니다 / 똑같은 길이로 / 본인의 발과 마찬가지로.

구문해석

- **tell the difference** : (차이를) 분간하다, 구별하다 = know = distinguish A from B
  I can tell the twins one from the other. 나는 쌍둥이 둘을 구별할 수 있다
- **wear** = put on
- **see if + s + v** : …인지의 여부를 알다, …인지 확인하다. = make sure if.
- **should** = have to = must = ought to

At the ski rental

A　How can I rent / a pair of skis.
어떻게 빌릴 수 있나요? / 스키를.

B　Did you buy(= get) / a ticket?
구입했습니까? / 티켓을.

A No.
아니오.

B You have to get a ticket (first) / at the ticket office outside, on the left. // Then / pick up the ski boots / and then / the skis.
(먼저) 티켓을 끊으셔야 합니다 / 바깥, 왼쪽 매표소에서. // 그리고 / 스키부츠를 받으시고서 / 그리고서 / 스키를 받으시면 됩니다.

B How tell are you? = (What is) your heigh?
키가 얼마나 되십니까?

A One hundred and seventy (centimeters tall).
170cm입니다.

B Then / you need / one hundred and eighty.
I'll give you /
let me give you /
그러면 / 필요합니다 / 180cm가.
드리겠습니다 / 180cm를
제가 드리도록 하겠습니다 / 180cm를

A I'm a beginning skier. // What length / should I / wear?
초보자인데. // 어느 치수로 / 제가 / 신어야 합니까?

B Normally, / skiers / are supposed to be 10 to 15 centimeters longer / than the skier's height. // But / for the beginners, / it is recommended / to wear the ones / (almost) the same as / or / a little bit longer / than their height.
보통, / 스키어들은 / 10~15cm 길어야 합니다 / 스키어들의 신장에 비해. // 그러나 / 초보자인 경우, / 추천을 합니다 / 사이즈를 신도록 / (거의) 비슷한 것으로 / 아니면 / 약간 더 긴 것으로 / 자신의 키보다.

A Could you adjust / the binding, please?
조절해 주시겠어요? / 바인딩을.

B Sure. / Take off one boot / and / give it to me.
Let me have one of your boots.
알겠습니다. / 부츠 한쪽을 벗어/서/ 저에게 주십시오.
저에게 부츠 한쪽을 주십시오.

A How much / is the rental?
얼마입니까? / 대여료가.

B For a full day, / (it is) five thousand won for adults / and / twenty seven thousand won for children. // And / for a half day, / forty thousand won for adults / and / twenty thousand won for children.
당일권은, / 대인 50,000원이고 / 그리고 / 소인 27,000원입니다. // 또한 / 반일은 / 대인 40,000원 / 이고 / 소인 20,000원입니다.

A　Can I rent the skies / (just) for morning, / until noon.
스키를 빌릴 수 있나요? / 오전에(만), / 정오까지.

B　No, / we don't rent them / for morning (only).
아니요, / 저희들은 빌려 주지 않습니다 / 오전(만)은.

구문해석

- **novice / beginner** : 초보자
  novice 미 [|nɑːvɪs] 영 [|nɒvɪs] 초보자 = probationer [proʊ|beɪʃnə(r)] 수습, learner
  ≠ expert 전문가
- **recommend** [|rekə|mend] 추천하다 / 명 recommendation

Ski patrol

- Good morning.
  I'm Choi Chul-jun, the ski patrol.
  안녕하십니까. 저는 스키패트롤 최철준입니다.

  You've (just) skied / straight downhill.
  고객님께서 (막) 타고 내려 오셨습니다 / 직 활강으로.

  Please don't do that / because / you can injure other skiers / as well as / yourself.
  그렇게 하시면 안됩니다 / 왜냐하면 / 다치게 할 수도 있습니다 다른 스키어들을 / 뿐만 아니라 / 고객님 자신도 마찬가지입니다.

  I'll have to (take) / your ticket (back) / if you do that - one more time.
  ask - again.
  (회수)할 것입니다 / 티켓을 / 고객님께서 직활강하실 경우 - 다시 한 번.

  Please use the slider run / for the beginners.
  슬라이드를 라인을 이용하십시오 / 초보자용으로.

  The run is / for the intermediate skiers.
  이 라인은 / 중급자용입니다.

- Throw away your garbage(= trash) / only in the designated area.
  쓰레기는 버리십시오 / 지정된 장소에서만.

- I'm a this resort ski patrol.
  저는 여기 리조트 스키패트롤입니다.

Are you injured (= hurt)?
다치셨습니까?

Take it easy. // I'll take(= transport) you / to the hospital / right away.
편안히 안정하고 계십시오. // 고객님을 이송시켜 드리겠습니다 / 병원으로 / 즉시.

- You are not supposed to sit / on the slopes.
  앉아 계시면 안됩니다 / 슬로프에서.

  If you want to take a rest / or / have a snack, / please go down to / the bottom of the hill.
  휴식을 취하시거/나/ 간식을 드시기를 원하실 경우, / 내려가십시오 / 슬로프 하단부로.

- This slope / is closed (now).
  이 슬로프는 / (지금) 이용이 안 됩니다.

  This slope / is under (grooming), (maintenance work), (competition).
  이 슬로프는 / (제설), (작업), (시합)중 입니다.

  Please use other slopes.
  다른 슬로프를 이용하십시오.

- Wait / for your turn / to get on the lift.
  기다려 주십시오 / 차례를 / 리프트를 탑승하기 위해.

- This is not a slope. // Use the slope.
  이곳은 슬로프가 아닙니다. // 슬로프를 이용하십시오.

- Don't drink / and / ski. // It's dangerous.
  음주를 하고/서/ 스키를 타지 마십시오. // 위험합니다.

- We are closing. // Please get down the hill (quickly).
  종료가 되었습니다. // 슬로프를 내려가십시오 (빨리).

- Please go to the first aid clinic / and / get the necessary treatment.
  의무실로 가셔/서/ 필요한 치료를 받으십시오.

구문해석

- **injure** [ɪndʒə(r)] : 부상을 입히다, (평판, 자존심) 손상시키다
- **A as well as B** : A뿐만 아니라 B도 역시 = not only... but also
- **take (sth) back** : 환불·반환하다 = return,
  return a ticket 표를 물리다 / take back your words 말을 취소하다 = cancel
- **run** : (스키 등의 스포츠) 비탈 코스 / a ski(toboggan) run 스키(터보건) 비탈 코스
- **grooming** : (깃털)손질, 몸단장 / grooming 상품 : 메니큐어, 손톱깎기 등의 화장품도구
- **treatment** : 취급, 대우, 치료, 처리, 대접 / emergency treatment = first aid 응급처치

At the ski school

1) The ski instructor (Introduction) 스키강사 (인사말)

Good morning! Welcome to the our ski resort.
안녕하십니까! 저희 스키리조트에 오신 것을 환영합니다.

I'm Lee in-soo, / one of the ski instruction / at this ski school.
저는 이인수입니다. / 스키강사로서 / 이곳 스키학교에서 근무하고 있습니다.

I'll teach the beginning (intermediate) skiers / today.
저는 초급 (중급)을 가르칠 것입니다 / 오늘.

Today / you'll have a four-hour ski lesson, / two hours in the morning, / and / two hours in the afternoon.
오늘은 / 손님께서 4시간 스키강습을 배우시게 되겠습니다. / 오전 2시간, / 그리고 / 오후 2시간에 걸쳐서.

Now, / let's begin, / shall we?
그럼, / 시작을 할, / 까요?

2) Explaining / the parts of ski equipment / and / how to use them.
설명을 한다 / 스키장비 부분 /과/ 그것들을 사용하는 방법

ⓐ This / is a pole (boot). 이것은 / 폴 (부츠)입니다.

ⓑ This is a binding. // It attaches / your boot / (securely) to your ski.
It (also) release your boot / from the ski / during a fall.
이것은 바인딩인데. // 고정시켜 줍니다 / 부츠를 / (안전하게) 스키에다.
그것은 (또한) 부츠를 풀어줍니다 / 스키를 타면서 / 넘어질 때.

ⓒ This is a plate. 이것은 플레이트입니다.

ⓓ This part is the (top band). 이 부분은 탑 밴드입니다.
is called (arch band). 아취밴드
(tame band). 테임밴드
(edge). 에지

ⓔ To put on your skis, / put / the front end of your boot / on the front part of the binding / and / push down / the back of the binding.
스키를 신기위해서는, / 맞추시고 / 부츠 앞 끝부분을 / 바인딩의 앞쪽에다 / 그리고서 / 누르시기 바랍니다 / 바인딩 뒷부분을.

ⓕ Before putting on your skis, / remove / all the snow on the bottom of the boots.
/ get rid of /
/ brush off /
스키를 신으시기 전에, / 제거하십시오 / 부츠바닥의 모든 눈을.

⑧ To take off your skis, / push down / the back of the binding (here, this part) / with a pole.
스키를 벗기 위해서는, / 눌러 주십시오 / 바인딩 뒤(여기, 이 부분)를 / 폴로서.

At the ski lift

1) Checking the lift tickets (리프트티켓을 검표 시)

ⓐ Good morning, please wait for a moment.
안녕하십니까. / 잠시만 기다려 주십시오.

ⓑ Let me / check your lift ticket. = I'll check your lift ticket.
나로 하여금 / 리프트 표를 확인하게 해 주십시오 (* 검표를 하겠습니다)

2) When the ticket is attached to a wrong place (티켓이 잘못 부착되었을 경우)

ⓐ When the ticket is inserted / into a plastic armband
티켓이 끼워져 있을 경우 / 완장 식 비닐케이스 안에

I'm sorry / but / according to the policy in our resort / the lift ticket is supposed to be hooked / on a wire ring. // Let me fix it. (for you)
죄송합니다/만/ 저희 리조트 규정에 의하면 / 리프트티켓은 달아 주셔야 합니다 / 철사고리에다. // 제가 부착해 드리겠습니다. (고객님에게)

ⓑ When the ticket is attached / too tight / to be taken off.
Sir, / you can exchange your ticket / for a new one at the ticket office. // Please hook it / on a wire ring.
티켓이 부착된 경우가 / 너무 단단하게 고정되어 / 떼어낼 수 없을 경우.
손님, / 티켓을 교환할 수 있습니다 / 티켓 매표소에서 새것으로. //
부착하여 주십시오 / 철사 고리에.

ⓒ Enjoy. Have a good time.
재미있게 타십시오. 즐거운 시간 되십시오.

(When asked a question : 질문을 받았을 경우)

A　How can I get / to the silver lift?
어떻게 하면 갈수가 있습니까? / 실버 리프트까지.

B　If you go to the top of the yellow, / you'll see a slope / that / leads to it. // Please check / the slope sign / posted (there).

엘로우 정상까지 가시면, / 슬로프가 보일 것입니다 / 그기가 / 그 슬로프로 가는 길입니다. // 확인하시기 바랍니다 / 슬로프 이정표를 / (거기에) 게재가 되었습니다.

▸▸ **Helping loading (탑승 보조 시)**

ⓐ Please step (forward) / to the loading area.
(앞으로) 나오십시오 / 탑승지점 쪽으로.

ⓑ Look at the chair / that's approaching from behind.
의자를 보십시오 / 의자는 뒤에서 접근합니다.

ⓒ Sit down. 앉으세요.

ⓓ Put down / the safety bar.
내려 주십시오 / 안전대를.

ⓔ Please don't shake your seat / or / jump down.
의자를 흔들거/나/ 뛰어내리지 마십시오.

▸▸ **Helping unloading (하차 보조 시)**

ⓐ Lift / the safety bar.
올리세요 / 안전대를.

ⓑ Stand up, / and / get out quickly / with your upper body / bent (forward).
일어서시고,/서/ 신속히 나가주세요 / 상체를 / (앞으로) 숙이면서.

구문해석

- **plastic** [|plæstɪk] : 플라스틱(비닐)로 된 / plastic bag 비닐백/ paper bag 종이백
- **be supposed to do/be something** : (규칙·관습 등) …하기로 되어 있다[…해야 한다]
- **too + 형용사 + to + v ~** : 너무 ~해서 ~할 수 없다 /
  too tired to go out 너무 피곤해서 외출을 할 수가 없다.
- **get to 장소** : …에 도착하다, 닿다; [어떤 결과]에 이르다
- **lead** : (도로 등이) (사람을) 목적지에 이르게 하다(lead + 목 + to + 명)
  This road will lead you to the station. 이 길을 따라 가면 정거장에 이릅니다.
- **unload sth (from sth)** : (짐을) 내리다 ≠ load a ship with goods 화물을 탑재하다

02. Golf

Asking about golf booking (골프예약 문의)

G Could you give me / some information about golf courses?
주시겠어요? / 골프장에 대한 정보를.

C Yes,/ we have / a nine hole course and an eighteen hole course. // For the nine hole course,/ we don't take reservations. // People / tee off / on the first-come-first-served basis. // As for the access to the eighteen hole course, / you have to be a member or a member's guest.
예,/ 저희는 있습니다 / 9홀과 18홀이. // 9홀에 대해서는, / 저희는 예약을 받지 않습니다. // 사람들은 / tee off를 나갑니다 / 선착순 기준으로. // 이용하시려면 18홀을, / 고객님이 회원이 되거나 회원의 손님이 되셔야 합니다.

G What is / the green fee?
어떻게 되나요? / 그린피 요금이.

C It is 120,000 won / including the caddy fee.
120,000원입니다 / 캐디 요금 포함해서.

G Thank you.

Nonmember golf booking (비회원 골프예약)

G I'd like to reserve a tee time / at 18hole golf course.
티타임을 예약하고 싶은데요 / 18홀에서.

C I'm afraid, / this 18 hole golf course is open / to chub members (only).
죄송합니다만, / 18홀 골프장은 오픈되어 있습니다 / 회원들에게(만).

Nonmembers can play / by accompanying club members / only.
비회원들은 플레이 할 수 있습니다 / 클럽회원을 동행하셔야(만).

Nonmembers can play / at nine-hole course.
비회원은 칠 수 있습니다 / 9홀에서.

G I see, / when is first tee time / at nine hole.
그래요, / 첫 티타임이 언제인가요 / 9홀에서.

C It start / at 07:00 am. // when do you want to play?
시작됩니다 / 07:00에. // 언제 play하실 것입니까?

G I want to play / before eight o'clock tomorrow in the morning / if possible.

치고 싶은데요 / 내일 아침 08시 전에 / 가능하면.

C　We'll check the tee time right now. // We have (only) 07:07. Will that be fine?
확인해 보겠습니다 지금 바로. // 07:07분(만) 남아 있습니다. 괜찮겠습니까?

G　That'll be fine.
좋아요.

C　Yes, we set tee time / at 07:10 for you, sir.
예, 저희들이 시간을 예약해 두었습니다 / 07:10분으로, 고객님.

G　Thanks

At the public golf course (대중 골프장)

- To get to the out-course / go straight, / and / to get to the in-course / cross the bridge / and / take a right.
  아웃코스로 가기위해서는 / 똑바로 가시고, / 인코스는 / 디리를 긴너/서 / 우측으로 가십시오.
- You can't practice swings / on the teeing ground.
  스윙연습을 하실 수 없습니다 / 티그라운드에서는
- Please be quite / during the address.
  조용히 하여 주십시오 / 어드레스 중이니
- Teeing up / is running (too) slow. // Please finish it (soon).
  티업시간이 / (너무) 지연되고 있습니다. // (속히) 티업을 마쳐 주십시오.
- The rounding (9hole) / should be finished / within two hours.
  라운딩(9홀)은 / 마쳐 주셔야 합니다 / 2시간 이내에.
- The golf course is not open / to the gallery. (* No entrance of the gallery.) Players (only).
  골프고스는 오픈이 안 됩니다 / 갤러리로. (* 갤러리는 입장을 허용할 수 없습니다.)
  선수(만) 입장.
- The first hole is closed / due to the maintenance work. // Play(= Start) on the 10th hole (instead).
  1번 그린은 사용할 수 없습니다 / 코스유지 작업으로 인해. // (대신에) 10번 홀에서 치시기 바랍니다.
- Throw away your trash / (only) on the designated place.
  쓰레기를 버리십시오 / 지정된 장소에서(만).
- When you pull your cart, / please avoid / the teeing ground and the greens.
  카트를 끌 때, / 삼가해 주십시오 / 티 그라운드나 그린 위로 다니는 것을.
- Please repair / the divot (yourself).

보수하여 주십시오 / 디보트는 (스스로).

- Please repair / the ball mark (on the green).
  보수하여 주십시오 / (그린 위의) 볼 낙구 자리는.
- Let's not play / betting golf.
  하지 마십시오 / 내기 골프를.
- Please don't drag / your shoes.
  끌지 마십시오 / 신발을.
- Please be quite / on the course.
  정숙하여 주십시오 / 코스에서는.
- Hit the ball / toward the white(red) flag / in the in-course (out-course).
  볼을 치십시오 / 흰색(적색) 깃발을 향해서 / 인코스는 (아웃코스는).

Observing the rules of etiquette (에티켓 규정 준수)

- The next hole / is available. // Please proceed(= move) / to the next / quickly.
  다음 홀이 / 비어 있습니다. // 이동하여 주시기 바랍니다 / 다음 홀로 / 빨리.
- There are many teams / waiting (behind). // Please proceed / to the next hole / quickly.
  많은 팀이 있습니다 / (뒤에서) 기다리고. // 이동 바랍니다 / 다음 홀로 / 속히.
- Please play / (only) with one ball.
  플레이를 하시기 바랍니다 / 한 개의 공(만으로)
- This is a golf course / open (only) to the players.
  이곳은 골프코스이므로 / 플레이어 (외에는) 들어오실 수 없습니다.
- Please stroll / in other places.
  산책하시기 바랍니다 / 다른 곳에서.
- You're playing too slow. // Please let / the next team / pass.
  플레이가 너무 느립니다. // 하도록 바랍니다 / 뒷 팀에게 / 패스를 주시도록.
- You cannot use the shade / since the next hole is available.
  그늘 집을 이용하실 수 없습니다 / 앞 홀이 가능하기 때문에. (* 비어 있으므로)

구문해석

- on a first-come -first-served basis : 선착순으로, 순번대로
- green fee : 골프장 입장요금, 코스 이용료 / club fee 클럽회비
- accompany + [목적어] : (보통 수동태) [남을] […까지] 동행[수행]하다[to ‥]

- **address** : 연설, 주소, (어드레스) 기록되어 있는 데이타의 위치를 나타내는 수치
- **tee** [ti:] : 티(골프장에서 공을 치는 위치), 골프공을 올려놓는 받침 / a tee shot 티 샷
- **gallery** : ① 복도, 미술관, 극장의 발코니 ② 갤러리 (골프대회의 관람객) : 골프 관람객들이 페어웨이 양편으로 늘어선 모습이 화랑을 연상시키고 화랑에서 미술품을 관람하듯 조용히 플레이를 지켜본다는 의미가 내포됨. 골프가 매너의 게임이듯 관전하는데도 지켜야할 매너가 있다.
- **due to** : 말미암아, 때문에 = because of, owing to
- **repair** : 보수 (수선, 수리) 하다
- **divot** [dɪvət] : 디보트(골프공을 칠 때 골프채에 뜯기거나 한 잔디 조각)
- **proceed** [proʊ|si:d] : (특정 방향으로) 나아가다, 계속 진행하다, 계속해서 ~을 하다
- **stroll** : 거닐다, 산책하다 / 명 산책 = go for[have, take] a stroll

Facilities

부대시설

01. Swimming pool

1. Wearing shoes / is not allowed / at the pool.
2. Please take a shower / before you go into the pool.
3. Please wear / a swimming cap.
4. We / ask / for your cooperation / for your own safety and hygiene.
5. Please do not jump or dive.
6. Consumption of food / is not allowed at the pool.
7. Please exercise / before you go into the pool.
8. Please do not smoke / at the pool.
9. Those who / have skin disease or other kind of illness / aren't allowed to the pool.
10. Swimming / after drinking / may endanger your life.
11. Please lower your voice / so that / it won't disturb / other guests.
12. We opened the window / for ventilation.
13. I'm sorry, / but / the pool is under construction (or repair). // Please wait a moment / before entering.
14. Please change / your swimming suit / here.
15. You can purchase / swimming suits / here.
16. Children (under 6) / are not allowed / in the swimming pool.
17. How do you like / the music playing now?
18. Mr. Kim, / there's phone call for you.
19. Webs, goggles and snorkels / are not permitted / here.
20. How do you like?
21. That's not the exit.

22. The pool / is / 25m wide / and / 50m long.
23. The temperature of water / is kept / at 28 degrees centigrade.
24. There are four hours of swimming lessons / per day.
25. Please register at the desk / if you want to take a lesson.
26. You record / is / fifty seconds (one minute)
27. Please do not swim / across the pool.
28. What your locker number?
29. The pool / is being disinfected / for sanitation.
30. Swimming caps / are rented / here.
31. Mr. Kim / left / here. (= returned to his room).
32. Mr. Kim isn't / at the pool now.
33. I'm sorry, / but / could you please call (back) / a little later?

1. 구두를 신는 것은 / 허용이 되지 않습니다 / 수영장에서는.
2. 샤워를 하십시오 / 수영장에 들어자기 전에.
3. 착용하십시오 / 수영모자를.
4. 저희들은 / 요청합니다 / 협조를 / 여러분들의 안전과 청결을 위해.
5. 뛰거나 다이빙을 하지 마십시오.
6. 음식을 드시는 것은 / 수영장에서는 허용이 되지 않습니다
7. 준비운동을 하십시오 / 수영장에 들어가기 전에.
8. 담배를 피우지 마십시오 / 수영장에서.
9. 이런 사람들은 / 피부병과 다른 질병을 가지고 있는 사람으로 / 수영장에 허용이 되지 않습니다.
10. 수영은 / 음주 후에 / 생명에 큰 위험을 줍니다.
11. 목소리를 낮추어 주십시오 / 그러면 / 방해가 되지 않을 것입니다 / 다른 고객에게.
12. 창문을 열어 놓았습니다 / 환기를 위해.
13. 죄송합니다만, / 수영장이 공사 진행 중입니다 (혹은 수리). // 조금만 기다려 주십시오 / 들어가기 전에.
14. 갈아입으십시오 / 수영복을 / 여기서.
15. 구입하실 수 있습니다 / 수영복을 / 여기서.
16. (6세 이하) 어린이는 / 허용이 되지 않습니다 / 수영장에.
17. 괜찮습니까? / 지금 들려주는 음악은.
18. Mr. Kim, / 전화 왔습니다.
19. 물갈퀴, 유리제품의 물안경, 스노클은 / 사용이 허용되지 않습니다 / 여기서는.
20. 어떻습니까?
21. 그곳은 출구가 아닙니다.
22. 수영장은 / 넓이가 25m이고 / 길이가 50m입니다.
23. 물의 온도는 / 유지하고 있습니다 / 섭씨 28도를
24. 수영 강습시간은 4시간입니다 / 하루에.
25. 데스크에서 접수를 해 주십시오 / 레슨을 받기를 원하시면.
26. 당신의 기록은 / 50초(1분)입니다.
27. 수영을 하지 말아주십시오 / 수영장을 가로질러서.
28. 락카 번호는 몇 번입니까?
29. 수영장은 / 소독 중입니다 / 위생청결을 위해.

30. 수영모자는 / 빌려드리고 있습니다 / 여기에서.
31. Mr. Kim은 / 떠났습니다 / 여기를. (= 그의 방으로 돌아갔습니다.)
32. Mr. Kim은 / 지금 수영장에 없습니다.
33. 죄송합니다만, / (다시) 전화 주십시오 / 잠시 후에.

구문해설

- **hygiene** [háidʒiːn] : 위생(상태), 건강법
- **consumption** [kənsʌmpʃən] : 소비, 소모, 쇠약 / [여기서는] 음식(격식을 차린 말), 소비량
- **endanger** [indéindʒər] : ~을 위험에 빠뜨리다, 위태롭게 하다
- **ventilation** [vèntəléiʃən] : 환기(장치), 통풍상태, (감정의) 배출
- **web** [web] : 물갈퀴 / 직물, 거미줄, (라디오)방송망
- **goggle** [gágl] : (강풍·먼지 막이를 위한 수영·스키용) 고글, 큰 안경, 보호 안경
- **snorkel** [snɔ́ːrkəl] : 스노클(잠수용 호흡기구)
- **be kept at ~** : ~을 유지하다

02. Golf range

1. What / are the opening hours?
   It is open / from 06:00 / to 20:30.
2. Can we borrow / golf clubs?
   We land golf clubs / and / there are (about) 100 balls / for 7,000 won.
3. How can I go / to the golf range / from my room?
4. Do you land / golf gloves and shoes?
   Although we don't lend them, / we sell / a variety of gloves and shoes.
5. Do I have to reserve / in advance / or / can I (just) go?
   We do not take / reservation. // You can come / at your own convenience.
6. How far is it / from the teeing ground / to the target?
   About 30 yards.
7. How many golf clubs / make up a set?
   A 14-club set / includes / woods, irons and a putter.
8. Do you have clubs / for left handed golfers?
   I'm afraid / they are not available. // All of them / are / for right-handed golfers.
9. Do you have clubs / for women?
   They're / for man's (only).

10. Which teeing ground / will you / be playing on?
    Teeing ground (   ) / is / preferable.
11. Can I use (only) 1/2 box of balls?
    Yes, it's possible / and / it'll cost / 4,000 won.
12. Where is the bathroom?
    Due to renovation / (here) on the golf range, / please use the one / at the lobby or in your room.
13. Which way / is faster to the hotel?
    Due to renovation / it'll (probably) be a short cut / to go back the way / where you came / from (rather then) trying to go through inside.
14. Where is the (golf) driving range?
    Go outside / and / take the road / on your right.
15. Do you (only) have an indoor golf range?
    Yes, but / if you want to go to the field, / the golf club reservation division / will make a reservation / for you.
16. Please do not linger about / when someone else is playing golf.
    There's chance / of getting hurt.
17. Do you give / any golf lessons?
    We do not give / golf lessons.
18. Could you change the money / into small change?
    Of course.
19. We would appreciate / your understanding of the noise.
20. The air conditioner is not working. // Please use the electric fan.
21. If there's any inconvenience, / please do not hesitate / to notify us.

1. 언제 / 개장시간입니까?
   개장합니다 / 6시부터 / 20시 30분까지.
2. 빌려줍니까? / 골프클럽을.
   골프클럽을 빌려드리/며/ 볼은 (약) 100개 정도가 / 7,000원입니다.
3. 어떻게 가야합니까? / 골프장을 / 객실에서.
4. 빌려줍니까? / 장갑과 신발을.
   비록 빌려드리지는 않지만, / 판매합니다 / 다양한 장갑과 신발을.
5. 예약을 해야 합니까? / 사전에 / 아니면 / 가야(만) 하나요?
   지희들은 받시 않습니다 / 예약을. // 오시면 됩니다 / 편리하신 대로.
6. 거리가 얼마나 됩니까? / 티 그라운드에서 / 목표물까지는.
   대략 300야드입니다.
7. 골프클럽 몇 개로 / 한 세트가 되나요?
   14개에는 / 포함됩니다 / 우드, 아이언, 퍼터가.

8. 클럽이 있습니까? / 왼손잡이 골프객용
   미안합니다만 / 준비되어 있지 않습니다. // 모두 / 오른손잡이용입니다.
9. 클럽이 있습니까? / 여성용으로.
   그것들은 / 남성용(뿐)입니다.
10. 어느 타석에서 / 치시겠습니까?
   (   ) 타석이 / 좋습니다.
11. 볼을 반 박스(만) 이용할 수 있습니까?
   네, 가능하며 / 요금은 / 4,000원입니다.
12. 화장실은 어디에 있습니까?
   공사로 인하여 / (이곳) 골프장이, / 다른 한 곳을 이용하시기 바랍니다 / 로비나 객실 중에.
13. 어느 쪽이 / 호텔로 가는 길이 더 빠릅니까?
   개보수 공사로 인하여 / (아마) 지름길입니다 / 돌아가시는 게 / 오셨던 길로 / 내부를 통해 갈려고 하시는 것(보다도).
14. 골프연습장이 어디 있습니까?
   밖으로 나가셔/서/ 길을 가시면 됩니다 / 오른쪽으로.
15. 실내 골프장(만) 있습니까?
   예, 그러나 / 필드를 가시기를 원하시면, / 골프클럽 예약부서에서 / 예약을 해 드릴 것입니다 / 고객을 위해서.
16. 서성거리지 마십시오 / 다른 사람이 골프를 치고 있을 때.
   가능성이 있습니다 / 다치게 될.
17. 해 주나요? / 골프레슨도.
   하지 않습니다 / 골프레슨은.
18. 돈을 교환해 주시겠습니까? / 잔돈으로.
   물론입니다.
19. 고맙겠습니다 / 소음을 양해해 주시면.
20. 에어컨이 작동되지 않습니다. // 선풍기를 이용해 주십시오.
22. 불편하신 점이 있으시면, / 주저하지 마시고 / 저희들에게 알려 주십시오.

구문해석

- **tée·ing gròund** [tíːiŋ] :(골프) 티 그라운드, 초타 구역
- **preferable** [préfərəbl] : ~보다 더 나은, 더 마음에 드는 (서술형) / 동 prefer [prifə́ː]
  예) health is preferable to wealth (건강이 부보다 낫다) *more preferable이라고 하지 않음. / preference [préfərəns] 명 선호, 애호
- **short-cut** : 지름길(shorter way) / take a shortcut (shorter route) 지름길로 가다
- **division** [divíʒən] : 부, 국, (육군) 사단 / room ~ 객실부, F&B 식음부
- **linger** [líŋgər] : 오래 머물다, 꾸물거리다, 질질 끌다 / ~ about (서성거리다) = loiter
- **hesitate** [hézətèit] : hesitate to do ~하기를 망설이다, ~하기를 싫어하다
  예) Do not hesitate to ask 망설이지 말고 물어라

03. Sauna

1. Good morning! / afternoon! / evening!
2. The locker room is this (that) way.
3. Towels are right here. (there)
4. Please take a bath towel / if you want to use the pool.
5. We don't lend swimming suit / for sanitary reason. (= swimming suit rentals / aren't available / for sanitary reasons.)
6. Please change / your swimming suit or exercise wear / in the locker room.
   Please put on the gown / when you go to a pool.
7. Shower facilities, facial and hair cosmetics / are available / at the swimming pool.
8. Please put on sneakers / when you go to the gym.
9. Please take a shower / before you use the bath tub.
10. Magazines or newspapers / are not allowed / inside the sauna dock.
11. Please dispose of the wet towel / in the towel basket.
12. Please make a reservation here / for scrubbing service.
13. Please put / used slippers / into the locker.
14. Those who have tattoos / aren't allowed to use / the sauna.
15. This is a non-smoking area. // Please do not smoke / at the designated non-smoking area.
16. Please return / the used locker key / to the reception desk.
17. If there are any inconveniences / in using our facilities, / please ask for help / or / call our staff.
18. In case you need first-aid treatment, / please use our clinic / with your gown (on).
19. Your wife (husband or son) / is waiting for you / at the reception desk.
    I will check / if the time you requested / is available.
    Please pay / at the reception desk / for massage or scrubbing.

1. 안녕하십니까?
2. 럭카룸은 이쪽 (저쪽)입니다.
3. 타올은 바로 여기 (저기)에 있습니다.
4. 베스타올을 가져가십시오 / 수영장을 이용하시려면.
5. 수영복은 대여하지 않습니다 / 위생상의 이유로.(= 수영복 대여는 / 불가능합니다 / 위생상 이유로)
6. 갈아입으십시오 / 수영복이나 운동복을 / 락카룸에서.
   가운을 입으시기 바랍니다 / 수용장에 가실 때는.
7. 샤워시설과, 얼굴용, 머리용 화장품이 / 준비되어 있습니다 / 수영장에서는.

8. 운동화를 착용하시기 바랍니다 / 체육관에 가실 때는.
9. 샤워를 하시기 바랍니다 / 탕을 이용하시기 전에는.
10. 잡지나 신문은 볼 수 없습니다 / 사우나 독 내에서는.
11. 젖은 타올을 버리십시오 / 타올 바구니에.
12. 여기서 예약을 해 주십시오 / 때밀이 서비스를 받으시려면.
13. 넣어 주십시오 / 사용하신 슬리퍼를 / 락카 안에다.
14. 문신이 있는 사람은 / 이용하실 수 없습니다 / 사우나를.
15. 이곳은 금연 구역입니다. // 담배를 삼가 주시기 바랍니다 / 지정된 금연지역에서.
16. 반납해 주십시오 / 사용한신 락카키를 / 리셉션 데스크로.
17. 불편하신 점이 있으시면 / 저희 시설을 이용하는 데 있어서, / 도움을 요청하시거/나/ 저희 직원을 불러 주십시오.
18. 응급치료를 원하시는 경우에, / 저희 의무실을 이용해 주십시오 / 가운을 (입고서).
19. 손님의 부인(남편, 자녀)께서 / 기다리고 계십니다 / 리셉션 데스크에서.
제가 확인해 보겠습니다 / 고객님이 요청하신 시간이 / 가능한지.
지불하십시오 / 리셉션 데스크에서 / 마사지나 때밀이 요금에 대해서는.

구문해설

- **wear** [wɛər] : 의류, ~옷[복] : men's wear 신사복, exercise wear 운동복(sports wear)
- **put on** : 입다 / =wear ☞ put on (입고 있는 동작) / wear (현재 입고 있는 상태) / be wearing (일시적으로 입고 있는 상태 = have on)
- **shower facilitities** : 샤워 시설
- **cosmetic** [kazmétik] : (보통 ~s) 화장품
- **dispose** [dispóuz] : (~ of) 처분하다, 처리하다 / 배치하다
- **telephone for you.** 전화 왔습니다. = you are wanted on the phone.
- **designate** [dézignèit] : 지정하다, 지명하다, 임명하다
- **with your gown on** : 가운을 입은 채로(on은 입고 있는 상태)
- **massage** [məsɑ́ːʒ] [영국발음][mǽsaːʒ] : 마사지, 안마
- **scrub** [skrʌb] : (더러움 등을) 문질러 닦다, 씻다

04. Bowling

We don't have that size (now). // Let me / give you / one size larger (smaller).
Please get / your ball / off the rack. (get = take)
please pay / after the game.
Are you going to play / more game?
The restroom is outside, on the right.
Change your shoes / before you go out.
Use / two lanes.

Up to six players / can play / on each lane.

You need to use / two lanes, / but / (only) one / is vacant (now).

Are you going to pay / separately?

Do you want separate charges?

It is 10,000 won / per person.

/ per player.

Could you tell me your name, please?

We have / from eight / to sixteen-pound balls.

The balls (here) / weight from eight to sixteen pounds.

(we have) /

Since time is running out, / I'll switch / you / to league bowling.

we don't have much time,

we are running out of time,

Smoking / is not allowed / in this area.

Mr. Smith, / (come) to the front desk, please.

(지금) 저희는 그 치수가 없습니다. // 제가 / 고객님께 드리겠습니다 / 한 치수 큰(작은) 것으로.
해 놓으십시오. / 볼을 / 랙 밖에서 벗어나게. (= 볼을 빼 주세요)
지불하세요 / 게임 끝난 후에
하시겠습니까? / 게임을 더.
화장실은 나가셔서, 우측입니다.
신발은 갈아 신으세요 / 나가시기 전에.
이용하세요 / 레인 2개로.
6명까지 / 칠 수 있습니다 / 한 레인에서.
사용하실 필요가 있는데 / 2개의 레인을 / 그러나 / (단지) 하나만 / 비어 있습니다 (지금은).
게임을 하실 것입니까? / 각자 별도로.
별도 계산을 하실 것입니까?
10,000원입니다 / 1인당.
당신의 이름을 말씀해 주시겠습니까?
저희는 있습니다 / 8파운드부터 / 16파운드 볼까지.
(여기) 볼은 / 8파운드부터 16파운드 볼까지 무게가 나갑니다.
(저희가 가지고 있는) 볼은 / 8파운드부터 16파운드까지 무게가 나갑니다.
시간이 다되어가기 때문에 / 제가 돌려 드리겠습니다 / 고객님을 / 리그볼링으로.
흡연은 / 허용이 되지 않습니다 / 이 곳에서.
Smith씨, / 프런트로 와 주십시오.

구문해석

- **get the ball off** : 공을 빼내다
- **up to ~** : (수에 대해서) ~까지 / up to 1,000 : people 1,000명까지
- **vacant** [véikənt] : 비어있는 ≠ occupied [ɑ́kjupài]
- **separately** [sépərətli] : 따로따로, 분리하여 / 발음시(세'퍼럴-리) t는 약하게 들림
- **separate** [sépərèit] : ~ the bill(charge) 계산서를 따로 하다
- **wehigt** [weit] : 무게, 중량 / wight from 8 to 16 pounds 8~16 파운드 무게
- **running out** : run out of time[money] 시간[돈]이 다되다
- **switch** : [~로부터; ~로] 바꾸다, 돌리다[from ~; to~]

05. Reception & information about sauna & swimming pool

1. How are you today, sir(madam)? / What can I do for you?
2. The operation hours are / from 06 o'clock in the morning / to 09:30 in the evening. // Our club / is / open all year round.
3. We have / as sauna facilities for men and women, / on indoor golf tee-off / and / tennis clay courts.
4. The swimming pool / under construction / will (when completed) have a dome over it / for use all year round. // The dome will be covered in winter / and / opened in summer. // And / the measurements for the pool / meets / international standards (25m ×). The depth of the pool / is ~.
5. The entrance fee / is 10,000 won / and / there is no time limit / for the use of the club.
6. You / can leave / your valuables / at the reception desk / for safe-keeping.
7. The locker key / must be returned / when you check out. // If the key is lost, / we will charge you / for the lost key.
8. We suggest / those who have tattoos / and / those who are intoxicated / to stay out of the club.
9. The renovated club / has / a (completely) different structure.
10. The entrance for the women's locker room / can be found / straight down the hall. // The entrance for the men's locker room and gymnasium / can be found / after you go up the stairs (on your right).
11. The swimming pool / is expected to be opened / next May or June

12. If the hour (after your massage hour) / is not reserved, / you can receive a 24-hour service.
13. Beauty massages / such as oil massage / are given at the beauty parlor.
14. If you would like message service, / please don't hesitate / to contact House Keeping. // Someone will assist you / in anyway (he can).
15. There are 3 types of saunas / – dry sauna, wet, and infrared ray dock.
16. Tennis courts are operated / on a reservation basis.
17. We are sorry / but / the courts are (fully) booked.
    Please / contact us / later for openings.
18. In case of cancellation, / would you be interested in / taking the cancelled court?
19. At the moment / you can not use the club / because it is full.
    Would you please return / at 06 o'clock?
    Around that time / it will be convenient (for you) / to use the club / because it's not rush hour.
20. This card has expired.
    Please renew your card / at the place / where you (originally) had it made.
21. We / can not locate / him. // Maybe / he is exercising / outside. //
    Please give us your phone number / and / we'll have him / return your call / as soon as he is located.
22. We are sorry to say / we couldn't locate the item / (you have lost).
    We ate sorry / we couldn't help you.
23. The locker (you want) / is being used / by another client.
    The key to the locker / (next to locker) / (you wanted) / has been taken now.
    I'm giving you another locker / so / you won't feel / uncomfortable.

1. 안녕하십니까? / 무엇을 도와 드릴까요?
2. 영업시간은 / 아침 6시부터 / 저녁 9시 30분까지입니다 // 저희 클럽은 / 연중무휴 오픈합니나.
3. 저희는 / 사우나 시설로서 남녀사우나와, / 실내골프 연습장 / 과 / 테니스장이 있습니다.
4. 수영장은 / 공사 중에 있는데 / (완공이 되면) 지붕을 돔으로 씌워 / 전천후로 이용됩니다. // 돔은 겨울에 닫고 / 그리고 / 여름에는 열게 됩니다. // 그리고 / 수영장 규격은 / 일치합니다 / 국제규격인 (25m x)를 // 수영장 깊이는 ~입니다.
5. 입장료는 10,000원 이/고/ 제한이 없습니다 / 사용기간에 대해서는.
6. 고객께서는 / 맡길 수 있습니다 / 귀중품을 / 접수처에 / 안전하게.
7. 락카 키는 / 반납하여야만 합니다 / 나오실 때. // 키를 분실하실 경우, / 저희는 고객님께 요금부담을 합니다 / 분실키에 대해서.
8. 저희는 제안합니다 / 문신을 가진 사람들 /과/ 음주를 하신 사람들에게 / 클럽에 들어올 수 없습니다.
9. 개보수된 클럽은 / 가지게 되었습니다 / 완전히 다른 구조를.
10. 여자 락카 룸의 출입구는 / 찾을 수 있습니다 / 홀을 따라 곧바로 가시면. // 남자 락카와 체육관의 입구는 / 찾을 수 있습니다 / 계단(오른쪽)을 올라가시면.

11. 수영장은 / 개장 예정입니다 / 내년 5~6월에.
12. (마사지 시간 이후의) 시간에 / 예약이 없으면, / 24시간 서비스를 받을 수 있습니다.
13. 미용 마사지는 / 가령 오일 마사지와 같이, / 미용실에서 하고 있습니다.
14. 마사지 서비스를 원하시면, / 주저하지 마시고 / 하우스키핑으로 연락 하시시오. // 어떤 직원이 고객님을 도와드릴 것입니다 / (직원이 할 수 있는 한) 어떤 방법으로도.
15. 3종류의 사우나가 있는데 / - 건식 사우나, 습식, 적외선 사우나가 있습니다.
16. 테니스코트는 운영됩니다 / 예약제로.
17. 죄송하지/만/ 코트는 예약이 (다 차) 있습니다.
저희에게 연락하십시오 / 다음에 비어 있을 때.
18. 만약 취소가 생기면, / 고객님께서 의향이 있습니까? / 취소된 코트자리라도 하실.
19. 현재 / 클럽을 이용하실 수 없습니다 / 손님이 많기 때문에.
다시 와 주시겠습니까? 6시 이후에.
그 시간 즈음이 / 편하실 것입니다 (고객님이) / 클럽을 이용하시기에 / 왜냐하면 번잡하지 않은 시간이기 때문입니다.
20. 이 카드는 유효기간이 지났습니다.
카드를 재발급 하십시오 / 그곳에서 / 고객님이 (최초에) 카드를 발급 받았던 곳입니다.
21. 저희들은 / 찾을 수가 없습니다 / 그 분을. // 아마 / 그분은 운동하고 계십니다 / 밖에서. // 저희들에게 전화번호를 알려 주시/면/ 저희들이 / 그분에게 하도록 하겠습니다 / 고객님의 전화로 연락을 드리도록 / 그분을 바로 찾게 되면.
22. 말씀드리기 죄송합니다만 / 저희들은 (고객님이 분실하셨던) 그 물건을 찾을 수가 없습니다.
죄송합니다 / 도움을 드리지 못해서.
23. (고객님께서 원하시는) 락카는 사용하고 계십니다 / 다른 손님이.
(고객님이 원하셨던) / (락카 옆) / 락카 키는 / 지금 사용이 되고 있습니다.
제가 다른 락카를 드립니다 / 그러면 / 느끼실 것입니다 / 불편하지 않게.

구문해석

- **an indoor swimming pool** : 실내 수영장
- **tee off** : [골프] 티에서 공을 치다.
- **tee** [ti:] : T, [골프] 티. 각 홀의 출발점. 공을 얹는 대(臺). [골프] [공을] 티에 얹다[up]
  예) tee golf balls / they were waiting on the first tee
- **cláy cóurt** [klei kɔ:rt] : (테니스) 클레이 코트; 표면이 흙으로 된 보통 옥외 코트
- **under construction** [kənstrʌkʃən] : 공사 중인, 건설 중인
- **complete** [kəmplí:t] : …을 완전하게 하다, …을 완결하다, 마무리 짓다(finish)
- **dome** [doum] : 돔, 둥근 지붕, 반구형의 것 / 돔형의, 둥근 지붕의
- **measurement** [méʒərmənt] : 치수(보통 ~s), 넓이, 깊이, 두께, 길이, 크기 / 측량(정)
- **meet standards** : 표준규격을 따른다(준수한다)
- **sáfe·kéeping** : 보관, 보호
- **those who ~** : ~한 사람들(those whom ~)
- **tattoo** [tætú:] : 문신, 문신을 하다
- **intoxicate** [intάksikèit] : [타동사] (술·마약 등으로) 취하게 하다, [자동사] 취하다
- **we suggest + 목적어(사람) + to 동사 ~** : (사람)에게 ~하도록 제안(요청)한다.
- **stay out of club** : club 밖으로 나오다 (club에서 퇴장되다)
- **renovate** [rénəvèit] : ....을 수선(수리)하다 / 혁신하다, …을 다시 새롭게 하다
- **gymnasium** [dʒimnéiziəm] : 체육관 (gym)
- **be expected to ~** : ~ 하도록 기대된다

- massage [məsɑ́ːʒ] / [영국발음] [mǽsaːʒ] : 안마, 마사지
- béauty pàrlor [pɑ́ːrlər] : 미용실 = beauty salon, beauty shop
- in any way : (의문문·조건문에서) 어떠한 방법으로; 어쨌든; (부정문에서) 결코 …않는
- ìnfra·réd [ìnfrə-red] : 적외선의
- be interested in ~ing : ~하는데 흥미가 있다
- expire [ikspàiər] : 만기가 되다, 기한이 끝나다 / unexpired 기한이 만료되지 않은
- originally [ərídʒənəli] : 원래는, 처음에
- renew [rinjúː] : 갱신하다, ~을 재개하다, 회복하다 / re(다시) + new(새로운)
- exercise [éksərsàiz] : 운동하다, 단련하다, 운동, 연습 / get[take] exercise 운동하다
- do exercise : (정기적으로 반복해서) 연습하다 = work out (구어체)

  예) I need some exercise (= I'd better work out) : 운동 좀 해야겠다 /
  What do you do for exercise? (무슨 운동 하세요?) / outdoor exercise 옥외 운동
- as soon as + s + v : ~ 하자마자, ~하자 곧(soon)
- client [kláiənt] : (상점의) 고객, 단골(customer), (변호사, 회계사 등의) 의뢰인

06. Convenient store(편의점)

At the cash register (계산대에서)

Cashier　Are you finished (with shopping)?
Are you through?
Are you done?

캐셔　(물건사기를) 끝마쳤습니까?

Customer　Yes, go ahead.

고객　예, 계산해주세요.

Cashier　That comes to / twelve thousand six hundred fifty won / in all.
(The cashier receives / 20,000 won / from customer.)

캐셔　합계가 되겠습니다 / 12,650원이 / 모두 합쳐서
(캐셔가 받는다 / 20,000원을 / 고객에게)

Cashier　I received twenty thousand. // Here is / your change, / seven thousand three hundred fifty won. // Thank you. // Have a nice day.

캐셔　20,000원 받았습니다. // 여기 있습니다 / 거스름돈, / 7,350원. // 감사합니다. // 즐거운 하루 되십시오.

When the customer wants to know / the location of an item (product)

(고객이 알기를 원할 때/상품의 위치를)

Customer Where / can I find / the coffee?
Where's the coffee?
Can you help me / for the coffee, / please?
I'm looking for / the coffee. // Can you help me?

고객 어디서 / 찾을 수 있나요? / 커피를
어디에 있어요? 커피가
저를 도와주시겠어요? / 커피를 찾는데
찾고 있어요 / 커피를. // 도와주시겠어요?

Clerk (It's in) aisle 7, (it's) on the left.
(It's down)
(Go down)

점원 (있습니다) 7번 통로에, 왼쪽에 있습니다.
(아래쪽에 있습니다)
(내려가서 있습니다)

When the customer wants to buy / certain items / the convenience store does not carry

(고객이 사기를 원할 때 / 어떤 상품을 / 즉, 편의점에서 취급하지 않는 상품)

Customer Where can I find / the shampoo and the conditioner?

고객 어디서 찾습니까? / 샴푸와 린스는

Clerk I'm sorry, / we don't carry / any shampoo, conditioner, or any other disposable items / for the environmental reason. // Instead, / we carry / some mild soap. // It's in aisle 6, / on the right.

점원 죄송합니다 / 저희는 취급하지 않습니다 / 샴푸와 린스나, 그 외에 일회용 용품을 / 환경보존의 이유로. // 대신에 / 저희들은 비치하고 있습니다 / 소프트 비누를. // 6번 통로에 있습니다. / 오른쪽에.

When the customer wants to buy / some medicine

(고객이 사기를 원할 때 / 약간의 구급약을)

Customer Where can I / buy some medicine / in H resort?

고객 제가 어디서 / 구급약을 살 수 있나요? / H 리조트 안에서.

Clerk You can buy / some of the over-the counter drugs / such as digestive pills and painkillers / at the sports shop at the H hotel.

점원 살 수 있습니다 / 구급약을 / 가령 소화제나 파스 같은 것을 / H호텔 스포츠 숍에서.

Customer How can I get / there?

고객 어떻게 갈 수 있나요? / 거기에

Clerk Go out of this building, / cross the bridge, / and then / walk (along the road) / (a little). // Then / you'll see / a 9-story building / to the west. // That's the H hotel. // The sports shop is / on the first floor.

점원 이 건물을 나가서, / 다리를 건너, / 그러고 나서 / (도로를 따라) 걸어가세요 (조그만). // 그러면 / 보입니다 / 9층 건물이 / 서쪽으로. // 그것이 H호텔입니다. // 스포츠숍은 / 1층에 있습니다.

When the customer wants a delivery

(고객이 배달을 원할 때)

Customer Can I / have / these / delivered / to the Valley Condo?

have = get

고객 제가 / 되게 할 수 있나요 / 이것들을 / 배달이 되도록 / 벨리콘도까지?

Clerk I'm sorry. // We don't deliver. // I'm sorry / but / you have to carry them / yourself.

If you have too much / to carry, / we'll help you (with it).

provide / some help.

give / you / a hand.

점원 죄송합니다. // 저희들은 배달을 하지 않습니다. // 죄송하지만 / 고객님께서 그것들을 옮기셔야 합니다 / 직접. 만약 너무 많다면 / 운반할 것이, / 저희들이 도와드리겠습니다.

구문해석

- **cásh règister** [rédʒistər] : 금전등록기 / the electoral ~ : 선거인 명부/ a hotel ~ 숙박자 명부
- **that comes to ~ 30,000 (in all)** : (합계) ~ 30,000입니다 / comes to ~에 달한다
- **aisle** [ail] : 복도, (길고 좁은)통로 / ~ seat : 통루 측 자서 / window seat 창측 좌식
- **carry** : (여기서는) 상품을 재고로 가지고 있다(stock), 취급하고 있다, 팔고 있다
- **shampoo** [ʃæmpuː] : 샴푸, 샴푸로 감다
- **conditioner** [kəndíʃənər] : 컨디셔너, 린스 / 냉난방 장치(air ~)
- **disposable** [dispóuzəbl] : 쓰고 버릴 수 있는 / ~ chopsticks 일회용 젓가락 / ~ paper cups 일회용 종이컵 / (※몇 번이라도 사용할 수 있는 것은 returnable, recyclable) / [미국] 명사로 쓰고 버리는 용품
- **environmental** [invàiərənméntl] : 환경의 / ~ protection[disruption] 환경보호[파괴]

- **óver-the-cóunter** : purchasable without a doctor's prescription (의사의 처방전 없이) 약자 OTC / 주식 장외 거래의, 비상장의, [상품판매가] 도매점이 아니라 소매점을 통하여
- **digestive** [didʒéstiv, dai-] : 소화를 촉진하는 / ~ aids (소화제) / ~ pill 알약 소화제
- **painkiller** [péinkilər] : 진통제
- **-sto·ry** [-stɔ́ːri] : (연결형) ~층 / a 9-story building 9층 건물
- **delivery** [dilívəri] : [편지, 물품 등의] 배달(물) …편 / a home ~ service 택배서비스 / special ~ 속달 편 / 동 deliver
- **have + o (물건) + pp** : (got)를 쓰면 비격식적 / (사역) [사람·물건을] (전문 직업인에게 대가를 치르고) …시키다, 하게 하다(※진행형 가능·수동태 불가, have에 강세)
  have these delivered 이 물건들을 배달되게 하다 (배달하다)
  have one's hair cut 머리를 깎게 하다[머리를 깎다]
  I had the house painted. : 집에 페인트칠을 시켰다
  (※ painted에 강세가 놓이면 「스스로 자기 집에 페인트를 칠하다」라는 의미).
- **give a hand** : 돕다

07. Baby sitting

G I would like to / go skiing. // Did you have / a baby-sitting service?
스키를 타러 나가려고 하는데. // 어린아이 돌보는 서비스가 있습니까?

C Yes, there is / a recreation room for toddlers. // Babies / over two years or older / are accepted. // Please purchase a ticket / and / go up the stairs before the front desk, / and / you will find / the recreation room. // The recreation room / is run / under the supervision of a pre-school age children education specialist.
예, 있습니다 / 유아를 위한 놀이방이. // 아이는 / 2세 이상부터 / 허용됩니다. // 티켓을 구입하시고서 / 프런트 앞, 계단으로 올라가시면 / 찾을 수 있습니다 / 유아놀이실을. //
유아놀이실은 / 운영되고 있습니다 / 유아교육 전문가의 감독 하에.

G How much / does it cost?
얼마죠 / 비용이?

C The rates / are charged / on half day basis. // The morning rate / are 10,000 won / and / the afternoon rates are 12,000 won.
요금은 / 부가됩니다 / 반일 기준으로. // 오전 요금은 / 10,000원이고 / 오후 요금은 12,000입니다.

구문해석

- **baby-sit** : 아이를 봐 주다 / housesit : 집을 봐 주다
- **toddler** : 2~6세 정도의 유아 / 2세 이하를 infant, 7세 이상을 child라고 부름
- **run** : 운영(운행, 관리, 경영)하다
- **children of pre-school age** : 미취학 아동 / pre school (미) 유치원
- **specialist** : 전문가
- **under the supervision of ~** : ~ 의 감독 하에
- **cost** : (값, 비용)이 ~이다
- **charge** : 요금을 청구(부과)하다

08. Clinic

Expressing aches & pain (통증 표현하기)

아픈 부위	hurt	be sore	have ~ ache
back(등), ear(귀)	My back hut	My back is sore	I have a backache
arm(팔), wrist(팔목), leg(다리), foot(발), knee(무릎), ankle(손목), throat(목구멍) eye(눈), neck(목)	My eye hut	My eye is sore	잘 사용하지 않음
stomach(배), head	My head hut	잘 사용하지 않음	I have a headache
tooth(이)	잘 사용하지 않음	잘 사용하지 않음	I have a toothache
hand(손), finger(손가락)	어색한 표현	어색한 표현	잘 사용하지 않음
nose(코)	어색한 표현	잘 사용하지 않음	잘 사용하지 않음
증상	**(감정)상태, 타박상**	**염증, 까짐, 쓰라림, 상처**	**쑤심**

구문해석

- **ache** : (계속적으로 미지근하게 아프고, 쑤실 때)
  stómach·àche [stʌməkeik] 복통 / head ~ 두통 / tooth ~ 치통
- **sore** [sɔːr] : (염증을 일으켜) 아픈

sore eye 눈이 아픈 / sour throat 목이 아픈 /
[보통 아프다고 표현할 경우 : have 사용] I have a sour eye : 눈이 아프다

(N : Nurse / G : Guest)

N What kind of pain is it? // Does it / hurt?
어떻게 아프십니까? 그곳이 / 아프십니까?

G It hurt very much. 몹시 아픕니다.
throbs 쑤시듯 아픕니다.
stings 찌르듯 아픕니다.

N What's the matter? 어디가 아프십니까?
trouble?
your complaint?

G I feel / shivery or chilly. 떨리고 한기가 느껴집니다.
I feel like throwing up. 토할 것 같습니다.
vomiting.
I think / you have food poisoning?
제 생각으로는 / 식중독인 것 같습니다.
Some cold medicine, please. 감기약을 좀 주세요.

N I'm sorry but, / we can not fill / a cold medicine prescription.
죄송합니다만, / 조제해 드릴 수가 없습니다 / 감기약을.
You can't buy medicines / like antibiotics / over-the-counter
약을 살 수 없습니다 / 항생제 같은 약은 / 의사의 처방전 없이.
You can buy over-the-counter drugs / such as pain-killers and aspirin at convenience stores.
처방전 필요없는 약을 살 수 있습니다 / 가령 진통제나 아스피린처럼 / 편의점에서.
You need see[consult] the doctor.
의사의 진찰을 받으셔야 합니다.
If you want, we'll call 119 for an ambulance.
원하시면 119로 앰뷸런스를 부르겠습니다.

Other expression (기타 표현)

1. I'm allergic / to fish.
2. I feel itchy / all over my body.
3. I have severe hive.
4. Isn't there any good medicine / for it?
5. When did you / get / this bruise?(cut)
6. You / might have an inflammation / considering the swelling. // Let us / give you / some treatment.
7. How many time / did you have / loose bowels.
   What / did you have / yesterday?
8. You blood pressure / is high. // Are you / on any medication / for high blood pressure?
9. Please lie down / on the bed / and / take a rest.
10. Should I check / your blood pressure / again?
11. Please visit a hospital. // You have high blood pressure.
12. If you / are on medication now, / please take some.
13. Please show us / the wound. // You are blooding / a little.
    After disinfecting, / we will dress / the wound / for you.
14. You are bleeding / heavily. // First, / we must stop / the bleeding.
15. First, / let us / call / the duty manager.
    When the car is ready, / we can go / to hospital / together.
16. Din't worry too much. // You'll need / (only) 2~3 stitches / for this.
    After treatment / at hospital, / you can receive / a daily check / at our clinic.
17. You have a fever. / May I check / your temperature?
18. We'll give you medicine / for the cold. // Please take it / after every meal.
19. Are you allergic / to aspirin? / or / any other medicine? // If so, / please let us know.
    you temperature is high. It's 39° celsius.(≠ low)
20. We'll give you antifebrile.
    Please go back / to your room / and / take this medicine.
    Put ice pack / over your fore head / and / take a rest.
21. Please lie down / here. // Please open / your mouth.
    Please insert / your arm / in this pressure gauge. // Please roll up / our sleeves.
22. Lie down / with your head / down.

1. 저는 알레르기가 있습니다 / 생선에.

2. 가려워 견딜 수가 없습니다 / 온몸이.
3. 두드러기가 심합니다.
4. 좋은 약이 없을 까요? / 거기에 필요한.
5. 언제 / 생겼습니까? / 이 상처는.
6. 당신은 / 염증이 생긴 것 같습니다 / 부어오른 것을 보니. // 저희가 / 고객님께 해 드리겠습니다 / 약간 치료를.
7. 몇 번이나 / 하셨습니까? / 설사를.
   무엇을 / 드셨습니까? / 어제.
8. 혈압이 / 높습니다. // 고객님은 / 약을 복용하시고 계신가요? / 어떤 고혈압에 대해.
9. 누워서 / 침대에 / 그리고 / 휴식을 취하십시오.
10. 재어 볼까요? / 혈압을 / 다시.
11. 병원에 가보십시오. // 혈압이 높습니다.
12. 만약 고객님이 / 지금 약을 복용 중에 있으면, / 좀 드십시오.
13. 저희에게 보여주십시오 / 상처를. // 피가 나는군요 / 조금.
    소독 후에, / 치료할 것입니다 / 상처를 / 고객님을 위해.
14. 피를 흘립니다 / 심하게. // 우선, / 멈추게 해야 합니다 / 출혈을.
15. 먼저, / 저희들이 / 연락 해드리지요 / 당직지배인에게. 차가 준비되면, / 갈 수 있습니다 / 병원으로 / 함께.
16. 너무 염려 마십시오. // 필요합니다 / (단지) 2~3바늘 봉합이 / 이 상처에 대해서.
    치료 후에 / 병원에서, / 받으실 수 있습니다 / 매일 점검을 / 저희 의무실에서.
17. 열이 있습니다. / 재어 볼까요? / 체온을.
18. 약을 드리겠습니다 / 감기약을. // 약을 드십시오 / 매 식사 후에.
19. 알레르기가 있습니까? / 아스피린이나 / 아니면 / 다른 약에 대해. // 있으시면, / 저희들에게 알려 주십시오. 열이 높아요. 섭씨 39도입니다.(≠ 열이 낮다)
20. 저희들이 해열제를 드리겠습니다.
    돌아가셔서 / 방으로 / 그리고 / 이 약을 드십시오.
    얼음 팩을 대고 / 이마위에다 / 그리고 / 안정을 취하십시오.
21. 누우십시오 / 여기에. // 벌리십시오 / 입을.
    넣으십시오 / 팔을 / 혈압계 안에. // 걷어 주십시오 / 소매를.
22. 누우십시오 / 머리 쪽을 / 낮추고.

구문해설

- **over-the-counter** : 약이 처방전 없이 살 수 있는
- **prescription** [prɪ'skrɪpʃn] : ~ (for sth) 처방전
- **tablets** : 알약
- **digestive medicine** : 소화제
- **due to ~** : ~ 의 이유로, ~ 때문에, ~에 기인하는
- **bruise** [bru:z] : 멍, 타박상, (과일, 마음의) 상처, 흠 / [자, 타동사] 멍들다, 상처가 나다
- **cut** : 베인 상처 / scrape 까진 상처 / blister 물집 / fracture 골절 / injured 다치다 / hut 다치다 / bleed 출혈하다 / burn 화상 입다 / frostbite 동상 입다 / swell 부어오르다 / sprain 염좌하다 / twist 삐다, 접질리다 / inflammation [infləméiʃən] 염증
- **considering ~** : ~고려하면, ~을 생각하면(in view of ~), ~ 치고는(으로서는)
- **treatment** [trí:tmənt] : 치료 / 대우, 취급
- **hospital** : (종합)병원 / general(emergency) ~ : 종합(응급)병원 / be in the ~ 입원하다/ hospitalize [hάspitəlàiz] : 입원시키다.(주로 be hospitalized 입원하다)

- **be out of the** : ~ 퇴원하다 / (미)진찰을 받을 경우 : see the doctor / doctor's office(의원) / clinic(진료소) / medical center : hospital, doctor office, 의료서비스 기관이 모인 큰 건물
- **health center** : doctor office들이 모인 건물 (영국 : center라고 함)
- **medication** [mèdəkéiʃən] : (약물)치료, 투약 / be on ~ 약물 치료중이다
- **high blood pressure** : 고혈압 ↔ low blood pressure
- **diabetic** [ˌdaɪəˈbetɪk] : 당뇨병이 있는 / she's diabetic 그녀는 당뇨병 환자이다
- **disinfect** [dìsinfékt] : 소독하다 / disinfection 소독
- **dress** : [상처에] 약을 바르다, 붕대를 감다, [상처를] 치료하다
- **stitch** [stiʧ] : 한 바늘의 실, 기운 부분 / take the ~s out of a wound 상처에서 실을 뽑다
- **every ~** : 매 ~마다, ~걸러 / every 3 days 3일마다 / every other day 하루걸러
- **allergic** [ələ́ːrdʒik] : [to ~] ~에 대하여 알레르기 체질인 / ~ symptoms 알레르기 증상
- **antifebrile** [æntifíːbrəl, -tai-] : 해열제
- **shivery** [ʃívəri] : 떨리는(shivering), (추위·공포 등으로) 오싹오싹 하는; [날씨가] 쌀쌀한
- **chilly** [ʧíli] : 차가운, 으스스한, 쌀쌀한, [태도] 냉담한
- **gauge** [geidʒ] : 게이지 / pressure ~ 혈압계 / fuel ~ 연료계 / temperature ~ 온도계

Information

Asking for directions/ for the fastest way / to get to the condo

(고객이 방향을 물을 때 / 가장 빠른 길로 / 벨리콘도로 도착하기)

Customer How can I / get to the condo / from here?
고객 어떻게 / 콘도로 갈 수 있나요 / 여기에서.

Clerk Did you bring / your car?
직원 가져오셨습니까? / 차를.

Customer Yes, I did.
고객 예, 가져왔습니다.

Clerk Then, / turn your car / and go back / to the road / (you took). // Driving down the road, / you'll see a bridge / on the left. // Cross it.
Then / the road curves / around this building. // After that / you'll see the condo.
직원 그러면, / 차를 돌려서 / 돌아가십시오 / (고객님께서 오셨던) 길로. // 그 길로 차를 몰고 내려가면, / 다리가 보일 것입니다 / 왼쪽에. // 다리를 건너세요.
그러면 / 도로가 굽어 있습니다 / 이 건물을 따라. // 그런 다음에 / Condo가 보일 것입니다.

Buying the souvenirs (기념품 사기)

Customer Where can I / buy the souvenirs?
고객 어디서 제가 / 기념품을 살 수 있나요?

Clerk You can buy them / at the sports shop at the H hotel.
You can (also) buy them / at the souvenir shop. // If you want to go to the souvenir shop, / go out of this supermarket / and / turn at the corner.

// You'll see it.

직원 고객님께서는 그것들을 살 수 있습니다 / H호텔 스포츠 숍에서.
고객님께서는 (또한) 살 수 있습니다 / 기념품점에서. // 만약 기념품점에 가실 경우, / 슈퍼마켓 밖으로 나와서 / 코너에서 돌면. // 보이실 것입니다.

Buying / the tour bus ticket (관광버스 표 사기)

Customer Where can I buy / the bus ticket?

고객 어디서 살 수 있나요? / 버스표를?

Clerk (During the season) Go out / and / turn left / at the corner. // There's a ticket office / next to the automatic door / to the ski ground. // You can purchase / the ticket / there.
(During the off season) The ticket office / is not open / during the off season. // You can (just) take the bus / at the bus stop / in front of the Sky Condo / at four o'clock in the afternoon, // Then, / pay / the bus driver / the fare.

직원 (성수기) 밖으로 나가서 / 왼쪽으로 도세요 / 모퉁이에서. // 버스 매표소가 있습니다 / 자동문 옆에 / 스키장 쪽 방향입니다. // 구입하실 수 있습니다 / 티켓을 / 거기서.
(비수기) 매표소는 / 오픈하지 않습니다 / 비수기 동안에는. // (단지) 버스를 타실 수 있습니다 / 버스승강장이 / 스카이콘도 앞이고 / 오후 4시입니다. // 그러면, / 지불하세요 / 운전수에게 / 요금을.

Looking for the changing room (탈의실 찾기)

Customer Where is the changing room / in this building?

손님 어디에 탈의실이 있나요? / 이 건물에

Clerk I'm sorry, / there's no changing room. // But / you can use the restroom. // It's clean and sanitary (enough). // You can find it / behind the stairs / after you turn left at the corner.

직원 죄송하니다만. / 탈의실이 없습니다. // 그러나 / 고객님께서는 화장실을 이용하실 수 있습니다. // (충분히) 깨끗하고 위생적입니다. // 고개님께서 화장실을 찾으실 수 있습니다 / 계단 뒤쪽에 있는데 / 모퉁이에서 왼쪽으로 들고 나면 있습니다.

Asking / how to get to front desk / at the sky condo?

(문의하기 / 프런트로 가는 방법을 / 스카이콘도의)

Customer Where is the front desk / at the sky condo?
고객 프런트가 어디 있습니까? / 스카이콘도의

Clerk Go to the hallway / through the exit. // There is an elevator / on the right. // Take it to upstairs / and / walk along the hallway. // Then, / you'll get / to the front desk.
직원 복도로 가십시오 / 출구를 통해. // 엘리베이터가 있습니다 / 오른쪽에. // 그것을 타고 2층으로 올라 가셔서 / 그리고 / 통로를 따라 걸어 가십시오. // 그러면, / 도착할 것입니다 / 프런트에.

Asking / about the accommodation facilities

(문의하기 / 숙박시설에 대해)

Customer Where is the pine condo?
고객 Pine condo가 어디에 있나요?

Clerk There is no such Condo / in H resort. // There are / the H hotel, the sky condo, the mountain condo, valley condo, and the youth hostel / (here) in H resort. // I think / you have to check / the name (again).
you may have to check /
you'd better check /
직원 그런 콘도는 없습니다 / H리조트 안에. // 있습니다 / H호텔, 스카이콘도, 마운틴콘도, 벨리콘도, 그리고 유스호스텔이 / (이곳) H리조트 안에. // 제 생각으로는 / 확인해 보시는 게 좋습니다 / 이름을 (다시).

Buying phone cards (전화카드 사기)

G Do you sell / public phone cards?
판매합니까 / 공중전화 카드를.

C Phone cards / are sold / in the hotel lobby lounge. //
Please go past / the elevator on the left / and / you will / get (there).
전화카드는 / 판매합니다 / 호텔 로비라운지에서. //
지나가십시오 / 왼쪽 엘리베이터를 / 그러면 / 당신은 / 도달할 것입니다 (그곳에).

G Thank you. 감사합니다.

C you are welcome. 천만에요.

Asking about / where the pay phone is?

(문의하기 / 공중전화가 있는 곳을)

Customer Do you carry / phone card?

고객 취급합니까? / 전화카드를.

Clerk Yes, right now / we (only) have five-thousand ones / (available).

직원 예, 현재 / 저희는 5,000원 카드(만) 있는데 / (이용하실 수 있습니다).

Customer Give me one, please.
I'll buy one
I'll take one.

고객 저에게 그것으로 주세요.
그걸루 사지요.

Clerk Here is your card / and / two hundred won / for your change. // Thank you. The card-operated phones are / in two places. // One, / next to the bell desk, / and / the other, / in front of the front desk. // If you want to use a coin-operated phone, / use the ones / that are next to the sports shop / inside the H hotel.
Our store hours / are (from) 08 am / to 11 pm.
We are open from 08 am to 11 pm.
Please use the exit / on the right.

직원 여기 카드 / 와 / 200원 / 잔돈이 있습니다. // 감사합니다. 카드-이용전화는 / 2곳에 있습니다. // 한 곳은, / 벨 데스크 옆이고, / 그리고 / 다른 곳은, / 프런트 앞에 있습니다. // 고객님께서 동전-전용 공중전화기를 이용하실 경우, / 전화기를 이용하세요 / 스포츠숍 옆에 있습니다 / 호텔 안에서.
저희 개점 시간은 / 오전 8시(에서) / 밤 11시까지입니다.
출구를 이용하십시오 / 오른쪽.

구문해석

- **the road (that) you took** : 당신이 들어갔던 길 / *여기서 take는 (길, 고속 등을) 잡고 나아가나, (어느 장소에) 들어가다
- **convenience store / súper·màrket** : 슈퍼마켓 = mart [maːrt]/ E-Mart, Wal-Mart
- **~동안에의 용법 3가지** : during + 명사 / While + S + V~/ for + 숫자
- **automatic** [ɔːtəmǽtik] **door** : 자동문 / (미국발음) 오러메'릭 (영) 오토메'틱

- ticket office = counter
- revolving [rivάlviŋ] door : 회전문 = turnstile [tə́ːrnstàil]
- óff-séason : 비수기의, 철이 지난
- chánging ròom : 탈의실 /= dréssing ròom 분장실, (침실에 딸린) 화장실
- sanitary [sǽnətèri] : 깨끗한, 위생적인 / a ~ cup (종이) 위생컵 / ~ pads(napkin) 생리대
- háll·wày : (건물 내부의) 통로, 복도 / (미국발음) 허얼웨이 (영국발음) 호올웨이
- exit [égzit, éksit] : 공공건물, 고속도로의 출구 / = (영국) WAY OUT / an emergency ~ 비상구 / a freeway ~ 고속도로 출구
- upstairs [ʌpstέərz] : 위층(2층) ≠ downstairs
- pay phone : (동전을 넣는) 공중전화 / (tele)phóne bòoth= telephone box= 공중전화 박스
  we have 4,000 ones available. 4,000원짜리 전화카드가 남아있다. (ones는 phone card / available [əvéiləbl] : 카드가 유효한, 통용되는, 이용할 수 있는
- change : 거스름돈, 잔돈
- card-operated phone : 카드 투입식의 전화 / coin operated 동전투입식의(비격식)
- one, ... the other ... : 하나는 …이고, 다른 하나는 …이다(2개를 나열할 때 사용)
  There were two students, one Korean and the other Chinese.
  학생이 둘이 있었는데, 한 사람은 한국인이고 또 한 사람은 중국인이었다.
- store hours : 영업시간/ = business[office] hours
  Open from 09 (am) to 18 (pm) / Business hours: 9 am–6 pm : 영업시간 아침 09시부터 오후 18시까지
  E–Mart is open until late at night[until the wee hours of the morning] : E마트는 심야 영업을 한다.

Facilities information 1 - (부대시설)

C　How many slopes are / (there) in this resort?
슬로프가 몇 개 있나요? / (그곳) 리조트에는.

C　There are 19 slopes, 1 gondola, and 15 lifts,
슬로프 19개와, 곤돌라 1, 15기의 리프트가 있습니다.

G　What are the facilities do you have / beside the ski park?
다른 편의시설이 있습니까? / 스키장 외에.

C　We have an indoor swimming pool, a sauna, bowling alley, an screen golf club, and many others.
실내수영장, 사우나, 볼링장, 스크린골프, 그리고 다른 여러 가지가 있습니다.

G　Do you have any nice restaurants?
괜찮은 식당은 있나요?

C　Yes, of course. In both hotel and condo.
예, 물론입니다. 호텔과 콘도 모두 있습니다.

G　What's the cost / of the rental and the lift?
요금은 얼마인가요? / 스키 렌탈과 리프트가.

G Is it same / for the children?
요금이 같습니까? / 어린이에게도.

C No, / there is a discount / for younger than 12 years-old.
그렇지 않습니다 / 할인이 됩니다 / 어린이 12세 미만에게.

Facilities information 2

G What's (there) to do / (in this ski resort) / around this time of the year?
어떤 것이 운영되나요? (그곳) / 스키장에서) / 연중 이맘 때.

C There's golfing.
골프가 있습니다.

G How many holes?
몇 홀입니까?

C We have two courses, / a 9-hole and 18-hole. // It's on a first come, first serve basis / but / our 18-hole / is for members (only).
두 개의 코스가 있는데, / 9홀과 18홀입니다. // 먼저 오면, 먼저 제공받는 기준(*선착순)으로 운영되지/ 만 / 저희 18홀은 / 회원제로(만) 운영됩니다.

G I'm interested / in the 18-hole.
저는 흥미가 있습니다 / 18홀에.

C If you're accompanied / by one of our members, / you can get a weekday tee time.
고객께서 동반하실 경우 / 회원 중 한분을, / 주중티타임(골프)이 가능합니다.

G What's the number?
예약 번호가 어떻게 됩니까?

C It's 033-330-5001.

G Do you have any other recreational facilities?
다른 숨길만한 부대시설이 있나요?

C Yes, we have. // We (also) have a playing field / suited for all kinds of activities.
예, 있습니다. // (또한) 운동 장소가 있습니다 / 모든 체육활동에 적합한 장소입니다.

Recreation Facility Information 3

G Can you tell me / about recreation facilities / in this resort?
말씀해 주시겠어요? / 위락시설에 대해서 / 이 리조트에.

C There are / Alpine slides, Tennis courts, Indoor pools, Sauna, Bowling alleys, Screen golf, Driving range, Gym, NORAEBANG, Racket ball court, Billiard, Video game rooms / and many more.
있습니다 / 알파인 슬라이드, 테니스장, 실내수영장, 사우나, 볼링장, 스크린 골프, 골프 연습장, 헬스장, 노래방, 라켓볼장, 당구장, 오락실 / 또한 그 외에 많이 있습니다.

구문해석

- **beside ~** : ~옆에, ~ 외에 / beside me 내 곁에, beside salary 봉급 외에
- **indoor ~** : 실내의 : indoor games 실내경기 ≠ outdoor
- **bolling alley** [ǽli] : 볼링장
- **first come, first served** : 선착순
- **be accompanied by ~** : ~을 동반하다
- **at this time of the year** : 해마다 이맘때 / by the end of this year : 올해 말까지
- **noraebang** : 노래방 = karaoke [|kæri|ouki]
- **complex** : 복합건물, 단지 / a sports ~ 스포츠 복합건물 / a industrial complex 공업단지
- **recreation** [rèkriéiʃən] **facility** : 오락시설
- **alpine** [ǽlpain] : 높은 산의
- **alpine slides** : 알파인 슬라이드 / bob slide(타고 내려오는 놀이기구)

Transportation 1 (교통편)

G I would like some information / about transportation to Seoul / tomorrow.
정보를 좀 알아보고 싶어요. / 서울 교통편에 대해서 / 내일.

C We have a tour desk / for our guests. // If you call / 7660 on a house phone, / they / will give you / detailed information.
관광데스크가 있습니다. / 고객을 위해. // 만약 전화를 주시면 / 7660번 구내전화로, / 그들이 / 당신에게 줄 것입니다 / 자세한 정보를.

G Could you tell me / where the tour desk is?
알려주시겠어요? / 어디에 관광데스크가 있는지.

C It is / on the ground floor of the Oak Condominium Building / at the shopping center.
있습니다 / 1층 오우크 콘도 건물 / 쇼핑센터에.

Transportation 2

G How can I get / to this resort?
어떻게 갑니까? / 이 리조트에.

C There're tour buses / on a regular basis. // You can check / with any of the tour agencies / in town.
관광버스가 있습니다 / 정기노선. // 확인할 수 있습니다 / 어떤 정기여행사를 / 시내에서.

G How much is it?
얼마입니까?

C 50,000won / for the round-trip. // On the weekdays, / we have a bus / leaving at 10:00 / and / on the weekends, / we have 2 buses / leaving at 09:00 and 14:00.
50,000원입니다 / 왕복에. // 주중에는, / 버스가 있는데 / 10시에 출발합니다 / 그리고 / 주말에는, / 2대의 버스가 있는데 / 출발이 9시와 14시입니다.

G Where / can I catch / the bus?
어디서 / 탈 수 있나요 / 버스를?

Do you know / where the Kang-nam Bus Terminal is?
아시는지요 / 강남버스터미널이 어디에 있는지?

C OK, it's across the terminal / at the New Town Shopping Center / in the Ban-po Apt. complex.
예, 터미널을 건너서 / 뉴타운 쇼핑센터입니다 / 반포아파트지역에서

G Is there any other mode of transportation?
다른 교통편은 없습니까?

C You can (also) take the bus / from the Dong Seoul Bus Terminal / to AAA village. // From there, / you can take a taxi / to our resort.
고객께서 (또한) 버스를 타실 수 있습니다 / 동서울 터미널에서 / AAA마을까지. // 거기서, / 택시를 타실 수 있습니다 / 저희 리조트까지.

Transportation 3

G What is the most convenient way / to go to ski resort?
가장 편한 방법이 있나요 / 스키장까지 가는데.

C The most convenient way (to go to resort) / is to use / a tour bus. // There are eight experienced tour companies, / and / one of these eight companies / run the tour buses (regularly) / on the season.

(리조트까지 가는) 가장 편리한 방법은 / 이용하시는 것입니다 / 관광버스를. // 8개의 경험이 있는 여행사가 있어요. / 그리고 / 이들 8개 여행사가 / (정기적으로) 관광버스를 운행하고 있습니다 / 시즌기간에.

They / will take / you / to ski resort / safely, and comfortably.
관광버스가 / 모실것입니다 / 여러분을 / 스키장까지 / 안전하고, 안락하게.

G Where and what time / do the tour buses / leave (=depart)?
어디서 몇시에 / 관광버스가 / 출발합니까?

C They / leave for ski resort / Monday / through Friday at 10:00 and 15:00, / Sunday 05:00 and 10:00, / bus leaves Man-po New Core.
버스는 / 스키장을 출발합니다 / 월요일에서 / 금요일까지는 10시와 15시이고, / 일요일은 5시와 10시에, / 버스가 출발합니다 / 반포 뉴코아에서.

Transportation 4

G - Is there any transportation available / to ○○○ ski resort / from the Seoul?
- What is th best way / to get (there).
이용할 만한 교통편이 있습니까? / ○○○ 스키장까지 / 서울에서.
가장 좋은 방법은 무엇입니까? / (그기에) 도착하기 위해서는.

O (Yes,) There is a tour bus / operated / by a travel agency.
관광버스가 있는데 / 운행하고 있습니다 / 여행사에서.

G How much / is the fare?
얼마입니까 / 요금이?

O Forty thousand won / for a round trip(= return) ticket. // For more details, / you need to contact / the tourist information desk. // Let me transfer / your call / to the tourist information desk.
40,000원입니다 / 왕복표가. // 자세한 사항은, / 연락을 취해 보시기 바랍니다 / 관광안내 데스크로. // 제가 돌려드리겠습니다 / 전화를 / 관광안내 데스크로.

(Let me give / you / the number of the travel agency in Seoul. // It is 02-647-1534.)
제가 드리겠습니다 / 고객님께 / 서울 여행사 전화번호를. // ou, two-six, four, seven-one, five, three, four.

G How long does it take / to get there?
얼마나 걸립니까? 거기까지 가는데.

O (It takes) / About three hours and a half.
(소요됩니다) / 약 3시간 30분 정도.

G Is there any bus / that goes (directly) to ski resort / from the Seoul terminal?
어떤 버스가 있습니까? / 스키장까지 (바로) 가는데 / 서울 터미널에서.

O No. // No bus goes (directly) / to ski resort. // You need to take a bus / at the Tong Seoul Terminal / to AAA village. // Then, / change to another bus / at AAA village / and / get off at BBB village. // There / you can take a shuttle / provided by our hotel.
아니요. // (직접) 가는 버스는 없습니다 / 스키장까지. // 버스를 타시기 바랍니다 / 동서울 터미널에서 / AAA 마을까지. // 그리고서, / 다른 버스를 갈아타세요 / AAA 마을에서 / 그리고서 / BBB 마을에서. 내리세요. // 그곳에서 / 셔틀을 타실 수 있는데 / 저희 호텔에서 제공하고 있습니다.

G How (often) / are the shuttle running?
얼마나 (자주) / 셔틀이 운행되고 있나요?

O Every thirty minutes (= half an hour) / from nine thirty (am) / to five thirty(pm).
And / you can take the train service / in seoul.
The train leaves / at Chungryang-ri station.
With the new high-speed train, / you can arrive at village near resort / in 1 hour.
매 30분마다 있습니다 / (오전) 9시 30분부터 (오후) 5시30분까지.
그리고 / 열차편을 이용할 수 있습니다 / 서울에서.
열차는 출발합니다 / 청량리역에서.
새로 생긴 고속열차로, / 고객님께서 리조트인근 마을에 도착이 가능합니다 / 1시간 만에.

Directions

S resort Jung speaking, / May I help you?
S resort 정입니다. / 무엇을 도와드릴까요?

Can you tell me / the directions / to S resort / from seoul?
말씀해 주실 수 있습니까 / 저에게 / 방향을 / S리조트까지 / 서울에서.

1) By a car(승용차로)

(Seoul)

When you leave seoul, / get on Young-dong highway / by way of ○○○, / you will arrive at ○○○ interchange / from there / make a left turn / you will arrive at S resort. (You can see / the sign)
서울을 출발하여, / 영동고속도로를 이용하여 / ○○○를 경유한 다음, / ○○○ 인터체인지로 진입하셔서 / 거기서부터 / 왼쪽으로 돌면 / S리조트에 도착할 수 있습니다. (볼 수 있습니다 / 표시판을)

(Daejeon)

When you leave Daejeon, / get on Kyungbu highway, / exit at Nami interchange, / enter Jungbu highway, / exit at Hobeab interchange, / enter Yong-dong expressway / by way of ○○○, / you will arrive S resort / in about 3 2/1 hours.

대전을 출발하면, / 경부고속도로를 타고서, / 남이 인터체인지에서 빠져나와, / 중부고속도로로 들어오면 되며, / 호법인터체인지에서 나오면, / 영동고속도로로 들어와서, / ○○○를 경유하게 되는데, / S리조트에 도착을 할 것입니다 / 약 3시간 30분 정도에.

2) By tour bus

Bus / run / from Monday through Friday / at 9 am, / Saturday at 5 am, / and / 3 pm / Sunday at 9 am only. // Buses / leave / from Hyundai Apartments.

버스는 / 운행합니다 / 월요일부터 금요일까지 / 오전 9시에, / 토요일은 오전 5시, /그리고 / 오후 3시이며 / 일요일은 오전 9시에만 있습니다. // 버스는 / 출발합니다 / 현대아파트에서

What / is the most convenient way / to go to S resort?

어떤 것이 / 가장 편리한 방법입니까 / S 리조트까지 가는데

By tour bus. // There are / eight experienced buses.

관광버스로. // 8개의 전문 관광버스회사가 있습니다.

구문해석

- **on a regular basis** : 정기적으로(= regulary [régjulərli] : 정기적으로)
- **regular route** : 정규노선
- **round-trip** : 왕복 여행 [영] return trip ≠ a one way
- **mode of ~** : ~ 방법, 방식, 형태
- **convenient** [kənvíːnjənt] : 편리한, 알맞은; [물건·때·장소 등이] 형편이 좋은[to, for ··]
  ☞ convenient는 사람을 주어로 하지 않음. 따라서 「오늘 밤 형편이 어떻습니까?」는 *Are you convenient tonight?(×)가 아니라 Is tonight convenient for[to] you?(○)
- **transportation** : 운송, 수송, 운반, 수송수단, 운송업 / ~ facilities 수송기관
- **transport** : 명 수송, 이동, 운송 동 수송하다, 이동하다 / ~ charge 운송료
- **every hour** : 매 시간마다 / every half-hour 매 30분마다
- **run** : (차, 배가) 운행한다, 달린다.
- **get on highway** : 고속도로 타고
- **by way of ~** : ~을 지나서, ~경유로(via), ~의 수단으로써, ~할 작정으로[doing]
- **exit** [égzit, éksit] : ~에서 빠져나가다, [공공건물·고속도로 등의) 출구 / [영] WAY OUT/
  ≠ enter (진입하다) /an emergency[a fire] exit 비상구 / a freeway exit 고속도로 출구
- **interchange** : 고속도로의 인터체인지(입체 교차점)

Sightseeing

Can you tell me / about tourist attraction / in S resort?
First of all / S resort / is located / in the Taeback Mountain range / and (also) / is located / on the coast of East sea.
There are / many famous historical sites.
For example : ○○○ national park, ○○○ beach, and / many more.
How long / does it take?
If you leave / from S resort, / it takes / 25 minutes / to go to ○○○ national park.

말씀해 주시겠습니까? / 가볼만한 관광지에 대해서 / S리조트 주변에
먼저 / S리조트는 / 위치하고 있으며 / 태백산 줄기에 / 그리고 (또한) / 위치하고 있습니다 / 동해 해안가에.
많은 유명한 유적지가 / 있습니다.
예를 들면 : ○○○ 국립공원, ○○○호수와 / 그 외에 다수가 있습니다.
얼마나 / 시간이 걸립니까?
만일 출발하시면 / S리조트에서, / 소요됩니다 / 25분이 / ○○○ 국립공원까지 가는데.

Information for golf course

G I'd like to make a reservation / for S golf club.
고객 예약을 하고 싶습니다 / S골프클럽에.

C S golf club is / for members (only).
None-member / should be accompanied / by a S golf club member.
Besides, / there is / a 9 hole public golf course / in S resort, / and / it is / on a first-come first-served basis.
클락 S골프클럽은 / 회원(만) 됩니다.
비회원은 / 동반해야 됩니다 / S골프클럽 회원과 함께.
게다가, / 9홀 골프장이 있습니다 / S리조트에, / 그리고 / 9홀은 / 선착순입니다.

G How much money / for the 9 holes at the public golf courses?
고객 요금은 얼마입니까? / 퍼블릭 골프장에서 9홀은.

C In weekdays, / we charge 40,000 / for green fee.
10,000 / for cart.
25,000 / for renting a golf club.
On weekends, / the price / will be going up, / but / driving cart fee is 20,000 / for both weekdays and weekends.
클락 주중에는, / 요금이 40,000입니다 / 그린피가,
카트대여료가 10,000원이며,

골프채 대여료가 25,000원입니다.
주말에는, / 요금이 / 올라갑니다만, / 그러나 / 전동카 대여금은 20,000원입니다 / 주중과 주말 모두.

Youth hostel information

I'd like to take a reservation / for S hostel.
S hostel / is located / on the right left side of the Hotel.
We have / a ondol for five persons / for 10 persons, / and / for 15 persons.
We (also) have / 700 sets of bunk bed (for many guests).
There are public shower rooms / on every floor / and / a public kitchen.
Fitness center, a convenient store / is located / (right) next to you.
So / you can stay (there) / without any troubles.
How about room charge?
We charge / 70,000 / for ondol for five.
130,000 / for ondol for ten.
10,000 / for a set of bunk bed.

예약을 하고 싶습니다 / S호스텔을.
S호스텔은 / 위치하고 있습니다 / 호텔의 우측에.
저희리조트는 보유하고 있습니다 / 5인용 온돌과 / 10인용을, / 그리고 / 15인용을.
저희는 (또한) 보유하고 있습니다 / (많은 고객들을 위한) 700 셋트의 방카 침대.
공동샤워실이 있습니다 / 각 층마다 / 그리고 / 공통 취사장이 있습니다.
피트니스 센터, 편의점이 / 위치해 있습니다 / 당신 (바로)옆 건물에.
그래서 / 고객님께서 (거기서) 지낼 수 있습니다 / 아무런 문제없이.
객실요금은 얼마 입니까?
요금청구하고 있습니다 / 70,000원을 / 5인용 온돌에 대해서는
130,000원을 / 10인용 온돌에 대해서는
10,000원을 / 벙커 침대 1개당으로

구문해석

- **tourist attraction** [ətrǽkʃən] : 관광명소 / attraction 매력, 끄는 힘, 주목의 대사, 인기물
- **mountain range** : 산맥, 연산 (mountain chain), 경사가 많은 산지, 산악지대
- **historical site** [histɔ́:rikəl sait] : 유적지
- **member** : 회원 ≠ non-member
- **be accompanied** [əkʌmpənid] **by~** : ~을 동반(동행, 수행)하다 [보통 수동태로 씀]
- **besides** [bisáidz] : 게다가, 그 위에(※앞에 서술한 내용을 보충), [전치사] ~이외에도
- **public golf course** : 대중[공용] 골프장 ≠ membership(-based course) 회원제 골프장

*보통 18 hole은 회원제이며, 9 hole은 비회원제(first-come first -served basis : 선착순)로 운영
- **green fees** : 그린피 /= golfing fees : 골프요금
- **par** : [골프]기준타수, 파 /He shot a par -4 on the 8th.(그는 8번홀을 파 4로 올랐다.)
- **weekday** : 평일, 주일(의) ≠ weekend
- **cart** : 골프장의 전동 카트(electric cart)
- **golf club** : 골프채 = a driver, an iron (club) / caddie bag 골프채 백 / a driver, a screwdriver 드라이버 / a wood 우드
- **go up** : 가격이 오르다
- **driving cart fee** : 카트 운전 요금
- **hostel** [hástl] : 유스호스텔(= youth hostel)
- **a ondol for five persons** : 5인용 온돌 / $300 for ondol for 5(5인용 온돌 요금 300불)
- **bunk bed** : 2층 침대
- **convenient** [kənvíːnjənt] **store** : 편의점
- **without ~** : ~ 없이 / without any trouble 아무 문제없이

Condition of ski slope (슬로프 상태)

G Can you check / the current temperature and the slope conditions / in this ski resort?
확인할 수 있나요 / 현재 기온과 슬로프 상태를 / 이곳 스키장에.

O Certainly. // The current temperature / is (about) twelve degrees below zero Celsius(= Centigrade). // All the slopes(= Runs) / are open / and / in good conditions.
Certainly. // The current temperature / is (about) five degrees Celsius. //
The down(= bottom) part of the slopes / are in slush conditions. //
I'll put you through / to the skiing information desk.
물론입니다. // 현재 기온은 / 12℃ (정도)입니다. // 모든 슬로프가 / 열려있고/ 양호한 상태입니다.
예. // 현재 기온은 / 영상 5℃ 정도이고. //
슬로프 하단부가 / 조금 녹아있는 상태입니다.
연결해 드리겠습니다 / 스키 안내 데스크로.

구문해설

- **celsius** [selsiəs] 섭씨온도의 = centigrade [séntəgrèid] ≠ Fahrenheit [fǽrənhait] 화씨의
- **24˚C(24 degrees Celsius)** : 섭씨 24도 / 32˚F(32 degrees Fahrenheit) 화씨 32도
32 degrees Fahrenheit equals 0 degrees Celsius. 화씨 32도는 섭씨 영도이다

Location of drug store & clinic center (약국과 의무실 위치)

G Is there a drug store(hospital) / near here?
어떤 약국(병원)이 있습니까? / 여기 근처에.

O I'm sorry, / there is no hospital / around here. // Let me / put you through / to the first aid clinic at our hotel. // You can get some medicine / at the clothes shop.
죄송합니다. / 병원은 없습니다 / 여기 주위에는. // 제가 / 연결해 드리겠습니다 / 호텔 의무실로. // 약간의 약품을 구입하실 수 있습니다 / 의류 매장에서.

G Where is it?
어디에 있나요?

O (It's) Behind rental house / on the ski ground.
렌탈하우스 뒤에 (있습니다) / 스키장에서.

(It's) Near the entrance / to the swimming pool at the hotel.
입구 가까이에 (있습니다) / 호텔 수영장에서.

Example of question asked frequently (자주 묻는 질문의 예)

A What are / the price ranges for condo, hotel?
어떻게 됩니까? / 콘도, 호텔 가격대가.

B We charge / from 200,000 won to 400,000 / for the hotel.
요금이 지불됩니다 / 200,000원에서 400,000원까지 / 호텔에 대해서.

A Is there group discount?
단체 할인이 됩니까?

B (Only) if / there's thirty or more people.
(단지) 경우라면 / 30인 이상

A What are / the check in and check out times?
어떻게 됩니까 / 체크인과 체크아웃 시간이

B Check-in time / is 12:00 to 20:00, / and / check-out time / is 12:00 / (for the hotel).
(호텔) 체크인 시간은 / 12:00~20:00이며, / 또한 / 체크아웃 시간은 / 12:00입니다.

A I'd like to cancel / my reservation.
취소하고자 합니다 / 저의 예약을.

B When / did you / make a reservation?
언제 / 고객님께서 / 예약을 하셨습니까?

A It's been cancelled / your reservation / for the 19th July.
취소되었습니다 / 고객님의 예약이 / 7월 19일 날짜에

B OK. Madam, / could I have / your name, phone number, and the date / (you made the reservation)?
OK. Madam, / your reservation / is cancelled.
예, 사모님, / 제가 알 수 있나요? / 성함, 전화번호, 날짜(고객님께서 예약하신 날짜)를
예, 사모님, / 고객님의 예약이 / 취소되었습니다.

A I'd like to change / my reservation.
변경하고 싶습니다 / 저의 예약을.

B What is your name, please?
성함이 어떻게 되십니까?

A Elizabeth Klaus.
Elizabeth Klaus.

B OK. When / would you like to change / it (for)?
알겠습니다 / 언제 / 변경하시겠습니까? / 날짜를

A For the 23rd of July.
7월 23일로 해주세요.

B OK. It's been changed.
예, 변경되었습니다.

A Thank you.
고맙습니다.

B Thank you / for calling S resort.
감사합니다 / S리조트에 전화주셔서

A Is there restaurants / in the hotel, condo?
식당이 있습니까? / 호텔, 콘도에

B Yes, there are 3 types of the restaurants, / Korean, Western, and Japanese.
예, 3종류의 식당이 있습니다 / 한식, 양식, 일식의

A Is there health club / in the hotel?
헬스클럽이 있습니까? / 호텔에

B Yes, it's / on the second floor. // Next to the swimming pool.
예, 있습니다 / 2층에. // 옆에는 수영장입니다.

A What types of condo / are there?
어떤 타입의 콘도가 / 있습니까?

B　There's 3 types. Sky, Mountain, Valley.
3종류가 있습니다. 스카이, 마운틴, 벨리

A　Are there / any ski shop, gift shop and many others (= more)?
Are there / any sight-seeing attraction? (What's / there / to do?)
있습니까? / 스키숍, 기념품점, 그리고 다른 많은 코너가.
있습니까? / 볼만한 관광지가. (무엇을 / 거기서 / 할 수 있습니까?)

B　I'll / put you / on a waiting list. // we'll / call you / 10 date before / if the reservation is confirmed.
제가 / 고객님을 올려놓겠습니다 / 대기자명단에. // 저희들이 / 고객님께 전화 드리겠습니다 / 10일전에 / 만일 예약이 확정되면.

구문해설

- **frequently** [fríːkwəntli] : 자주, 빈번하게 / [-nt가 올 경우 발음주의] (프리'-퀀은리) / recently(리'슨-리)
- **range** [reindʒ] : 범위, 영역, 사정거리, 계층 / price ~ : 가격대
- **discount** [dískaunt, –´] : 명 할인, 동 할인하다 / 발음(디스카'운)
- **store** [stɔːr] : 가계 (영)= shop /a grocery store 식료품점 / a general store 잡화점
- **put you on the waiting list** : 대기자 명단에 넣어놓다
- **confirm** [kənfə́ːrm] : 입증[확증]하다 / confirm hotel reservation(호텔 예약을 확인하다)

Other information

Information 1

The tour desk / is located / at the fitness center / on the ground floor.
관광 데스크는 / 위치하고 있습니다 / 휘트니스센터 / 1층에.

The phone number is / 7665.
전화번호는 / 7665입니다.

The rental house / is located / at the base of the ski slopes.
렌탈하우스는 / 위치하고 있습니다 / 스키슬로프 아래쪽에

The lift begins / operating / at 09:00 a.m.
리프트는 시작합니다 / 운행을 / 오전 09시부터.

Please / have a good rest.
편히 쉬십시오.

If you need anything, / please call / house keeping or the front desk.
필요한 것이 있으시면, / 전화 주십시오 / 하우스키핑이나 프런트로.

A 40 pyung unit / consists of / one ondol bedroom, / and / a living room combined with a kitchenette.
40평은 / 구성되어 있습니다 / 온돌 방 1, / 그리고 / 거실 겸 주방으로.

The rental fee / is 200,000 won / per night / for a 30 pyung unit.
이용료는 / 200,000원입니다 / 1박에 / 30평에 대해.

Please leave / the parking ticket / on the dashboard
놓아 두십시오 / 주차권을 / 핸들 앞쪽에.

Do you know / the room rate?
알고 계십니까? / 객실 요금을.

I an sorry. / I will check / and / let / you / know.
죄송합니다. / 제가 확인하고 /서/ 해 드리겠습니다 / 당신에게 / 알도록.

Please dial 9 / to ask a wake-up call service.
돌리세요 9번을 / 모닝콜 서비스를 요청하기 위해.

Thank you. // This is / ○○○ at sky condominium front desk.
감사합니다. // 저는 / sky콘도 프런트 ○○○입니다. (전화상으로)

He / is staying / at room 2101.
그는 / 투숙하고 계십니다 / 2101호실에.

Whom / are you looking for?
누구를 / 찾으십니까?

Whom / would you like to get in touch / with you?
누구랑 / 연락을 취하고 싶습니까? / 당신과.

Please hold the line. // I will connect you (to his room).
끊지 말고 기다리세요. // 제가 / 연결시켜 드리겠습니다 / 당신을 (그의 방으로).

I / will ring / his room.
제가 / 전화를 하겠습니다 / 그의 방에.

We have a phon call / for you. // I will put / on the line. // It's ready.
전화가 와있습니다 / 당신에게. // 연결하겠습니다 / 전화상으로. // 준비되었습니다.

There is / no answer. // When you call (again), / please give / the room number / to the front desk.
없습니다 / 대답이. (= 전화를 받지 않습니다.) // (다시) 전화를 하시면, / 주십시오 / 전화번호를 / 프런트에.

구문해석

- consist of : ~로 되어있다, ~로 구성되다
- combined [kəmbáind] with ~ : ~와 결합된
- kitchenette [kìtʃənét] : (아파트 등) 간이부엌(취사장), 작은 부엌
- look for : 찾다(= search for, find)
- get in touch with : …와 접촉하다 / 연락을 취하다(= keep in touch with, contact)

Information 2

The room / is (too) warm.
객실이 / (너무) 덥습니다.

If you need anything, / please call / house keeping / at 7121
필요하신 어떤 것이 있으면, / 전화해 주십시오 / 하우스키핑 / 7121로.

To protect your health, / we recommend / that / you boil / drinking water.
보호하기 위해서는 당신의 건강을, / 권고합니다 / 끓여 드시도록 / 마시는 물을.

You can start checking in / from 12:00 am / and / the check out time is (also) 11:00 am
시작 할 수 있습니다 체크인을 / 오전 12시부터 / 그리고 / 체크아웃 시간 (또한) 오전 11시입니다.

There is an over-time charge / for a late check out.
추가 요금이 있습니다 / 늦은 체크아웃 시에 대해서.

If you have any jewelry /or/ other valuable items, / please leave / them / with us at the front desk. // Otherwise / we / cannot be responsible / for stolen items.
어떤 보석류 /나/ 다른 귀중품이 있으시면, / 맡기시기 바랍니다 / 그것들을 / 저희 프런트에. // 그렇지 않으면 / 저희들은 / 책임지지 않습니다 / 도난품에 대해서는.

Please keep quiet / in the building / to maintain a pleasant environment / for relaxation.
정숙을 유지해 주시기 바랍니다 / 실내에서는 / 유쾌한 분위기를 유지하기 위해 / 휴식을 취하는데.

We limit / the number of guests / to 4 / in each room.
제한하고 있습니다 / 고객 수를 / 4명으로 / 각 객실마다.

In the registration card, / please wiite / your name, address, phone number / and the passport number.
숙박 카드에, / 적어주세요 / 이름, 주소, 전화번호와 / 여권번호를.

Did you make a reservation? // Could you give / me / the reservation number?
예약을 하셨습니까? // 주시겠습니까? / 저에게 / 예약번호를.

Please take / the elevator / on your right.
타시기 바랍니다 / 엘리베이터를 / 오른쪽에.

Thank you / for patronizing / our facilities. // Please come (again). Bye.
감사합니다 / 이용해 주셔서 / 저희 시설을. // (또) 이용해 주십시오. 안녕히 가십시오.

구문해설

- **limit ... to ~** : (…수량을) ~로 제한하다
- **patronize** 미 [péitrənàiz]/ 영 [pǽt-] : (단골로) 애용하다, 후원하다 / patronizer 단골손님
- **recommend** [ˌrekəˈmend] : 추천하다 명 recommendation [ˌrekəmenˈdeɪʃn] 추천
- **mineral** [natural, spring, bottled] **water** : 생수
- **jewelry** [dʒúːəlri] : 보석류 (jewels), [영] jewellery
- **otherwise** [ʌðərwàiz] : (만약) 그렇지 않으면

Information 3

Thank you. sky condominium front desk.
감사합니다. Sky콘도 프런트입니다.

I will guide you. // I will give / you / the necessary information.
제가 안내해 드리겠습니다. // 제가 드리겠습니다 / 당신에게 / 필요한 정보를.

My English / is not very good. // I will have someone / who / can communicate (well) in English / get in touch with you.
저의 영어가 / 능숙하지 못합니다. // 제가 시키겠습니다 / 누군가 / 의사소통을 영어로 (잘) 할 줄 아는 사람에게 / 연락을 드리도록.

Please wait a moment. // I will connect / you / right away.
잠시만 기다려 주십시오. // 연결해 드리겠습니다 / 당신에게 / 즉시.

Could you repeat / your name / once again?
말씀해 주시겠습니까? / 성함을 / 다시 한 번.

The line / is busy (now). // Could you try (again later)?
(지금) 통화 중입니다. // (잠시 후 다시) 해 주시겠습니까?

If you want a number / for any of the convenience facilities, / please dial 9 / and ask for it.
전화번호를 원하시면 / 어떤 편의시설에 대해서. / 9번을 돌리시고서 / 요청하십시오.

One day lift ticket / coasts 72,000 won.
당일권 리프트는 / 비용이 72,000원입니다.

The exchange / is located / at the hotel front desk.
환전소는 / 위치하고 있습니다 / 호텔 프런트에.

For the safe transportation of our patrons, / we operate buses / to Seoul / at the tour desk.
저희 손님들의 안전한 수송을 위해서. / 저희는 버스를 운행하고 있습니다 / 서울까지 / 관광 데스크에서.

There is / a special ski check-in counter / for foreigners.
있습니다 / 특별 스키 보관소가 / 외국인을 위해서.

Silver and Gold slope / are advanced skiers (only). // We / advise / beginners / to stay away from them. // We / advise / beginner / to be careful.
실버와 골드 슬로프는 / 고급자용입니다 (유일하게). // 저희들은 / 조언합니다 / 초보자들에게 / 떨어져 있도록 그들로부터. // 저희들은 / 조언합니다 / 초보자들에게 / 조심하도록.

The sky condominium sky lounge / with its comfortable atmosphere / serves / cocktails and other drinks / until midnight.
스카이콘도 스카이라운지는 / 안락한 분위기를 갖추고 있으면서 / 제공합니다 / 칵테일과 다른 음료수를 / 자정까지.

We have fireworks / at the ski slope / tonight.
불꽃놀이를 합니다 / 스키슬로프에서 / 오늘밤.

Please tell me / if you have / any other questions.
말씀해 주세요 / 만약 고객께서 있으시면 / 다른 어떤 궁금하신 것이.

구문해석

- **have + 사람 + pp** : ~에게 ~하도록 시키다. / have someone get in touch with you : 누구에게 당신한테 연락하도록 하겠다.
- **try + to 동사** : 노력하다, 애쓰다(try + and + 동사) / 먹어보다, 신어보다, 시도하다
- **convenience** [kənvíːnjəns] **facilities** : 편의시설
- **exchange** : 환전
- **patron** [péitrən, -trənis] : (특정 상점, 식당 등의) 고객
- **transportation** : 교통(편) / public ~ 대중교통편 / free ~ 무료교통편
- **advanced skier** : 상급자 스키어
- **stay away (from somebody / something)** : ~에게 접근하지(가까이 가지) 않다
- **serve something (to someone) / serve sb sth** : (식당 등에서) 음식을 제공하다
- **atmosphere** : 분위기 / comfortable ~ 편안한 분위기, romantic ~ 로맨틱한 분위기

Information 4

Please use / ski check-in service / on the ground floor.
이용해 주십시오 / 스키보관 서비스는 / 아래층에서.

Please remove / your boots / in the lobby.
벗어 주십시오 / 부츠를 / 로비에서는.

Morning ski hours / begin / at 9:00 a.m. / and / afternoon ski hours / begin at 1:00 p.m.
오전스키 시간은 / 시작합니다 / 아침 9시부터 / 그리고 / 오전스키는 / 시작합니다 오후 1시부터.

Skis / are not allowed / in the condominium guest rooms.
스키반입은 / 허용되지 않습니다 / 콘도 객실 안으로.

We won't be responsible / for skis lost / through carelessness.
저희는 책임지지 않습니다 / 스키분실에 대해서 / 부주의로 인하여.

We / run / the ski check-in service / for the convenience of the hotel guests.
저희는 / 운영하고 있습니다 / 스키 보관서비스를 / 호텔 고객의 편의를 위해서.

We have night skiing / on weekends.
야간 스키를 하고 있습니다 / 주말에.

White, green courses / are open.
White, green코스가 / 오픈됩니다.

Dial 9 / for the in-house operator.
9번을 돌리세요 / 구내 교환은.

To make a long distance call,/ dial 0,/ and / when you hear the dial tone, / please dial / the area code and the phone number.
장거리 전화를 하기 위해서는, 0번을 누르고, / 신호음이 들리면, / 누르시기 바랍니다 / 지역번호와 전화번호를.

Just / call the sky resort's main number /and/ reserve a room, please.
단지 / 스카이리조트 대표전화로 하셔 /서/ 객실을 예약하시기 바랍니다.

You can use / sky resort website.
이용하실 수 있습니다 / 스카이리조트 홈페이지를.

Reservations / are taken / at the Seoul reservation office / at 1588-7700.
예약은 / 받습니다 / 서울예약사무실 / 1588-7700에서.

All the rooms in our condominium / have ondol heating system.
저희 콘도의 모든 객실은 / 온돌난방 시스템으로 되어 있습니다.

Information 5

Did you get / a final inspection for your room?
받으셨습니까? / 객실의 최종 점검을.

To ask for an inspection, / please dial 0. // And / please bring the checklist / with you / after the inspection is over.
점검을 요청하시려면, / 0번을 누르시고서. // 그리고 / 가지고 오시기 바랍니다 점검표를 / 함께 / 점검이 끝난 후에.

Please go down (up) / the stairs / on your right (left).
내려(올라) 가십시오 / 계단으로 / 우(좌)측에서.

The restaurant / is not open / right now.
식당은 / 영업하지 않습니다 / 지금.

구문해석

- **the ground floor** : 1층 (the first floor) / lower ground floor one 지하 1층
- **remove** : (옷 등을) 벗다
- **in-house** : (회사) 내부의, 구내의 / ~ training 사내연수, ~ magazine 사내잡지
- **long-distance call** : 시외전화 / local ~ 시내전화, overseas ~ 국제전화

- **buy a roming plan** : 로밍서비스를 신청하다
- **inspection** : 점검 / inspector 남 점검원, inspectress 여 점검원

Information 6

G　Do you have a sauna / here?
사우나가 있습니까? / 이곳에.

C　Yes, we do. // Please take the elevator / to the first floor, / go past the cafe lounge / and / make a left, / and / you will find the sauna.
The facilities / are (really) nice.
예, 있습니다. // 타고서 엘리베이터를 / 1층까지 가셔서, / 카페라운지를 지나서 / 왼쪽으로 도세요, / 그러면 / 발견하실 것입니다 사우나를.

G　Thank you.

Information 7

G　Could you tell me / where the swimming pool and the health club / are located?
저에게 말씀해 주시겠어요? / 어디에 수영장과 헬스클럽이 / 위치해 있는지.

C　Sure. Please take the elevator / to the ground floor. // You will find a hotel / outside the tower condominium front entrance. // The pool and the health club / are / on the first floor of the hotel. // The water is (very) clean. // The health club provides / various sports facilities. // The opening hours are / from 9:00 a.m. till 5:00 p.m.
예, 엘리베이터를 타십시오 / 1층까지. // 호텔을 발견하실 것입니다 / 바깥 쪽 타워콘도 정면으로. // 수영장과 헬스클럽은 / 있습니다 / 호텔 1층에. // 수질은 (매우) 깨끗합니다. // 헬스클럽은 갖추고 있습니다 / 여러 가지 운동시설을. // 오픈시간은 / 오전 9시부터 오후 5시까지입니다.

G　What / is the entrance fee?
어떻게 됩니까? / 입장료가.

C　It is / 10,000 won for the swimming pool / and / the health club is / for free.
요금이 / 10,000원이고 수영장에 대해서는 / 그리고 / 헬스클럽은 / 무료입니다.

구문해석

- **on a first-come-first-served basis** : 선착순으로, 순번대로
- **green fee** : 골프장 입장요금, 코스 이용료 / club fee 클럽회비
- **make a left, and you'll find ~** : 명령문, + and ~ 하라, 그러면 ~할 것이다
- **facilities** : 부대시설 / leisure ~ 레저시설 / conference ~ 회의시설
  동 facilitate 가능하게(용이하게) 하다
- **from A to(till) B** : A에서부터 B까지

Complaints handling

고객 불만 처리

01. Useful expressions

About food (음식에 관해)

1. I'll bring you another one.
2. I'll have / them / prepare another one.
   Would you like (a, some)..... / while you're waiting?
3. Would you like (it, them) / cooked a little (more)?
4. I'm terribly sorry. We can give your something else / if your'd like.
5. I'll speak to the chef /and/ see / what he can do.
6. I can offer you (a, some, a little) ..... / as the compliments of the chef.

1. 다른 것으로 가져다 드리겠습니다.
2. 제가 해 놓게습니다 / 그것을 / 다른 것으로 준비가 되도록.
   …(하나를, 어떤 것을) 하시겠습니까? / 기다리시는 동안.
3. (그것을, 그것들을) 하시겠습니까? / 좀 더 익히도록.
4. 정말로 죄송합니다. 그 밖의 다른 것으로 드릴 수 있습니다 / 원하시면..
5. 주방장에게 이야기해/서/ 알아보겠습니다 / 할 수 있는지.
6. (하나를, 어떤 것을, 약간을) 고객님께 제공해 드릴 수 있습니다 / 주방장의 무료제공으로.

About the service (서비스에 대해)

1. ... take / quiet a while / to prepare.
2. I'll see about your order. Would you like (a, some, a little) / while you're waiting.
3. I'm sorry (sir, madam). You order will be here / in a moment?

1. … 걸립니다 / 꽤 오래 / 준비하는데.
2. 알아보겠습니다 / 준비하신 것에 대해. (하나를, 어떤 것을, 약간을) 하시겠습니까? / 기다리시는 동안.
3. 죄송합니다. (선생님, 사모님). 고객님께서 주문하신 것이 여기로 가져올 것입니다 / 곧.

G Waiter, What's / taking you / so long? // I've been waiting / for 20 minutes / now.
I haven't been served / yet. = No one / has waited / on us, / yet.

고객 웨이터, 왜 이렇게 걸려요?/ 시간이 오래. // 기다리고 있어요 / 20분이나 / 지금.
주문 못 받았어요! / 아직까지. = 아무도 / 주문받지 않아요 / 우리들에게 / 아직도.

W I'm sorry, sir. // I'll be right with you. // My I take you order now, please?

웨이터 죄송합니다. 고객님. // 바로 가겠습니다. // 지금 주문을 받아도 되겠습니까?

G Yes, / I'll have tenderloin stake / with potato soup, green salad, please.

고객 그래요. / 안심스테이크 줘요 / 감자 스프, 그린 샐러드와 함께.

W The stake should cook / (about) 15 minute.

웨이터 스테이크는 조리되어 나옵니다 / (약) 15분 정도.

G Say, / that isn't / what I ordered.
I ordered filet mignon. // This is sirloin stake.

고객 저기요, 이거 아닌데요! / 내가 주문한 것이.
내가 안심스테이크를 식사를 주문했는데. // 등심이네요.

W I'm sorry, sir // It's my mistake.
Would you like to replace it / for filet mignon, / if you don't mind.
But / It takes / up to 15 minutes / to cook.

웨이터 죄송합니다. // 제가 잘못 주문 받았습니다.
교체해 드려도 되겠습니까? / 안심으로 / 괜찮으시면.
그러나 / 소요됩니다만 / 최대 15분 정도 / 요리하는데.

G Yes, please. // I'll wait / until than.

고객 네, 부탁해요. // 기다릴게요 / 그때까지.

W I'll bring your dinner / as soon as possible.

웨이터 고객님의 식사를 가져다 드리겠습니다 / 되도록이면 빨리.

****

G Waiter, there is a strange bug / in my soup.

고객 웨이터, 이상한 벌레가 들어 있어요 / 스프에.

W I'm really sorry, ma'am. // I'll bring another one / right away.

웨이터 죄송합니다. 사모님. // 다른 것으로 가져다 드리겠습니다 / 바로.

02. Complaint about room problem(객실 문제)

G Hello, This is / room 217 in the hotel. // I asked for / a TV repair / more than half an hour ago, / and / nobody / has come / to take care of it (yet).
여보세요. 여기는 / 호텔 217호인데요. // 제가 요청했는데 / TV수리를 / 1시간 이상 전에. / 그런데 / 아무도 / 오지 않았어요 / (아직까지도) 그걸 조치하려고 /

C I am (terribly) sorry.
(정말로) 죄송합니다.

C The staff in charge / has stepped out / for a moment. // I will get in touch with him / right away / and / have / him / take care of it.
담당직원이 / 나갔는데 / 잠시. // 제가 연락을 취해서 / 즉시 / 그리고 / 시키겠습니다 / 그에게 / 그것을 처리하도록.

C Hello! = Hi! 여보세요!

C I came / to repair the TV. = Did you report / a problem with your TV?
왔습니다 / TV를 수리하러. = 통보하셨습니까? / TV관련 문제를

C I am sorry / for being so late.
죄송합니다 / 너무 늦게 도착해서.

C Next time, / we will do our best / to avoid such inconvenience.
다음부터는, / 최선을 다하겠습니다 / 그러한 불편함이 없도록.

03. Complaint about food(음식에 대한 불만)

G Waiter!
고객 웨이터 양반!

W Yes, sir.
웨이터 예, 고객님?

G This meat's raw. // I told you / I wanted it well done.
고객 이 고기 덜 익었어요! // 제가 말했잖아요! / 잘 익혀 달라고.

W I'm terrible sorry, sir. // I'll take it / to the chef, /and/ we will cook it / properly / for you.
웨이터 정말로 죄송합니다. 고객님. // 제가 가져가서 / 주방장에게 /그리고/ 익혀 드리겠습니다 / 적당하게 / 당신을 위해서.

G How long will it take?
고객 얼마나 걸립니까?

W Just a few minutes. Would you like more bread / while you're waiting?

웨이터 잠깐이면 됩니다. 빵을 드시겠습니까? / 기다리시는 동안.

G Yes, please. And more butter too, please.

고객 예, 주세요. 그리고 버터도 좀 주세요.

W Yes, sir.

웨이터 예, 고객님.

****

G This coffee's too strong.

고객 이 커피가 너무 진해요.

W I'm terribly sorry, sir. I'll get you / another one.

웨이터 죄송합니다. 고객님께 가져오겠습니다 / 다른 것으로.

****

W Is there something wrong / with your fish?

웨이터 무언가 잘못 되었습니까? / 생선에.

G This fish tastes strange.

고객 생선에 이상한 맛이 나요.

W I'm terrible sorry, sir. I'll speak to the chef /and/ get you something else, / if you'd like.

웨이터 정말 죄송합니다. 고객님 제가 주방장에게 말해/서/ 다른 것으로 가져오겠습니다. / 괜찮으시다면.

G Waiter, I haven't been served / yet.
No one has waited on us, yet.

고객 웨이터, 주문 못 받았어요! / 아직까지

W I'm sorry, sir. / Just a moment, /and/ I'll be right with you.

웨이터 죄송합니다. 고객님, / 잠시만 기다려 주십시오. / 바로 가겠습니다.

G Say, / that isn't / what I ordered.

고객 저기요. 이거 아닌데요! / 내가 주문한 것이.

W Really, ma'am? / Excuse me, / but what was your order?

웨이터 그렇습니까, 사모님? / 죄송합니다. / 그러시다면 어떤 것을 주문하셨습니까?

G I ordered the New Your steak dinner. This is fish.

고객 뉴욕 스테이크 식사를 주문했는데. 생선이네요!

W I'm sorry, ma'am. It's my mistake.
I'll bring your dinner / as soon as possible.

웨이터 죄송합니다. 사모님. 저희 실수입니다.

고객님의 식사를 가져다 드리겠습니다 / 되도록이면 빨리.

****

G Waiter, there is a strange bug / in my soup.

고객 웨이터, 이상한 벌레가 들어 있어요 / 스프에.

W I'm really sorry, ma'am. // I'll bring another one / right away.

웨이터 죄송합니다, 사모님. // 다른 것으로 갖다드리겠습니다 / 바로.

04. Complaint about lost & found(분실물 관련)

(D : Duty manager 당직지배인 / G : Guest 고객)

G My wallet / that I left in the room / this morning / is gone. (missing).

제 지갑이 / 내가 방안에다 두고 왔는데 / 오늘 아침에 / 없어졌어요.

D Where did you put / the your purse?

어디에나 놓았습니까? / 지갑을

G I definitely remember / leaving my purse / on the bed.

제가 분명히 기억하기로 / 지갑을 놓아두었는데 / 침대 위에다.

Please check / who / had come / in my room.

확인해 주세요 / 누가 / 들어왔는지 / 제 방에.

D We look at the CCTV. // None entered your room / (but only) room maid / who / cleaned the your room. //

저희들이 CCTV를 조사하였습니다. // 아무도 고객님의 방에 들어가지 않았고 / (단지) 룸메이드 뿐이었는데 / 룸메이드가 / 고객님의 방을 정비하였습니다.

She told us / she didn't see anything / on the bed.

메이드가 말하기를 / 아무것도 보지 못했다고 합니다 / 침대 위에서.

G Then / please call the police.

그러면 / 경찰을 불러주세요.

******** (잠시 후)

D I was reported / someone pick up the purse / in the hotel lobby.

신고가 들어 왔습니다 / 누군가가 지갑을 습득하였다고 / 호텔로비에서.

The Lost and Found Centers / keep the purse (now). // Could you describe us / what characteristic of it is?

분실물센터에서 / (지금) 지갑을 보관하고 있습니다. // 설명해 주시겠습니까? / 어떤 특징의 / 지갑인지요?

G It has / black striped shaped one.
띠고 있습니다 / 검은 줄무늬의 모양을 가진 지갑.

D That's right.
맞습니다.

After identification process, / you can pick that up / at the Lost Found Center.
신분확인 절차를 하신 후에, / 그것을 찾아가실 수 있습니다 / 분실물 센터에서.

G I'm sorry / I was mistaken.
미안하군요 / 제가 착각을 해서.

D Think nothing of it!
괜찮습니다.(사과·감사의 말에 대한 정중한 대답으로)

05. Complaint about misinformation(잘못된 정보)

G I was told / that the swimming poll is opened / today, / but / it is closed.
저는 들었는데 / 수영장이 영업한다고 / 오늘, / 그런데 / 문이 닫혀 있네요.

D We are terribly sorry. // Swimming poll is closed / for a month / due to renovations.
정말로 죄송합니다. // 수영장은 영업을 하지 않습니다 / 한 달 간 / 보수공사로 인하여.

G What are you trying to do / for us? // That ruined / our families's holiday.
어떻게 해 주실 것입니까? / 우리 가족들에게. // 엉망이 되었어요 / 우리가족의 휴일이.

I want / your hotel / to pay our families / for that.
저는 원합니다 / 호텔 측이 / 저희 가족들에게 보상을 해줄 것을 / 그 일에 대해서.

D I hope / you will understand us.
바랍니다 / 고객님께서 이해를 해 주실 것을.

We'll give you a free pass for your families / that can use / when you visit here next time.
저희들이 가족들을 위해 무료이용권을 드리겠습니다 / 이용할 수 있게끔 / 고객님이 다음에 여기에 방문 시에.

구문해설

- **disaster** [dizǽstər] : 뜻밖의 실수 / 재난, 재해, 참사, 실패(작)
- **awhile** [əhwáil] : 얼마, 잠시, 잠깐 / quiet a while 상당기간 동안
- **strong(thick)** : (차, 스프 등)진한 / (술)독한 / ~ coffee 진한 커피 / ~cocktail 독한 칵테일
- **caught** [kɔːt] : 잡다 (catch) 의 과거, 과거분사
- **advertise** [ǽdvərtàiz] : 선전하다, 광고하다, (성격, 본성을) 확실하게 나타내다, 말하다
- **take** : 시간이 걸린다

- **serve** : 식사 시중들다, 음식을 제공하다, 주문을 받다 / (보통 수동태로) 손님을 접대하다, 모시다 / be served 제공되다 / Are you being served? (종업원에게) 시중받고 계십니까? = (미국) Are you being helped?
- **wait on** : (식사) 시중들다 / Have you been waited on? 누가 주문을 받고 있습니까?
- **what I ordered** : 내가 주문한 바의 것 (what + 주어 + 동사 ~ : ~한 바의 것)
- **sirloin** [[s3:rlɔɪn]] 등심 **tenderloin** [[tendərlɔɪn]] 안심
- **filet mignon** : 미 [fìléi-minjɑ́n] 영 [filei-mí:njən] 소의 두터운 허리부분

06. Delay in room service order(룸서비스 주문에 대한 지연)

G I ordered pizza / from room service. I waited a long time, / but never arrived.
피자를 주문했는데 / 룸서비스로. 오래 기다렸지만, / 오지 않았어요.

I called three times / and / the pizza arrived 2 hours / after I received my order.
내가 3번이나 전화했 /고/ 피자가 2시간 후에 도착했어요 / 내가 주문한 것을 받고 난 것이.

Then / pizza is getting (all) cold / and / has dried off and hardened.
그런데 / 피자가 (완전히) 식어/서/ 말라 딱딱해졌는데.

How do you eat / something like this?
어떻게 먹어요 / 이와 같은 것을.

The employees were so rude / and / the service was (absolutely) terrible.
웨이트리스들이 너무 불친절하/고/ 서비스도 (정말로) 엉망이네요.

I am very disappointed / with your hotel
너무 실망입니다 / 당신의 호텔에.

D We are really sorry, /and/ we apologize / for such things
정말로 죄송하며, / 사과드립니다 / 그런 일들에 대해.

We will toast new hot pizza /and/ bring up right away.
저희들이 피자를 새로 뜨겁게 구워서 / 즉시 가져오겠습니다.

07. Food problem at buffet restaurant(뷔페식당에서의 음식무제)

D Yes, how may I help you sir?
예, 무엇을 도와드릴까요?

G I'm James, staying at room 2012.
저는 제임스인데, 2012호에 투숙하고 있어요.

G We had dinner / at a buffet / yesterday in the evening, / with my family.
저녁을 먹었는데 / 뷔페에서 / 어제 저녁에 / 저희 가족과 함께.

I have had diarrhea / and / vomited / continually / after dinner
제가 설사를 하 /고/ 토하였습니다 / 계속해서 / 저녁 이후부터.

Since then / I haven't eaten / a thing / until this morning.
그 후로 / 먹지 못했어요 / 아무것도 / 오늘 아침까지.

I am exhausted.
탈진상태가 되었어요.

I had a severe stomachache / after eating raw oysters / at the buffet.
복통이 심했어요 / 생굴을 먹고 난 후에 / 뷔페에서.

It smalls / as if / it has gone bed.
냄새가 났어요 / 마치 / 그것이 상했던 것 같았어요.

D We'll send porridge / up to your room / first.
저희들이 죽을 올려드리겠습니다 / 객실로 / 우선.

How do you feel / now, sir? // Did you see the doctor.
어떻습니까? / 지금은. // 의사선생님께 가보셨습니까?

If you (still) feel sick, / we'll take you / to the nearby hospital.
(여전히) 속이 안 좋으시면, / 저희들이 모시겠습니다 / 인근병원으로

G Yes, I think / I should see a doctor.
그래요, 아무래도 / 병원에 가봐야 할 것 같아요.

I think / it may be food poisoning / by spoiled oysters.
아무래도 / 식중독인 것 같습니다 / 상한 굴 때문에.

You have to pay / me / room charge, medical expense, /and/ compensation / for the psychological damages / I've suffered.
당신들이 지불해 주셔야 합니다 / 저에게 / 객실료와 치료비, /그리고/ 보상을 / 정신적 피해에 대하여 / 제가 고통을 입은 것으로.

D There was nothing wrong / with other guests / who / have eaten oysters / at buffet.
아무런 이상이 없었습니다 / 다른 고객들한테는 / 다른 고객들이 / 굴을 먹었지만 / 뷔페에서.

But / we can pay compensation / on confirmed doctor's report (only) / that / it was caused by food poisoning.
그러나 / 저희들은 보상해 드릴 수 있습니다 / 확정된 의사의 진단서에 대해서(만이) / 그것이 / 음식물 식중독에 의한 것이라고.

If the doctor confirm / that / it is by food poisoning, / then / we have to report / to the public health center, / pick up the guest's own vomit, / do an epidemiological investigation

만약 의사가 확정을 할 경우 / 그 경우에 / 그것이 식중독에 의한 것이라고, / 그러면 / 저희들이 / 신고를 해야 하고 / 공중보건소에, / 고객님 자신의 토시물을 수거해서, / 역학소사를 실시해야 합니다.

There are some guests / who / complain symptoms / by certain food allergies.
일부고객들이 /who/ 증상을 호소하기도 합니다 / 어떤 특정한 음식 알레르기로 인해.

Please / consult a physician / first.
부디 / 진찰을 받으시기 바랍니다 / 먼저.

08. Being refused service by shuttle bus driver
(셔틀버스기사에게 승차거부 당함)

G 10 of our party / were trying to aboard / shuttle bus / at the village, / but / the bus driver refused all of us / for being no seats / in the bus.
we all / scuffled with the driver / to get into the bus. // The bus left / all of us / behind.
we had to wait / another 30 minutes / for the next shuttle bus, / shivering with cold. // All of children / caught a cold.
How / could you / do it / for foreigners. // We felt bed / about what the driver did to us.
저희 일행 10명이 / 탑승하려고 했는데 / 셔틀버스를 / 마을에서. / 그런데 / 버스운전사가 우리 일행 모두를 거부하였어요. / 자리가 없다며 / 버스 안에.
우리는 / 기사와 실랑이를 벌였습니다 / 버스 안에 탑승하려고. // 버스는 출발해 버렸어요 / 우리 모두를 / 뒤로 남겨놓고.
저희들은 기다려야만 했어요 / 또 다시 30분이나 더 / 다음 셔틀을 타기 위해. / 추위에 벌벌 떨면서. // 아이들 모두가 감기에 걸렸고요.
어떻게 / 당신네들이 / 이럴 수가 있나요 / 외국손님들에게.
저희들은 기분이 나빠요 / 기사가 우리들에게 한 행동에 대해서.

D We truly apologize / for his rude behavior and the inconvenience.
After checking the shuttle bus black box, / we would caution that driver / not to happen the same thing, / and then / gave him service education.
Please tell us / if using the shuttle bus (again) /or/ there's anything / we can do to help.
저희들이 진심으로 사과드립니다 / 기사의 무례한 행동과 불편함을 끼쳐드려서.
셔틀버스 블랙박스를 확인하고 나서, / 저희들이 그 기사에게 주의를 시킬 것입니다 / 같은 일이 일어나지 않도록, / 그리고서 / 그 기사에게 서비스 교육을 시킬 것입니다.
저희들에게 말씀해 주십시오 / 셔틀버스를 (다시) 이용하시거나 /아니면/ 어떤 것이라도 / 도울 일이 있으면.

구문해석

- **diarrhea** [dàiərí:ə] : 설사
- **exhausted** [ɪg|zɔ:stɪd] : 기진맥진한, 탈진한
- **severe** [sɪ|vɪr] : 극심한, 심각한
- **porridge** [|pɔ:rɪdʒ;|pɑ:r-] : (미) oat meal, (영) 포리지, 오트밀(귀리(oats)에 우유나 물을 부어 걸쭉하게 죽처럼 끓인 음식
- **sick** 아픈, 메스꺼운 / *영국인에게 사용시 주의할 것 Are you sick? (입덧하세요?)
  = unwell 몸이 편치 않은, 아픈 / ill 병든, 나쁜, 앓는 / nauseous 욕지기나는, 메스꺼운
- **spoil** [spɔɪl] : 음식이 상하다, 망치다, 버려 놓다, 못쓰게 만들다
- **food poisoning** : 식중독 / mass food poisoning 집단식중독
- **enteritis** [|entə|raɪtəs] : 장염 / suffer from ~ (장염에 걸리다)
- **compensation** [|kɑ:mpen|seɪʃn] : 보상 / 동 compensate ['kɑ:mpenseɪt] / ~ for something
- **psychological** [|saɪkə|lɑ:dʒɪkl] : 정신적인, 심리적인, 정신의, 심리의
- **epidemiological** : 유행[전염]병학의. / 명 epidemiology [|epɪ|di:mi|ɑ:lədʒi] 역학, 전염병학
- **symptom** [|sɪmptəm] : 증상, 징후 / flu symptoms 독감 증상, allergic ~s 알레르기 증상
- **allergy** [|ælərdʒi] : 알레르기 / I have an allergy to milk 우유에 대해 알레르기가 있다.
- **physician** [fɪ|zɪʃn] : 의사(미국에서 격식을 갖춤), 내과의사 = surgeon [|s3:rdʒən] 외과(전문)의
- **scuffle** [|skʌfl] : 명 ~ (with 사람) 실랑이, 옥신각신함
- **shiver** [|ʃɪvə(r)] **~ (with sth)** : (추위·두려움·흥분 등으로) 떨다
  shiver with cold(추워서) / excitement(흥분되어) / pleasure(기쁨에) 떨다.
- **caution** [|kɔ:ʃn] **caution ~** : (~에게) 주의를 주다 = warn ~ (~에게) 경고하다

Casino

카지노

01. Dealer work shifts / at the casino table

(딜러 근무교대 / 카지노 테이블에서)

Have a good time sir. = Enjoy your game sir.
I am Soo-jin Kim, / your dealer for the shift.
즐거운 게임이 되십시오.
저는 이번 근무자 딜러 / 김수진입니다.

Place your bets please.
Sorry sir. (Kindly) fellow / our table bet limits
Thank you sir / for playing, / hope to see you again.
I'm sorry sir, / this is last deal.
베팅하십시오.
죄송합니다만. (잘) 따라주시기 바랍니다 / 저희 베팅 리미트를.
감사합니다 / 게임을 참가해주셔서. / 또다시 뵙기를 바랍니다.
죄송합니다 / 이것은 마지막 딜링입니다.

When the Dealer is about to take his scheduled break

(딜러가 스케줄상의 휴식시간을 가지려고 할 때)

Sir, I will leave you / for a while.
This is Dong-suk Park, / who / will continue the game.
고객님. 저는 자리를 비우게 됩니다 / 잠시동안.
이번 직원은 박동석으로. /who/ 게임을 계속 진행할 것입니다.

When the Dealer is being relieved / by the next shift's Dealer

(딜러가 교대로 쉬게 될 때 / 다음 근무 조 딜러와)

It's been a pleasure / playing with you. // Have a nice time/day.
즐거웠습니다 / 고객님과 게임을 하게 되어. // 좋은 시간 되십시오.

구문해석

- **shift** : (호텔)호텔 근무자의 근무시간을 나타내는 근무 조
- **relieve** [rɪ|li:v] : 안도하게 하다. (불쾌감·고통 등을) 덜어주다

Buying chips

E　May I help you?
G　Where can I buy the chips?
E　You can buy the chips / at the game table / you want to play, sir.
G　I see. / Then after finishing the game, / where can I cash the any chips / that / (is left over).
E　You can cash them / at the cashier
G　Where is the cashier?
E　It's right / around the corner.

직원　어서 오십시오?
고객　어디서 칩을 살 수 있나요?
직원　칩을 살 수 있습니다 / 게임 테이블에서인데 / 고객께서 게임을 하시고자 하는 테이블입니다.
고객　알겠어요. / 그러면 게임을 종료한 후에는, / 어디서 제가 칩을 (남은 칩을) 현금으로 바꿀 수 있나요?
직원　칩을 현금으로 바꿀 수 있습니다 / 캐셔 데스크에서.
고객　캐셔 창구는 어디 있나요?
직원　오른쪽 / 모퉁이에 있습니다.

At the cashier's window

G　I'd like to cash / all my chips.
E　Yes, sir. Would you give me your chips?

G	Here you are.

E	Just a moment please. I'll count your chips / first.
Sorry / to have kept you waiting.
6 chips of one hundred thousand, / 25 of ten thousand.
The chips amount / total eight hundred fifty thousand won, sir.
Will you check the amount?

G	You're correct. Thank you.

E	Thank you, sir.

고객	현금으로 바꾸고 싶어요 / 제 모든 칩을.
종업원	예, 고객님. 칩을 주시겠습니까?
고객	여기 있어요.
종업원	잠시만 기다려 주십시오. 제가 고객님의 칩을 세어 보겠습니다.
죄송합니다 / 계속 기다리게 해서.
10만원 칩 6개, / 만원 칩이 25개.
칩 금액이 / 총 850,000원입니다.
금액을 확인하시겠습니까?
고객	맞네요. 고마워요.
종업원	감사합니다.

Money count(change)

D	Good morning sir/ma'am.
Pease have a sit sir.

P	I'd like to buy some chips.

D	Yes, sir. How much is that?

P	Nine hundred thousand won.

D	I received nine hundred thousand won.
You are correct. (After checking the amount)
How would like your chips?

P	Please give me seven 100,000-won chips /and/ twenty 10,000-won chips.

D	Yes, I'll change nine hundred thousand won.
Check, please! Money change! (Lifting up the hand)
900,000won pay! (After receiving Floor person's OK signals)
Here are the chips / for 900,000won. Please check them.

딜러 안녕하세요. 고객님.
자리에 앉으십시오.
플레이어 칩을 사려고 합니다.
딜러 예. 고객님. 얼마입니까?
플레이어 900,000원입니다.
딜러 900,000만원 받았습니다.
정확합니다. (금액 확인 후)
칩을 어떻게 드릴까요?
플레이어 100,000원 칩 7개/와/ 10,000원 칩 20개를 주세요.
딜러 예. 900,000만원 바꿔 드리겠습니다.
첵 프리즈! 머니체인지! (손을 들고서)
900,000만원 페이! (Floor person의 오케이 사인을 받은 후)
칩스 / 900,000만원입니다. 확인해 보시기 바랍니다.

Betting

D Good evening, sir. Pease have a sit sir.
I am ○○○, / your dealer for the shift
Would you like to play the game?
P Yes, please.
D Now, we are ready. Check, please! (Check calling to start off the game)
Bet down, please! (= Place your bets please!)
P I'll bet 400,000
D Sorry sir. (Kindly) fellow / our table bet limits
P What is the table limit?
D The limit at this table / are ten thousand won, minimum /and/ three thousand won, maximum.
P Oh, I see. Then / I'll bet thirty thousand.
(A few seconds later)
D Any more bet, sir?
No more bets please.
Please do not touch your chips / after the cards are dealt.
P OK.

딜러 안녕하십니까. 자리에 앉으시기 바랍니다.
저는 ○○○인, / 여기 근무 조 딜러입니다.
게임을 하시겠습니까?
플레이어 예. 그래요.

딜러 시작하겠습니다. 첵 프리즈! (게임 시작을 알리는 첵 콜링)
베팅바랍니다.
플레이어 400,000만원 베팅하겠습니다.
딜러 죄송합니다만, (부디) 따라주시기 바랍니다 / 저희 테이블 베팅 리미트를.
플레이어 어떻게 되나요 / 테이블 리미터가.
딜러 여기 테이블 리미터는 / 10,000원이 미니멈이/고,/ 300,000원이 맥시멈입니다.
플레이어 아, 그래요. 그러면 / 300,000을 베팅하겠습니다.
(잠시 후)
딜러 베팅 더 하시겠습니까?
더 이상 베팅을 할 수가 없습니다.
칩에 손대지 마시기 바랍니다 / 카드가 돌아가는 후에는.
플레이어 그래요.

02. Blackjack table games

Hit & stay

D Bet down please!
P Yeah, I'll bet 300,000.
D Any more bet?
No more bets.
(After the first two cards are dealt,)
(The sum of 8 value card and 5 value card / is 13)
D Hit or stay.
P Hit, please. (Patting / on the lay out)
D Hit. (Repeating that)
One more card.
P Um. It's eighteen. I'll stand. (Shaking palm side to side)
D Dealer, seventeen. You win.
Congratulations!

D 베팅하시기 바랍니다.
P 예, 30만원 베팅하겠습니다.
D 베팅 더 있습니까?
더 이상 베팅은 없습니다.
(첫 두 장의 카드가 돌아가고 난 후에,)
(숫자 8과 숫자 5의 카드 합이 / 13이 나온다.)
D 추가로 더 받으시겠습니까 아니면 더 안 받으시겠습니까?

P 힛. (손바닥으로 가볍게 두드리면서 / Lay out을)
D 힛. (반복해서 말하면서)
원 모어카드.
P 음. 18이군. 스탠드 할께요 (손바닥을 좌우로 흔들면서)
D 딜러, 17. 플리이어 윈.
축하드립니다!

구문해석

- palm [pɑːm] : 손바닥

Blackjack

D Bet down please.
P I'll bet one hundred thousand won.
D Any more bets? .... Nor more bets.
(Player's first two cards / totaling "21" blackjack)
D Player's Blackjack!
(Dealer has an ace open card)
D Do you want to be paid / the same amount of your bet, sir?
P Well, no, deal the cards please.
D Dealer's also Blackjack.
*** tap / the lay out / under the hand's card / twice.
Push.
P Oops! It's too bed / dealer has also blackjack.

D 베팅하시기 바랍니다.
P 저는 100,000원 걸겠습니다.
D 이상 더 베팅 하시겠습니까? … 더 이상 베팅은 안 됩니다.
(플레이어의 첫 2장의 카드가 / 합계 "21"이 되어 블랙잭)
D 플레이어 블랙잭!
(딜러가 에이스 오픈카드를 가지고 있다)
D 지불받으시겠습니까? / 베팅금액의 동일한 액수(1배)를?
P 글쎄, 아니요, 카드를 돌리세요.
D 딜러 또한 블랙잭.
*** 가볍게 두드리고서 / 레이아웃의 / 핸드카드 아래를 / 두 번.
푸쉬.

P 아이쿠! 아깝구나 / 딜러도 블랙잭이어서.

구문해석

- **stake** 영국식 (= stakes) : 내기; 내기에 건 돈, 내기의 밑천, (경마) 현상금, …을 걸다[on]
- **wager** 미·영 [weɪdʒə(r)] : (구식, 격식) 내기, 도박, 노름 /(내기 · 경마 도박) (돈을) 걸다
- **Push = Neither wins** : 어느 쪽도 이기지 않다 / 비기다

  neither 미·영 [naɪðə(r)] [niːðə(r)] (둘 중) 어느 것도 …아니다

Split

D Will you split? (Player's initial two cards are / of equal value)

P Oh! two ace card!

Split please. (Give a V-shaped hand signal / on the lay-out)

******

D Split. (Repeat after the player)

Bet / in the new hand please.

P I'll bet the equal amount 100,000 won.

D Original hand --- card seven, total eighteen.

New hand --- card nine, total nineteen.

Dealer seventeen, you win / in both hands

Congratulations.

P I won! yay!

D 스플릿 하시겠습니까? (플레이어의 처음카드 2장이 / 같은 숫자가 나온다)

P 아! 두 장이 에이스카드군!

스플릿 해주세요. (V자형 모양으로 수신호를 보낸다 / lay out 위에서)

******

D 스플릿. (플레이어의 말을 복창한다)

베팅하십시오 / 새 카드에.

P 베팅하겠습니다 / 같은 금액으로 100,000원.

D 원래의 핸드 ⟶ 카드 7, 총합 17.

새 핸드 ⟶ 카드 9, 총합 19.

딜러 17, 고객님이 이겼습니다 / 모두 다.

축하드립니다.

P 내가 이겼어! 앗싸!

구문해석

• yay 미국·영국 [jei] : [감탄사] 앗싸, 야호(아주 기뻐서 내는 소리) / [부사] 이만큼, 이 정도로

Double down

P Oh! My first two cards / total 9. Double down please.

D Double down (Repeat after the player)

Additional card 10, total 19.

Dealer 18, you win. Congratulations.

P 아! 내 첫 두 장의 카드가 / 총합이 9이군. 더블다운 하겠습니다.

D 더블다운 (플레이어의 말을 복창한다)

추가카드 10, 총합 19.

딜러 18, 고객님 이겼습니다. 축하합니다.

Insurance

D Bet down, please.

P I'll bet 200,000 won / on my hand.

D Any more bets? / No more bets.

*** Player's card is not (still) / in the state of blackjack.

D Dealer's face-up card is an ace. // Insurance bet, / if you want please.

P I'll place an insurance bet.

D Any more insurance bet? This is last call.

Dealer, blackjack.

P Yahoo, I did it!

D 베팅하십시오.

P 20만원을 / 베팅하겠어요 / 제 핸드에.

D 더 이상 베팅 없으십니까? / 더 이상 베팅은 없습니다.

*** 플레이어의 카드가 (아직까지) / 블랙잭이 아닌 상태에서.

D 딜러의 오픈 카드가 에이스일 때 // 보험에 걸어도 됩니다. / 원하시면.

P 걸겠습니다 / 보험베팅에.

D 더 이상 보험베팅이 없습니까? 라스트 콜입니다.
딜러, 블랙잭

P 야호, 내가 해냈어!

구문해석

- Face Up Card : 딜러의 카드 중 보이도록 해 놓은 카드
- Hole Card : 보이지 않도록 엎어둔 카드
- Black Jack : 블랙잭; 처음 두 장(A+10, A+J, A+Q, A+K)의 합이 21인 경우

Surrender

D Bet down please.

P Yeah.

D Any more bets? / No more bets.

P The two cards, / totaling fourteen! // Um, I don't think it's good.

D Then, will you surrender?

P Let's see. I'll surrender.

D All right, sir. I'll take / one half of your bet.

P Oh well. I can't help it.

D 베팅하시기 바랍니다.

P 그러죠

D 베팅 더 있으십니까? / 베팅 마감합니다.

P 2장의 카드, / 합이 14이군! // 음, 좋지는 않네.

D 그럼, 서랜드 하시겠습니까?

P 가만있자. 서랜드(포기) 하겠어요.

D 알겠습니다. 가져가겠습니다 / 고객님 베팅금액의 절반을.

P 그래요. 어쩔 수 없군.

03. Explanation of blackjack game rules

Blackjack

Blackjack is called twenty-one game.

The goal is / to reach a score /that/ is nearer to 21.
If the first two cards are an ace and a ten value card(10, Jack, King, Queen), / the hand total 21 /and then/ it is called blackjack.
The payout / will be one and a half times / as the original bet.
In case both the hand and the dealer / gets blackjack, / it's called a stand-off or push. The game is tied.

블랙잭은 21게임으로 불린다.
목적은 / 카드의 점수가 되는데 /그 점수는/ 21에 가까운 것이다.
첫 카드 2장이 에이스와 10카드(10, 잭, 킹, 퀸)가 되면, / 합친 핸드가 21로/서/ 블랙잭이라 부른다.
지불금은 / 1.5배를 받게 된다 / 원래의 베팅금액에.
만약 핸드와 딜러 모두가 / 블랙잭일 될 경우, / 스탠드오프 또는 푸쉬라고 하며,
게임은 서로 비기게 된다.

Split

In case the first two cards / turn out to be equal number, / players can split / the hand / two separate hand. It is called / a split.
A player have to bet the same amount / in the new hand / as with the original hand.
Two cards are an ace pair, / then / a player can get (only) one card / for each / when splitting aces.

처음 카드 2장이 / 똑같은 숫자일 경우, / 플레이어는 나눌 수 있다 / 한 개의 핸드를 / 두 개의 핸드로 분리하여. 그것을 부른다 / 스플릿이라.
플레이어는 한 동일한 금액을 베팅해야 한다 / 새 핸드에 / 원래 핸드에서와 마찬가지로.
두 장의 카드가 에이스일 경우, / 그러면 / 카드 한 장(만) 받을 수 있다 / 각각의 카드에 / 에이스카드를 스플릿할 경우에.

Double down

The term "double down" meas /that/ it makes an additional bet / equal to the original bet. // It's the case /that/ the sum of any first two cards is / nine, ten or eleven. // (Only) the first two cards / are allowed.

용어 "더블다운"은 의미한다 /그것은/ 베팅금액을 추가로 더 거는 것으로 / 원래 베팅액과 동일한 것이다. // 그 경우는 / 어떤 첫 카드 두 장의 카드 합이 / 9, 10이거나 11일 경우이다. // 첫 카드 2장에 한해서만이 / 허용된다.

Insurance

If dealer's first open card is an ace, / the player can lay an insurance bet / for an amount up to half of the initial wager / on dealer's card / after player can decide / whether to place an insurance bet or not.
In case the dealer's card is blackjack, / a dividend of twice / will be paid out / on the original bet, /but/ lose / what you (originally) wagered on.
If the dealer's card is not blackjack, / the insurance bet loses /and/ the game will continue.

딜러의 첫 오픈카드가 에이스일 경우, / 플레이어는 보험에 걸 수 있다 / 최초 베팅한 금액의 절반까지의 금액으로 / 딜러의 카드 쪽에 / 플레이어가 결정하고 나서 / 보험에 걸지를 걸지 않을지를.
딜러의 카드가 블랙잭이면, / 두 배의 배당금이 / 지불되고 / 최초의 베팅 금액에 대하여,
/그러나/ 잃게 된다 / (원래) 베팅했던 것은.
만약 딜러의 카드가 블랙잭이 아니면, / 보험베팅 금액은 잃게 되/고/ 게임은 계속 진행된다.

구문해석

- **continue** : 계속하다 /= proceed 미[prouˈsi:d], 영[prəˈsi:d] ~ (with sth) (이미 시작된 일을 계속) 진행하다[되다]
- **dividend** [ˈdɪvɪdend] : 배당금

Surrender

If there is a possibility /that/ player's initial two cards / are no win situation, / he may give up the hand. // We call / it / a surrender.
In case the player surrender, / he / will let / the dealer / take half of original bet.

만약에 가능성이 있다면 / 플레이어의 첫 2장의 카드가 / (충분히) 승산이 없을 것으로, / 그는 게임을 포기를 하는데. //
우리는 부른다 / 그것을 / 서랜더 라고.
플레이어가 서랜드인 경우, / 플레이어는 / ~ 하게 할 것이다 / 딜러가 / 원래의 베팅액수의 절반을 가져가도록.

구문해석

- **no-win** : 승산이 없어 보이는 (명사 앞에만 쓰임)

Even money

When dealer' open card is an ace /and/ the player has (already) blackjack, / the dealer can ask the player / whether he want to be paid the same amount of his bet / before the dealer draws the third card / for other players. // if the player give OK signal, / he will be paid / odds of one to one.
딜러의 오픈카드가 에이스이/고/ 플레이어가 (이미) 블랙잭을 가지고 있을 때, / 딜러는 플레이어에게 물어볼 수 있다 / 그가 베팅액수와 동일한 금액을 지불 받기를 원하는지 어떤지를 / 딜러가 3번째 카드를 / 돌리기 전에 / 다른 플레이어에게. // 만약에 플레이어가 동의를 하면, / 그는 지불받게 된다 / 1배의 배당금을.

04. Baccarat table games

D　Bet down, please. (딜러가 베팅을 유도)
Any more bet, sir. (딜러가 마지막으로 베팅을 유도할 때의 calling)
No more bet, please.
Card for player, card for banker, player's, banker's. (첫 카드 두 장을 뽑을 때)
Player, stand on 6, banker 5.
One more bank — Draw 7 - Makes 2
— Player win. (플레이어, 뱅크가 6, 7일 경우 stand on이라고 calling)
(*banker가 6일 경우 stand on이라고 calling하지 않음)

딜러　베팅 바랍니다.
더 베팅 하시겠습니까?
베팅을 마감하겠습니다.
카드 포 플레이어, 카드 포 뱅크, 플레이어스, 뱅크스.
플레이어, 스텐드 온 6, 뱅크 5.
원모우뱅크 - 드로우 7 - 메익스 2
— 플레이어 윈

D　Bet down, please.
Any more bet? No more bet.
Card for player, card for banker, player's, banker's.
Player natural 9, banker 4.
— Player win. (각각의 플레이어, 뱅크가 8, 9로 이겼을 때 natural이라고 calling)

딜러　베팅 바랍니다.

더 베팅 하시겠습니까? / 베팅을 마감하겠습니다.
카드 포 플레이어, 카드 포 뱅크, 플레이어스, 뱅크스.
플레이어 측 네츄럴 9, 뱅크 측 4.
— 플레이어 윈

D Bet down, please.
Any more bet? — No more bet.
Card for player, card for banker, player's, banker's.
Player 1, banker 2.
One more player, draw 8, makes 9. (숫자의 합이 변했을 경우/)
(P, B 각각 2장씩 뽑은 후 세 번째 추가 카드)
One more banker, draw 5, makes 7. — Player win.

딜러 베팅 바랍니다.
더 이상 베팅 없으십니까? — 베팅 마감하겠습니다.
카드 포 플레이어, 카드 포 뱅크, 플레이어스, 뱅크스.
플레이어 1, 뱅크 2.
원모우 플레이어(추가카드), 드로 8, 메이크스(합이) 9.
원모우 뱅크, 드로 5, 메익스 7. — 플레이어 윈(승리)

D Bet down, please.
Any more bet? — No more bet.
Card for player, card for banker, player's, banker's.
Player 4, banker 3.
One more player, draw 0, still 4. (숫자의 합이 변하지 않았을 경우)
One more banker draw 8, makes 1. — Player win.

딜러 베팅 바랍니다.
더 이상 베팅 없으십니까? — 더 이상 베팅은 안 됩니다.
카드 포 플레이어, 카드 포 뱅크, 플레이어스, 뱅크스.
플레이어 4, 뱅크 3
추가카드 플레이어, 드로 0, 스틸 4.
추가카드 뱅크, 드로 8, 합이 1. — 플레이어 측 승.

D Bet down, please.
P1 I'll bet twenty thousand won / on the player
D Any more bet? --- No more bet.
*** After finishing dealer's calling ***
P2 Wait a moment, I'll wage five thousand won / on the banker.

D No more bets / after the card are being dealt.

P2 Oh, I see.

D Card for player, card for banker, player's, banker's.
Player natural 8, Banker also 8, tie hand. (카드 두 장으로 같은 숫자일 경우 also)
(같은 숫자일 경우 last calling tie hand)

딜러 베팅하시기 바랍니다.
플레이어 1 저는 20,000원 베팅 하겠습니다 / 플레이어 쪽에.
딜러 더 이상 베팅 없으십니까? — 베팅 마감합니다.
*** 잠시 후 딜러의 마감 콜이 끝나고서 ***
플레이어 2 잠시만요, 저는 50,000원을 걸겠습니다 / 뱅크 쪽에.
딜러 더 이상 베팅은 안 됩니다 / 카드가 돌아간 후에는.
플레이어2 아, 그래요.
딜러 카드 포 플레이어, 카드 포 뱅크, 플레이어스, 뱅크스.
플레이어 내추럴 8, 뱅크 올소 8, 타이핸드.

D Bet down, please.

P I'll bet 50,000 won on the banker.

D Any more bet? — No more bet.
Card for player, card for banker, player's, banker's.
Player stand 7, banker natural 9.
Banker wins. Congratulations!

P Oh, yeah, We win.

D I'll check your betting chips / to calculate the commission.
I'll take a 5% commission.
47,500 won. Here is your payoff.

P 2,500 won for tips.

D Thank you, sir.

D 베팅하시기 바랍니다.
P 저는 50,000원을 뱅크에다 베팅하겠어요.
D 베팅 더 하시겠습니까? — 베팅 마감합니다.
카드포 플레이어, 카드포 뱅크, 플레이어스, 뱅크스.
플레이어 스텐드 7, 뱅크 네츄럴 9.
뱅크 윈, 축하드립니다!
P 오, 예, 우리가 이겼어.
D 베팅 칩을 확인하겠습니다 / 커미션 계산을 위해.
5%의 커미션을 떼겠습니다.
D 47,500 won, 배당금 여기 있습니다.
P 2,500 won은 팁입니다.
D 감사합니다.

구문해석

• **banker commission** : A 5% commission is taken from banker / when the banker wins / since the banker has a (slightly) high winning rate / in baccarat game.
뱅크커미션 : 5%의 커미션을 뱅크 측으로부터 뗀다 / 뱅크가 이길 경우 / 왜냐하면 뱅크 측이 (약간) 승률이 높기 때문이다 / 바카라 게임에서는.

• **slightly** [slaitli] : 약간, 조금 = a little, somewhat

1. One more player, drew (숫자), makes ( ) *숫자의 합이 변할 경우
2. One more banker, draw ( ), still ( ) *숫자의 합이 변하지 않을 경우
3. One more player draw ( ), also ( ), tie hand. *양쪽 모두가 동일 수일 경우
   Player ( ), bank also ( ), tie hand.
4. 10, J, Q, K가 1장일 경우 zero라고 call
5. 2장의 합이 0일 경우 Nothing이라고 call
6. 3장의 합이 0일 경우 Makes Baccarat라고 call

구문해석

• **draw** [drɔː] : (카지노 용어) 드로, 무승부, 결판이 나지 않음, 그리다(연필, 펜 등으로)

05. Explanation of baccarat game rules

1) Baccarat is the game /that/ wager / on either the banker hand or the player hand.
   바카라는 게임으로 /that/ 베팅을 한다 / 뱅커 핸드나 플레이어 핸드 둘 중 한 곳에.

'Banker and Player' are / in name (only). // Banker and player hand are used / to separate between two different hands
벵커와 플레이어의 의미는 / (단지) 명목상 명칭을 사용하고 있다. // 뱅커와 플레이 핸드는 사용된다 / 2개의 다른 핸드를 서로 구분하기 위해.

2) There ate three types of probable outcomes : Player win, Banker win, and tie.

바카라게임은 / 3개의 가능한 결과물을 가진다: 플레이어 윈, 뱅크 윈, 그리고 타이(동점)

Banker does not mean / the house. // All Players of the baccarat game / have the option / to bet / on either the Player or Bankers hand.

뱅크는 의미하는 것이 아니다 / 하우스를. // 바카라게임의 모든 플레이어들은 / 선택권을 가지는데 / 베팅할 수 있다 / 플레이어나 뱅크 핸드 둘 중 한 곳에.

One is the Banker's hand, the other is the Player's hand. // A Player may bet / on either hand. // But / the chips /that/ game participants bet / should be in place / on either the Player or Banker / before cards are dealt.

하나는 뱅크 핸드이고, 다른 하나는 플레이어 핸드이다. // 플레이어는 베팅할 수 있다 / 두 핸드의 어느 쪽에도. // 그러나 / 칩들은 /그것은/ 베팅참가자들이 걸은 것으로 / 제자리에 놓아야한다 / 플레이어나 뱅크 둘 중 한 곳에 / 카드가 돌아가기 전에.

구문해석

- **probable** : 가능한 = possible

3) Game Players need to learn / how the Dealer deal the cards

게임 플레이어들은 알아둘 필요가 있다 / 딜러가 카드를 돌리는 방법을.

Two cards are dealt / to both the Player and the Banker. // First, / a Dealer / holding the shoe / slides one card out /and/ places it face up / in the Player's space / assigned on game table. // Second, / the first card of the Banker hand, / is placed / in the Banker's space on the table. // Third, / the house (then) deals another Player card, / then the second Banker card. // The dealer's first round / consists of two cards / for both the Player and Banker.

두 장의 카드는 돌려진다 / 플레이어와 뱅크 양쪽 모두에게. // 먼저, / 딜러가 / 슈를 잡고서 / 카드 한 장을 미끄러지듯 꺼내/어/ 카드를 펴 놓는다 / 플레이어의 공간 / 게임테이블위의 지정된 곳에 // 둘째, / 뱅크 핸드의 첫 번째 카드가 놓인다 / 테이블 위의 뱅크의 칸에. // 셋째, / 하우스는 (그리고서) 다른 플레이어 카드를 돌린다. / 그리고서 두 번째 뱅크 카드를. // 딜러의 첫 번째 돌리기는 / 2장으로 구성되어 있는데 / 플레이어와 뱅크 두 곳 모두이다.

구문해석

• **slide** [slaɪd] : 미끄러지듯[슬며시] 움직이다; 미끄러뜨리듯이 넣다

4) Sums / two numbers / of each side of card

합을 계산한다 / 두 숫자를 / 양 쪽 사이드 카드의.

Tens and face cards (King, Queen, Jack) / have a value of zero points, / and / the remainder of other cards / are worth their face value. // Ace equal to one point. // If a total is more than 10, / the double-digit is the value of the hand. //
If two numbers are nine and six, / it make up a five-point hand / with totaling fifteen. // To win the game, / participants in the baccarat / must place the bets / on the hand /that/ totals closer to nine.

10과 페이스카드 (킹, 퀸, 잭)는 / 0의 값을 가지며, / 그리고 / 나머지 다른 카드는 / 액면숫자와 같으며, / 에이스는 1의 숫자와 같다. // 만약 전체 합이 10 이상이면, / 두 자리 숫자는 핸드의 밸류이다. // 가령 두 수가 9와 6이면, / 5점의 핸드를 만든다 / 총합이 15가 되어 // 게임에 이기기 위해서는 / 바카라 게임 참가자들은 / 베팅을 걸어야 한다 / 핸드 쪽에 /그 핸드는/ 9에 가까운 전체의 합이다.

구문해석

• **face card** : 그림카드(king, queen, jack의 그림이 그려져 있는 카드) = court card
• **face value** : (카지노용어) 페이스 밸류, 액면가
• **digit** [ˈdɪdʒɪt] : (0에서 9까지의 아라비아) 숫자
double-digit = double figure = two figure (두 자리 숫자 ; 명사 앞에만 사용)
The number 57306 contains five digits. 번호 57306에는 숫자가 다섯 개 들어 있다
• **hand** : (카지노용어)핸드
• **worth** [wɜːrθ] : ~ 할(의) 가치가 있는(되는)

5) The meaning of the natural win.

네츄럴 윈의 의미.

If / the total score is 8 or 9 / for <u>either</u> the Player <u>or</u> the Banker / with the first two cards dealt, / it is called a natural win /and/ the game is over. // Payoff /that/ game Players bet / are paid.

만약 / 숫자의 총합이 8이거나 9일 경우 / 플레이어나 뱅크 둘 중에 / 돌아간 첫 2장의 카드로, / 그것을 내추럴 윈이라 부르/며/ 게임은 종료된다. // 지급액은 / 플레이어들이 베팅한 것이 / 지불된다.

구문해석

- payoff 지급액 / paid 지불하다 / cash out 현금으로 지불하다

6) The Player can decide / whether to have the third card / after checking the total points.

플레이어는 결정할 수 있다 / 3번째 카드를 받을지를 / 숫자 총합을 보고서.

Additional card depends on / the Player hand (first). // A total of 8 or 9 / for the Player / will not get any more cards. // The Player stands / on totals of 6 or 7. // With any other total, 0-5, / the Player draws a third card, / unless the Banker has 8 or 9. // But / if Banker has 8 or 9, / the Bank hand wins / without further draw.

추가카드 여부는 결정된다 / 플레이어의 핸드에 의해 (먼저). // 총합이 8이나 9이면 / 플레이어 쪽이 / 더 이상의 카드를 받지 않는다. // 플레이어는 스탠드를 한다 / 총합이 6이나 7에서. // 다른 어떤 총합이 0-5일 경우, / 플레이어는 3번째 카드를 받는다. / 뱅크가 8이나 9가 아닐 경우에. // 그러나 / 뱅크가 8, 9일 경우에 / 뱅크 핸드는 승리한다 / 더 이상 추가로 돌리지 않고서.

7) Understanding the rules / according to result of Banker' s third card

규칙을 이해한다 / 뱅크의 3번째 카드 결과에 따라서.

If the Player draw (only) two cards, / the Banker draws / with a hand's total value of 0-5 /and/ stands pat / with a hand total of 6 or 7. // All other hands are determined / on the third card / the Player draws.

만약 플레이어에게 두장의 카드(만) 돌려진다면, / 뱅크는 받는다 / 핸드의 총합이 0-5에서 /그리고/ 고수를 한다 / 핸드의 총합이 6이나 7에서. // 다른 모든 핸드는 달려있다 / 3번째 카드에 / 플레이어가 뽑은 카드이다.

- The Player's third card is 9, 10, face-card or ace, / then / the Banker draws / when Bank's hand has a 0-3, /and/ stays with a 4-7.
- The Player's third card is 8, / then / the Banker draws / when Bank's hand has a 0-2, /and/ stays with a 3-7.
- The Player's third card is 6 or 7, / then / the Banker draws / when Bank's hand has

a 0-6, /and/ stays with a 7.

- The Player's third card is 4 or 5, / then / the Banker draws / when Bank's hand has a 0-5, /and/ stays with a 6-7.
- The Player's third card is 2 or 3, / then / the Banker draws / when Bank's hand has a 0-4, /and/ stays with a 5-7.

- 플레이어의 3번째 카드가 9, 10, 페이스카드이거나 에이스이면, / 그러면 / 뱅크가 받는다 / 뱅크핸드가 0-3을 가질 때, /그리고/ 4-7에 스테이한다.
- 플레이어의 3번째 카드가 8이면, / 그러면 / 뱅커는 받고 / 뱅크핸드가 0-2가 될 때, /그리고/ 3-7에 스테이한다.
- 플레이어의 3번째 카드가 6이거나 7이면, / 뱅커는 받고 / 뱅크핸드가 0-6이 될 때, /그리고/ 7에 스테이한다.
- 플레이어의 3번째 카드가 4이거나 5이면, / 뱅커는 받고 / 뱅크핸드가 0-5가 될 때 /그리고/ 6-7에 스테이한다.
- 만약 플레이어의 3번째 카드가 2이거나 3이면, / 뱅커는 받고 / 뱅크핸드가 0-4에서, /그리고/ 5-7에서 스테이한다.

구문해석

- **stand pat** : (카지노용어)스탠드 팻 / (결심, 견해를) 고수하다
- **according to ~** : ~ 에 따라

8) Understand / the methods of calculating winning hand / after all cards are dealt.

이해한다 / 이기는 쪽 핸드를 산정한는 방법을 / 모든 카드가 돌아가고 난 다음에.

If / the totals of a hand is close to 9, / it become a winning hand. // In case of a tie, / neither hand wins nor loses. // A commission can be paid / with the occasion / from winning side / when betting on the Banker's hand.

만약 / 한쪽 핸드의 총 합계가 0에 가장 가까우면, / 승리의 핸드가 된다. // 타이(같은 점수)일 경우, / 어느 쪽 핸드도 이기거나 패하지 않는다. // 커미션이 지불될 수 있다 / 경우에 따라 / 이기는 쪽에서 / 뱅크의 핸드에 걸었을 때.

A commission is taken / on most baccarat tables / in case of betting on a Banker. // But / In the case that / you bet on both the Player and Banker, / you lose that commission / even though you won on the Banker.

커미션을 뗀다 / 대부분의 바카라 테이블에서 / 뱅크에 베팅을 하게 되면. // 그러나 / 그런 경우에 / 플레이어와 뱅크 모두에 걸었다면, / 그 커미션은 잃게 된다 / 설령 뱅크가 이겼다 할 경우라도.

06. Baccarat game types

Mini baccarat : The game Players are not allowed / to squeeze the cards
미니 바카라 : 게임 참가자들에게는 / 허용되지 않는다 / 카드를 움켜잡고 보는 것이.

Middle baccarat / Main baccarat : The game Player /who/ places the biggest bet / has the right / to squeeze / the cards dealt face down
미들 바카라 / 메인 바카라 : 게임 참가자 중에 /who/ 가장 많이 베팅한 player가/ 선택권을 가지고서 / 움켜잡고 볼 수 있다 / 뒤집어서 나누어준 카드를.

구문해석

- **deal** : 나누어 주다, 분배하다, (카드를)돌리다 / (과거) dealt
- **squeeze** [skwi:z] : (보통 손으로 움켜쥐고서 꽉) 쥐어짜기, 쥐어짜다
- **face down** : 뒤집어 놓다, 엎어놓다

07. Roulette game

At the roulette table

P I want to change 300,000 won / into chips.
300,000원을 교환해 주세요 / 칩으로.

D How would you like your chips?
칩을 어떻게 드릴까요?

P Make them / play chips for the 100,000 won, /and/ money chips for the 200,000 won, please.
How many colors of play chips / do you have?
그것들을 해 주세요 / 플레이칩 100,000원, /그리고/ 머니칩을 200,000원으로.
플레이이 칩 색깔 종류가 어느 것들이 / 남아 있습니까?

D We have 7 different colors of chips(1,000 won), / 3 marking chips (5,000 won, 10,000 won). Only 3 colors of play chips, green, blue, brown left.
Which color do you like, sir?
*마킹 칩 : 게임 참가 고객수가 많을 경우 구별을 쉽게 위하여 사용

7가지의 다른 칼라 칩(1,000원 권)과, / 3개의 마킹 칩(5,000원 권, 10,000원 권)이 있는데, 3개의 플레이 칩만 이, 그린, 블루, 브라운이 남아 있습니다.

P　Please give me blue. /And/ change all / for the money chips
블루를 주세요. /그리고/ 나머지 모두를 바꿔주세요 / 머니 칩으로.

D　Check! (300,000원을 game table 위에 놓고서 calling한다)
300,000 won, pay! (Manager에게 확인 후 고객에게 pay)
Bet down, please! (시작 베팅 유도 call)
No more bet! (베팅 마감 call)
Ball is going down! (잠시 후 ball이 떨어질 즈음에)
Number 16! (Calling 후 마크를 16번 위에 올려놓는다)
책!
300,000원 지불!
베팅 바랍니다! (베팅시작)
베팅 마감합니다!
볼이 떨어집니다!
16번!

구문해석

• **룰렛게임** : 1) 플레이 칩 (통상 7~9가지의 색 : 빨, 주, 노, 초, 파, 남, 보, 그레이)
2) 마킹 칩 (5,000권 / 10,000권 : 미니 칩스를 사용하는 플레이어 숫자가 머니 칩스 종류의 숫자보다 많을 때 대용으로 마킹 칩을 사용한다)
3) 머니 칩 : Table limit에 따라 인사이드 및 아웃사이드 베팅이 가능

08. Understanding of roulette game procedure

Roulette is the wheel game /which/ roll the small ball around / in the opposite direction of the spinning wheel.
The participants in the game / can bet / on numbers, groups of numbers, or colors.
The two types of chips available are / play chips and money chips / in roulette.
The play chips are not valuable / in terms of money.
Six or more different colors of play chips / are available / in roulette table ; white, red, yellow, blue, green, and brown.
Each player can use a single color of chips
The purpose of the different colors / is to distinguish one player / from other.

The value of each play chip is / around 1,000 to 2,500 won, / depending on the casino. All these chips are the equal value.

룰렛은 휠게임으로 /which/ 작은 구슬을 돌린다 / 반대방향으로 회전하는 바퀴와.
게임참가자들은 / 베팅할 수 있다 / 번호, 번호의 군집이나 색깔 위에.
사용가능한 2개의 칩은 / 플레이 칩과 머니 칩이다 / 룰렛에서.
플레이 칩은 가치를 가지지 않는다 / 금전적으로.
6가지 이상의 다른 색깔의 플레이 칩이 / 사용될 수 있다 / 룰렛 테이블에서 : 화이트, 레드, 옐로, 블루, 그린, 브라운색으로.
각각의 플레이어는 한 가지 색상의 칩만을 사용할 수 있다.
다른 색상의 목적은 / 플레이어를 구분하기 위해서이다 / 다른 플레이어들과.
각 플레이칩의 가치는 / 1,000원에서 2,500원 정도로, / 카지노마다 다르다.
칩 모두는 동일한 가치이다.

구문해설

- **distinguish from** : 구별하다, 분간하다 = tell apart

A roulette wheel contains / the numbers 1 through 35 /plus/ 0 (single zero) and 00 (double zero). // The wheel contains 18 red numbers, 18 black numbers and two green numbers (0 & 00). // Eighteen of the 36 numbers are even /and/ 18 are odd.

룰렛 휠에는 들어있다 / 1에서 35가지 숫자와 /또한/ 0과 00이 적혀 있다. // 휠에는 숫자는 18개의 적색과 18개의 흑색 및 0과 00의 2개의 녹색을 포함하고 있다. // 36가지의 숫자 중 18개는 짝수이/며/ 18개는 홀수이다.

구문해설

- **plus** : 전 ~뿐만 아니라, ~도 또한, 접 더욱이, 게다가

09. Roulette wheel number sequence

The pockets of the roulette wheel are numbered / from 0 to 36.
In number / ranges from 1 to 36, / odd and even numbers, and red and black / are mixed.
There is a green pocket / numbered 0 (zero). // In American roulette, / there is a second green pocket / marked 00.

룰렛 휠 포켓은 숫자가 매겨져있다 / 0에서 36까지.
번호는 / 1~36까지 다양하고 / 홀수와 짝수, 그리고 빨강과 검정이 / 섞여있다.
그린 포켓은 / 0의 숫자가 매겨져 있다. // 미국 룰렛에서는, / 세컨드 그린 포켓이 있는데 / 00으로 표시되어 있다.

구문해석

- **sequence** [si:kwəns] : (카지노용어)시퀀스, (일련의) 연속적인 사건들[행동들/숫자들 등]
  flush sequence 5장의 연속 같은 패를 듦
- **number** : 번호를 매기다[붙이다]
- **range** [reɪndʒ] : (변화, 차이의) 범위, 폭, (양, 크기의 범위) ~에서 ~까지 다양하다

10. Layout of roulette table

The layout is either single zero or double zero. //
A single zero(0) is adopted / in European style layout (The odds / are a thirty-seventh to one), /and/ a double zero(00) is adopted / in American style layout. (The odds / are a thirty-eighth to one)
There are two types of bets : Inside bets and outside bets.
Betting rules / are as fellows

레이아웃은 싱글 0이거나 더블 제로 00로 되어 있다.// 싱글 0는 채택이 되고 / 유럽식 레이아웃에서 (확률은 37/1), / 더블 00는 채택을 하고 있다 / 미국식 레이아웃에서. (확률은 / 38/1이다)
2가지 종류의 베팅이 있다 : 즉 인사이드와 아웃사이드 베팅 방식이다.
베팅 룰은 / 다음과 같다.

Inside bets (인사이드 베팅)

High payouts and low odds / on winning rate
This inside bets / has a 38th/1~38th/6 probability of winning.

높은 배당금과 확률이 낮다 / 승률에서.
인사이드 베팅은 / 38/1~38/6의 승률의 확률을 가진다.

Types	Inside Betting rules	Pays
• One number bet / Straight bet (싱글 숫자 베팅)	Bet on (only) a single number 싱글 숫자에(만) 베팅을 한다 Place the chip / on the one number in the square. 칩을 놓는다 / 한 개 번호의 사각 안에	35:1
• Two number bet / Split bet (2자리 숫자 베팅)	Bet / on two vertically/horizontally contagious numbers (7-8 or 8-9 or 32-32) 베팅한다 / 2개의 가로/세로로 인접한 번호에 place the chip on the same line / shared with the numbers 칩을 놓는다 동일한 선에 / 번호를 함께 공유한 선	17:1
• Three number bet / Street bet (3자리 숫자 베팅)	Bet on a three-number /that/ involves (at least) one zero: 3개 번호에 베팅 / (적어도) 0 하나를 포함하고서 0-1-2 (either layout 레이아웃 어느 쪽이든 가능) 0-2-3 (single-zero only 싱글 0에서만); 0-00-2 or 00-2-3 (double-zero only 더블 제로에서만) On the corner / shared by the three chosen numbers 코너에 / 3개의 선택한 번호를 함께 공유한 곳 Bet / on three consecutive numbers in a horizontal line (4-5-6) or (10-11-12) or (25-26-27) 베팅한다 / 3개의 연속 번호에 / 가로선에 있는 곳으로 Put the chip / on the outer edge of the number / at either end of the line 칩을 놓는다 / 숫자의 바깥 가장자리에 / 어느 쪽이든 선의 끝에서	11:1
• Four Number bet / Corner bet / Square bet / Quarter bet (4자리 숫자 베팅)	Bet / on four numbers /that/ meet at one edge (13-14-16-17) or (25-26-28-29) 베팅한다 / 4개의 수에 / 한 모퉁이에서 만나는 곳 Put the chip / on a common edge. 칩을 놓는다 / 공통의 모서리에	8:1
• Five Number bet (5자리 숫자 베팅) (American style / Double-zero layout only (미국식 / 00 레이아웃에서만)	Bet on 0-00-1-2-3 0-00-1-2-3에 베팅 On the outer corner / shared by 0-1 or 00-3 바깥 코너로 / 0-1이나 00-3을 공유	6:1

• Six Number (line)bet / Double Street (6자리 숫자 베팅)	Bet / on six consecutive numbers / sharing two horizontal lines (13-14-15-16-17-18) or (19-20-21-22-23-24) 베팅한다 / 6개의 연속번호에 / 2개의 가로선을 공유하는 곳 Place the chip / on the outer corner / shared by the numbers / furthest to the left or furthest to the left. 칩을 놓는다 / 바깥 코너에 / 번호를 공유한 곳으로 / 번호의 제일 왼쪽이나 제일 오른쪽에	5:1
• First Four (Single-zero / only in European style layout) (싱글 제로 / 유럽식 레이아웃에만 있음)	Bet on 0-1-2-3 0-1-2-3에 베팅 On the outer corner / shared by 0-1 or 0-3 바깥 코너 / 0-1이나 0-3을 공유하는 곳	

Outside bets (아웃사이드 베팅)

Have a low dividend and good odds, / but / all bets will lose / if a zero comes up. This outside bets / has a 33 percentage~50 percentage probability of winning.

소액 배당금과 / 높은 확률을 가진다. /그러나/ 모든 베팅은 잃게 된다 / 0이 나오면.
아웃사이드 베팅은 / 33%~50%의 승률의 확률을 가진다.

Types	Outside Betting rules	Pays
• Column bet (종대 베팅)	A bet on the number of the vertical column of 12 numbers /that/ the player choose. 1 4 7 10 on down / to 34. // The chip is put / on the area below the final number / in this sequence. 베팅은 / 번호가 12개 번호의 수직 종대에 있다 /그 번호는/ 플레이어가 선택한 번호이다. 1-4-7-10로 시작해서 / 34까지. // 칩은 놓인다 / 마지막 번호 아래의 공간의 / 이 연속되는 숫자에.	2:1
• Lown umber bet (낮은 빈호 베팅)	A bet / on the low number(No, 1 to 18) to the area /that/ the player choose. 베팅은 / 낮은 번호(1~18)의 영역에 /that/ 플레이어가 선택한 곳의 번호	1:1

• High number bet (높은 번호 베팅)	A bet / on the high number(No. 19 to 36) to the area /that/ the player choose. 베팅은 / 높은 영역의 번호(19~36)에 /즉/ 플레이어가 선택한 곳의 번호	1:1
• Red or black (레드나 블랙)	A bet / on the number of the color /that/ the player choose. 베팅은 / 색깔의 번호에 /that/ 플레이어가 선택한 색깔에.	1:1
• Even or odd (짝수 또는 홀수)	A bet / on the even or odd numbered type /that/ the player choose. 베팅은 / 짝수나 홀수 번호 타입에 /that/ 플레이어가 선택한 번호 타입.	1:1
• Dozen bet (12개 묶음 수에 베팅)	A bet / on the number of the dozen /that/ the player choose. (1-12 or P12), (13-24 or M12), or third (25-36 or D12). 베팅은 / 12개 숫자에 /that/ 플레이어가 선택한 12개의 번호묶음이다. (1-12 or P12), (13-24 or M12), (25-36 or D12)	2:1

구문해석

- **vertically** [|v3:rtıkli] : 수직으로 / horizontally [|hɔ:rə|zɑ:ntl;|hɑ:r-] : 수평으로
- **contagious** [kən|tıgjuəs] = adjacent [ə|d3eɪsnt] : ~ (to sth)지역·건물 등이 인접한, 가까운
- **square** [skwer] : 정사각형, 직각의
- **consecutive** [kən|sekjətıv] : 연이은
- **leftmost** [|leftmoust] : (명사 앞에서만 사용)제일 왼쪽의; 극좌의
- **involve** [ın|vɑ:lv] : 포함하다, 수반하다
- **sequence** [|si:kwəns] : 연속적인 숫자들(행동들), (사건의) 순서, 차례로 배열하다.

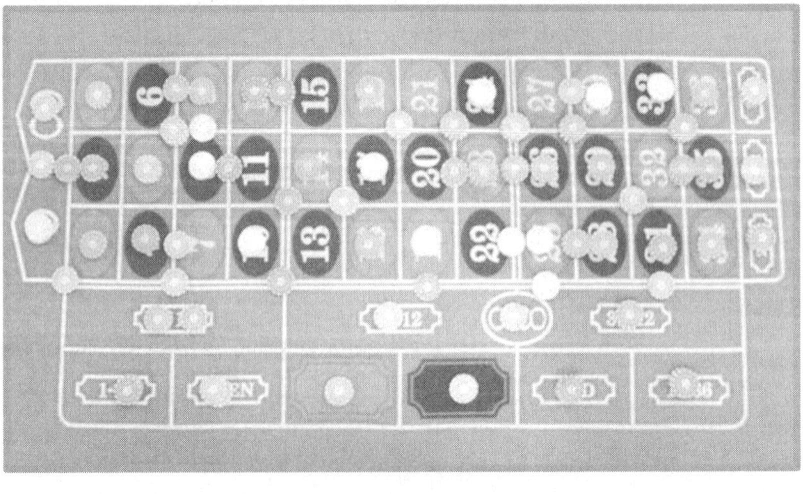

11. Tai sai

At the Tai sai table

D Place your bet, please. (고객에게 베팅유도)

** 고객이 베팅 후 **

No more bets. (딜러의 베팅마감 call)

** 딜러가 보턴을 누르고, 주사위가 튄다. **

** 정지 후 주사위 숫자 2, 3, 4가 나온다.

D Two, Three, Four. (딜러가 calling 한다)

** 딜러가 전광판 보턴을 눌러 다이사이판에 불이 들어온다.

5 people, please hand up! (게임 참가자가 많아서 당첨자 확인이 불가능할 경우 요청)

D 베팅하시기 바랍니다.
베팅 마감합니다.
2, 3, 4
5분, 손을 들어주시기 바랍니다!

Game rules

In the tai sai game / colour chips(play chips) are chips of a particular set, / have the same mark on them / to tell them / from colour chips / used at other tables.

다이사이 게임에서 / 칼라 칩스는 특별한 칩스 셋트로, / 칩스에 동일한 마크가 새겨져 있는데 / 그것들을 구별하기 위해서이다 / 칼라칩스와 / 다른 테이블에서 사용되고 있는 것들과.

Explaining how to play

- At first, / the Dealer announces "Place your bet" or ("Bet down, please") / when the game starts.
- Each player / can place / the money chips or play chips, marking chips / on the section /which/ is considered a higher probability of winning.
  (☞ If tai sai has many playes or participants, / marking chips is available.)
- Next, / the Dealer announces "No more bets" / when closing of bets take effect.
- The Dealer shall cover /and/ activate the dice shaker / by pressing a shaker button /and/

bouncing dices / 3 times or more / inside the dice shaker.

- The winning number of combination / is determined / by result of the numeric value (= adding number, and each number) of the three dice / when the dice shaker is uncovered. // The dice must be laid flat / on the bottom part of the dice shaker.

- 먼저, / 딜러가 "베팅 바랍니다"라고 알리면 / 게임이 시작된다.
- 각 플레이어는 / 놓을 수 있다 / 머니 칩이나, 플레이 칩, 마킹 칩을 / 구역에다 /그 구역은/ 승리의 확률이 높다고 생각되는 곳이다.
  (☞ 다이사이게임에 게임 참여자가 많을 경우, / 마킹 칩 사용이 가능하다.)
- 다음으로, / 딜러가 "베팅 마감합니다"라고 알리면서 / 베팅 마감이 실시된다.
- 딜러는 덮고/서/다이사이 용기를 작동시킨다 / 셰이커 버튼을 눌러 / 주사위를 튀긴다 / 3번 이상을 / 주사위 셰이커 안에서.
- 승리의 조합수는 / 결정된다 / 3개의 주사위 숫자 값 (= 더한 수, 각각의 수)의 결과에 의해 / 주사위 셰이커 용기의 덮개가 벗겨지면서. // 주사위는 반듯하게 놓여 있어야 한다 / 주사위 셰이커의 밑바닥 부분에.

구문해석

- **commencement** [kə|mensmənt] : 시작, 개시
- **take effect** : 효과가 나타나다, 효력을 나타내다; (법률이) 실시되다, 발효하다
- **dice** [daɪs] : 주사위
- **shaker** : (무엇을 담아) 흔드는 데 쓰는 용기, 셰이커(카지노 용어)
- **activate** : 작동시키다
- **tumble** [|tʌmbl] : 굴러 떨어지다[떨어지게 하다]
- **combination** [|kɑːmbɪ|neɪʃn] : 조합, 결합(물)
- **numeric** [njuːmérik] : 수 / numeric value 숫자 값
- **uncover** [ʌn|kʌvə(r)] : 덮개를 벗기다, 뚜껑을 열다
- **flat** [flæt] : 평평한, 평평하게, 반듯이, 아파트식 주거지

In case of unforeseen occurrences, / while the game is in progress

(돌발상황 발생 시 / 게임 진행 중에)

The following situations / are considered as (no game).

- The dices are stacked / one on top of the other.
- When the dice / is broken /or/ the dice shaker won't roll / for three (3) times
- The dice is found to be / in a slanted state / after uncovering the dice shaker. // The dice does not settle / even though Floor Person tap on the table / near the shaker /

to bring three dices to a level / after making several attempts.

Then / after calling the floor person, / the manager will declare no game. //

In the game / all participants have a second chance / to bet, / and the game is played.

The Dealer activate the dice shaker (again) / with resting 3 of the same numbers (evenly) /which/ got from former game.

But / this rule, (whether to proceed with the game) might apply / depending on casino.

- After the Dealer announces "No more bets", / no further bet is possible, /and/ the players are prohibited to touch wagers.

다음의 상황은 / 간주된다 (노게임으로).

- 주사위 2개가 포개져 있다 / 한 개가 다른 한 개의 위에.
- 주사위가 / 깨지거/나/ 주사위 셰이커가 구르지 않을 때 / 3번으로.
- 주사위가 발견이 된다 / 비스듬해져 있는 상태로 / 주사위 셰이커 커버가 벗겨지고 나서. // 주사위가 반듯하게 놓이지 않는다. / 관리자가 테이블을 톡톡 두드려도 / 셰이커 용기 가까이서 / 3개의 주사위를 반듯하게 놓이도록 하기 위해 / 여러 번 시도한 후에도.

  그러면 / 관리자를 부르고/서/ 매니저는 노게임을 선언한다. // 게임에서 / 모든 참가자들은 다시 기회가 주어지고 / 베팅할 수 있게. / 그리고서 게임은 진행된다.

  딜러는 (다시) 주사위 셰이커를 작동시킨다 / 3개의 동일한 숫자를 (평평하게 해 놓고서 /그 동일 숫자는/ 앞 게임에서 나왔던 동일 숫자로 한다.

  그러나 / 이 룰은(게임의 계속 진행여부) 적용이 된다 / 카지노마다 다르게.
- 딜러가 "No mere bets"라고 알린 후에는, / 더 이상의 베팅은 하지 못하/며,/ 플레이어들은 베팅한 곳에 손을 대는 것이 금지된다.

구문해석

- **unforseen** [ʌnfɔːr|siːn] : 예측하지 못한, 뜻밖의
- **occurrence** [ə|k3:rəns] : 발생하는[존재하는/나타나는] 것
- **stack = overlap (with)** : 여럿이 포개어지다; (겹쳐 쌓다, 포개 놓다)
- **fails to + 동사** : ~하지 못하다
- **lift** : (다른 위치로 옮기기 위해) 들어 올리다(내다) / 들리다
- **slant** [slænt] : 기울어지다, 비스듬해지다, 기울게 하다
- **level** [levl] : 평평(반반)하게 하다, 균형을 잡다
- **settle** : (움지이지 않도록) 놓다, 앉히다, 정주시키다(하다), 자리 잡게 하다, 해결하다
- **prohibit** [prə|hɪbɪt] : (보통 수동태로) 금지하다, 금하다 = be prohibited

Settlement (지불금)

- Odds of Each Winning Wager (각 승리 벳의 확률)

Types of Tai Sai Game		
Betting Rules		**Pays**
• Even Bet (짝수 베팅)		1:1
• Odd Bet (홀수 베팅)		1:1
• Small (Total of 4-10 except Triple) 트리플을 제외한 총 4–10		1:1
• Big (Total of 11-17 except Triple) 트리플을 제외한 총 11–17)		1:1
• Pair Dice Bet		8:1
• Any Triple Bet (어떤 트리플벳에 관계없이 적용) (1, 1, 1 / 2, 2, 2 / 3, 3, 3 / 4, 4, 4 / 5, 5, 5)		24:1
• Specific Straight Triple Bet (특별한 1곳에만 베팅 / 동일번호 3개		150:1
• Single Dice Bet	Number Bet appearing on 1 dice (among 3 dices) 1개의 주사위에 나타난 번호 베팅 (주사위 3개 중)	1:1
	Number Bet appearing on 2 dice (among 3 dices) 2개의 주사위에 나타난 번호 베팅	2:1
	Number Bet appearing on 3 dice (among 3 dices) 3개의 주사위에 나타난 번호 베팅	3:1
• Total Number Bet	Combination of Numbers (4 or 17) 숫자 조합	50:1
	Combination of Numbers (5 or 16)	30:1
	Combination of Numbers (6 or 15)	18:1
	Combination of Numbers (7 or 14)	12:1
	Combination of Numbers (8 or 13)	8:1
	Combination of Numbers (9, 10, 11, 12)	6:1

구문해석

- **odds** [ɑ:dz] : 공산, 가능성
- **wager** [ˈweɪdʒə(r)] : 내기, 걸기 / (카지노용어)웨이저 = *bet*
- **settlement** : (카지노용어)세틀먼트, 지불, (대금) 지불일, 결재일

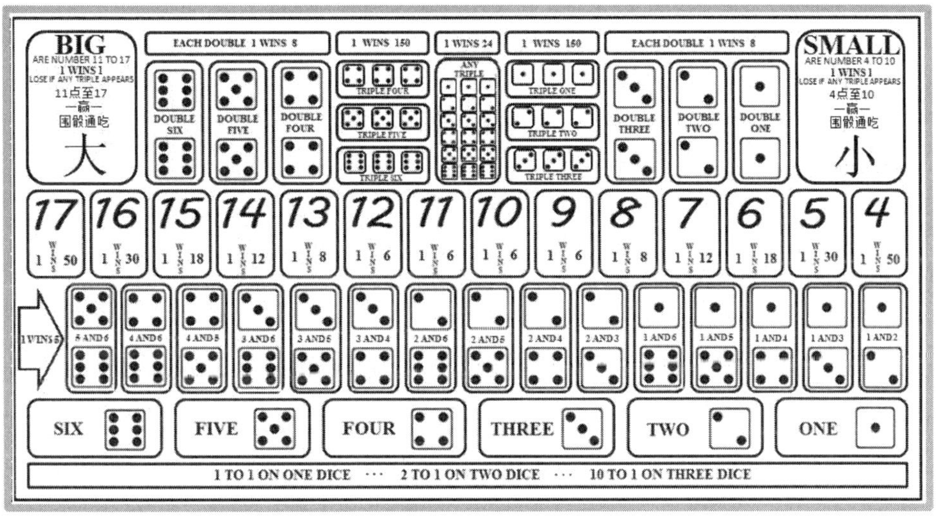

Terms

용어

01. Hotel Terms

- Accommodation　숙박시설을 말함
- Additional charge　추가요금
- Adjoining Room　객실과 객실이 같은 방향으로 나란히 붙어있는 인접객실. Side-by-side rooms
- A LA Carte(알라 까르떼)　일품 요리. 메뉴 중에서 자기가 좋아하는 요리를 선택하여 주문하는 형식
- A La Mode　각종 파이류에 아이스크림을 위에 얹어 내는 후식
- Amenity　고객의 편의를 꾀하고 격조 높은 서비스 제공을 위하여 객실 등 호텔에 무료로 준비해 놓은 각종 소모품 및 서비스 용품(비누, 샴푸, 헤어젤 등)
- American Breakfast　Continental Breakfast에 계란요리가 곁들인 아침식사
- American plan　객실요금에 매일 3식의 식사요금이 포함되어 있는 숙박요금제도.(Full Pension)
- Appetize　식사 전에 식욕을 돋우기 위한 술. 전채
- Aperitif　식욕을 촉진하기 위해 식전에 마시는 술이며, 대표적으로 쉐리(Sherry), 베르무트(Vermouth; 알코올 함유량 17~21%), 비터스(Bitters; 알코올 함유량 48%) 등이 있다.
- Arrival List　숙박예약자 명단
- Baby Sitter　4~5세 미만의 아기를 호텔에 데리고 왔을 때 맡기는 곳에 아이를 돌보는 사람
- Assistant manager　부지배인
- Back of the house　호텔 내에 있는 후방부서 중 고객에게 직접 노출되지 않는 장소(사무실, 세탁실, 주방 등)
- Baggage Tag　화물을 맡겼을 때의 짐표

- Banquet 사전에 예약된 단체고객들에게 order에 의한 음식 준비 및 제공(연회). 주로 뷔페 제공
- Bellman 벨 부서에서 호텔의 프런트 부근에서 입실, 퇴실(check-in, check-out) 절차를 마친 숙박객의 짐 운반, 객실안내, 심부름 등을 하는 직원
- Beverage 음료를 말하며, 양조주 · 증류주 · 혼성주 등의 알코올성 음료와 청량음료 · 영양음료 · 기호음료 등의 비알코올성 음료를 총칭
- Bill of fare 메뉴
- Blocked 호텔 객실이나 항공기 좌석 등을 예약하여 객실이나 좌석을 확보하는 것을 의미
- Booking(Reservation) 호텔 이용 고객들에게 미리 받는 객실 예약
- Brochure 각종 안내용 소책자(Pamphlet)
- Brunch 아침과 점심을 겸한 식사, 즉 Breakfast의 'br'과 'Lunch'의 조합
- Bus Boy 식당에서 고객의 식사가 끝난 후 식탁을 치우거나, 웨이터를 보조하는 호텔종사원
- Butler(버틀러) 귀빈 층(executive floor) 고객에게 밀접하게 접근하여 일상적인 서비스를 해주는 업무의 일종으로서 자리를 잡고 있으며 하우스키핑 부서에 속하기도 한다.
- Cafeteria 손님 자신이 좋아하는 음식을 직접 식탁으로 날라다 먹는 간이식당. Self service 식당
- Canape 빵을 잘게 여러 가지 모양으로 만들어 그 위에 각종 가공된 음식을 얹어 한입에 먹는 요리
- Cancellation(CNL) 예약취소, 약어로 CNL이라고 표기한다.
- Cancellation Charge 예약취소에 의해 고객이 지불하는 비용
- Captain 식당에서 고객의 주문받는 일을 수행하면서 웨이터와 함께 정해진 구역을 담당하는 호텔종사원으로 웨이터보다 지위가 높고, 매니저보다는 낮다.
- Cart 짐 운반에 사용되는 수레
- Caster set 테이블 위에 놓는 소금과 후추세트
- Catering 고객에게 조리되어진 음식을 제공한다는 의미(음식조달 사업). 식음료부
- C.C TV(Closed Circuit Television) 폐쇄회로 TV. Sky eye(천정에 달린 감시 카메라)
- Center Piece(식탁의 중앙장식물) Table 중앙에 놓여 진 집기들의 배열. 즉 디저트용의 도기제, 혹은 Silver로 된 공예품이나 조각품의 접시, 꽃꽂이(수반 꽃이나 병 꽃), 꽃다발, 촛대(Candle Stick), Napkin Holder or Menu Holder, 각종 소스 병, Ice Pieces 등
- Chaser 독한 술을 straight나 on the rocks로 마신 후 뒤따라서 마시는 물, 혹은 청량음료
- Check In 호텔에서 투숙절차를 하는 것, 혹은 항공사의 카운터(counter)에서의 탑승수속
- Check Room(체크 룸) 호텔에서 고객의 내용물을 보관해 주는 장소(모자, 외투, 가방 등)
- Check Out Time(12) 숙박자가 퇴실을 하는 시간으로 통상은 오전 11시나 12시이다.

- **Chef(주방장; Chef de Cuisine)** 식당의 주방장(Kitchen Chief)
- **Chef de Partie(조리장)** 직속상관은 주방장(Sous Chef)이며, 자기 주방요원들의 근무 스케줄을 작성하고, 조리사들을 교육 훈련, 영업 전에 최종적으로 준비 점검을 실시하고, 종료 후 마지막 점검도 한다.
- **China ware** 각종 도자기 집기류
- **CIP(Commercially Important Person)** 그룹사의 주요 인사나 상업적인 거래상 중요한 영향력이나 역할을 하는 귀빈
- **City Ledger(미수금 원장)** 외상매출장으로 특히 비 투숙객에 대한 신용판매로부터 발생된 수취원장. 후불장
- **Cloak Room(Check Room)** 호텔, 연회장, 식당에 있는 고객의 코트 또는 휴대품 등의 일시 보관소
- **Concierge(콘시어즈)** 호텔정보(안내)를 책임지는 자, 주로 호텔로비에 위치해 있음
- **Condominium(콘도미니엄; Time-Share Hotel. Condo)** 공공건물에 개별적으로 소유권을 행사하면서(회원권 분양) 저당설정과 양도가 가능하며 그 시설관리의 서비스는 별도의 독립된 회사에 의해 행해지는 숙박형태이다.
- **Confirmation Slip(예약확인서)** 호텔 객실을 예약한 고객에게 예약에 이상 없음을 알려주는 확인서로서 투숙자 명, 도착일, 출발일, 객실종류 등 필요한 사항을 기입하여 고객에게 예약사항을 확인케 하는 것
- **Complaint** 고객의 불평 사항(보통 컴플레인으로 발음)
- **Complimentary** 호텔선전을 위한 목적 등으로 무료로 제공하는 객실 또는 기타 물질적 서비스. 보통 약칭하여 Comp.(콤프)라고 한다.
- **Continental Plan(Bermuda Plan)** 약어로 CP이며, 숙박요금제도의 하나이다. 객실료에 조식을 포함시킨다.
- **Continental Breakfast** 커피, 홍차, 주스, 우유 등의 음료와 잼을 곁들인 토스트, 모닝 롤(roll)빵 등으로 구성된 간단한 아침식사
- **Connecting Room** 인접해 있는 객실로서 Connecting Door(연결도어)가 있는 객실을 말한다. 이 도어를 열어서 2실 또는 그 이상을 연결하여 사용한다.
- **Consomme** 육수의 맑은 고기국물로 만든 스프(soup)
- **Corsage(코사지)** 결혼식, 회갑, 생일 등 파티 때 주빈 앞가슴에 다는 꽃
- **Cuisine** 요리
- **Cutlet** 얇게 저민 고기나 생선을 밀가루, 계란, 빵가루를 묻혀서 튀긴 요리
- **Day use** 객실에서 1박은 하지 않고 객실을 잠시 사용(정상요금의 50%)
- **Decanter** 액체 종류를 담은 그릇(병)을 기울여 내용물을 다른 기물에 옮기는 것이다

- Draft beer 제조과정에서 살균처리하지 않은 생맥주
- Doily Table ware의 밑에 까는 작은 냅킨. 받침
- "Do Not Disturb" sign 종업원의 출입을 금지한다는 표시로 고객이 문에 걸어둠. 깨우지 마시오, 방해하지 마시오.
- Deposit Reservation 호텔이 미리 적어도 첫날의 숙박료를 현금으로 받아 놓은 예약이며, 이 경우 고객에게 도착시간에 상관없이 객실을 보유해줄 의무가 있다.
- Door Man 호텔 현관입구에서에 도착, 출발고객의 자동차 문을 열고 닫아 주는 종업원이다.
- Double Bed Room 반드시 더블 베드가 1대만 있는 객실을 의미하는 것이 아니고, 객실에 더블 베드와 Twin Bed 1대가 포함되어 있는 경우도 있다.
- Down Grading 객실 사정으로 인해 예약 받은 객실보다 싼 객실에 투숙시키는 것. 객실요금도 싸게 받음
- Duty Free Shop 출국 내국인이나 외국인을 위한 면세물품 판매점
- Early Arrival 항공기의 조기도착 등으로 체크아웃시간 전에 미리 도착한 고객
- Early out 예정된 체크아웃 일자보다 빨리 체크아웃된 객실 또는 고객
- Engineering 기계, 영선, 전기 등을 다루는 시설부서
- Entree(앙뜨레) 식사코스에서 주 요리로 제공될 수 있는 육류 종류
- Espresso 이탈리아식 커피추출법. 농도를 진하게 추출해 내는 커피
- ETA(Estimated Time of Arrival) 도착예정시간
- ETD(Estimated Time of Departure) 출발예정시간
- European plan 객실료와 식사대를 분리하여 별도로 계산하는 요금제도. 대부분 호텔에서 일반적으로 적용
- Express Check-In VIP또는 단골 고객을 위해 프런트에서 체크인 절차를 거치지 않고 바로 미리 배정된 객실로 체크 인하는 것
- Extra charge 지정된 요금 외에 추가로 부담하는 요금
- Event order(Function order) 연회행사를 각 관련부서에 알리는 연회행사 통보서. 인원, 객실료, 식사료, 회의실 사용 등
- F.I.T Foreign Independent Tour의 약자로, '개인단독여행'을 말한다.
- Filet 육류나 생선의 뼈나 지방질을 추려낸 상태
- Forecasting 수요예측. 7day's Room Forecasting; 7일간의 예상판매율을 파악하기 위한 객실판매 예측
- Front desk 고객의 객실등록, 입실, 퇴실 절차, 객실 키 발급, 인포메이션 등의 일을 담당. 호텔의 중추신경 역할을 하며 호텔 로비에 위치.
- Front office 프런트, 벨, 도어에서 일어나는 고객과 종업원의 전달사항 등을 책임지는 호

텔 사무실
- Garnish(가니쉬) 음식물을 보기 좋게 장식하는 것
- General Manager 호텔 총지배인
- Goblet 손잡이가 달린 글라스로 금속 또는 유리제가 있다.
- Graveyard Shift 3교대 야간근무. 주로 23:00~익일 07:00까지 근무
- Gueridon Service 바퀴 달린 사이드 테이블로 음식을 제공하는 프렌치 서비스와 같은 정교한 식당서비스
- Guest history card 고객 이력카드
- Guest Ledger 숙박고객에 대한 인적사항을 기록한 숙박부
- High Season 관광객이 많이 방문하는 계절. Peak season(피크 시즌)이라고도 한다.
- Hold Room Charge 사용물을 객실에 놓아둔 채 단기간 지방 여행에 갔다 오는 경우, 실제 고객이 도착되지 않고 객실을 고객의 성명으로 보류하여 둔 경우에 적용되는 추가 요금
- Hors d' oeuvres(오르 되브르) 식욕촉진제로 만든 전채요리. 크렉카 or 엔초비, 캐비아, 버섯, 부추, 정어리 등으로 만듬
- Hot line 직통전화. 고객이 총지배인(사장)과 직접 통화연결 전화. 고객의 불만을 직접 청취하기 위함
- House Count 객실 총 판매액. 객실점유율을 금액으로 표시한 숫자
- House doctor 호텔 등에서 특용되어 있는 담당의사
- House Keeping 객실관리. 고객이 사용할 호텔을 관리하는 작업으로 객실의 정리정돈 및 비품을 관리하여 객실의 상품을 가치 있게 만드는 일련의 작업 또는 그 관리
- House man 객실 내 고객의 필요한 order 요청 시 신속히 배달, 처리하는 하우스키핑 소속 직원
- House phone 호텔 구내전화
- House use room 부득이한 사정으로 업무상 호텔종업원이 사용하거나 호텔의 업무용으로 사용하는 객실
- In-Bound 국내로 들어오는 외국 관광객
- Indicator 객실 상황표시판(보통 빨강, 파랑, 주황표시 등 3가지를 가지고 객실 상태를 나타냄)
- Incentive tour 포상여행
- In house list 호텔 객실 투숙객 명단(Guest List)
- King Size Bed 가장 큰 침대의 규격으로 70×80 inch.
- Lager beer 제조과정에서 발효균을 살균하여 병은 넣은 맥주
- Linen 타-올, 시트, 베갯잇, 테이블클로스, 냅킨 등 린넨 천으로 만든 것

- Liquor　모든 알코올류의 총칭이다.
- Log book　근무자가 근무시간에 발생한 내용을 상세히 기록해 놓은 업무활동 기록일지(인수인계서)
- Lost & Found　고객 분실물 및 습득물
- Make Up　객실 청소
- Maid cart　룸 메이드가 객실 정비를 위해 사용되는 청소용 도구나, 각종 객실소모품을 실은 작은 수레
- Maitre d'　식당에서 손님에게 자리를 제공해 주는 자
- Marmalade　오렌지나 레몬으로 만든 잼
- Master key　호텔 객실 전체를 열수 있는 하나의 키
- Morning Call　호텔에 숙박한 고객이 다음날 아침, 시간을 정하여 전화로 깨워 주기를 부탁하는 것
- Nigh auditor　야간에 발생하는 고객의 계산, 전체 영업장 회계업무 작업을 검사 및 일일 마감하는 직원
- No show　예약을 해 놓고 아무 연락 없이 나타나지 않는 고객
- Night table　라디오, 전기스위치 등이 설치된 침대 옆에 있는 작은 Table
- Occupancy rate　호텔의 객실이용률, 항공기의 좌석이용률
- Off season rate　비수기에 적용하는 할인된 객실 요금
- On change　객실 정돈 중(청소 중)의 표시
- On the rock (On the Ice Cubes)　술을 마실 때 얼음을 잔에 넣고 술을 따라 마시는 형태로 스트레이트(straight)와 다르다
- Open bed　숙박 중인 고객이 취침하기 편하게 침구의 한쪽 모서리를 단정하게 접어놓는 서비스
- Optional tour　임의관광으로서 미리 정하지 않고 필요에 따라 선택하는 관광이며, Organized Tour의 반대
- Order pad　메뉴를 주문 시 받는 주문서. 보통 고객수납용, 주방, 식당보관용 3매로 분류
- Out-Bound　국외로 나가는 국내 관광객
- Out of order(O.O.O)　객실의 하자사항이나 객실 보수공사 등으로 인하여 판매가 불가능한 고장 객실
- Out side room　전망 좋은 곳이 보이는 바깥쪽 객실
- Over Booking　초과 예약, 객실취소를 예상하여 그 이상의 예약을 접수하거나 판매(보통 110~120%)
- Over Charge　객실 사용 기간 초과 요금, 즉 체크아웃 시간을 기준으로 하여 일정 시간을

초과함에 따라 적용되는 요금. 대개 2시간 이내는 무료이나, 그 이후부터는 6시까지 오버차지로서 반일 요금을 적용하는 것이 보통

- Over easy　양면 다 익힌 계란요리
- Paging service　호텔의 커피숍 등에서 직원이 고객의 요청에 의해 찾는 고객의 이름이 적인 피켓을 들고 필요한 고객을 찾아 주는 행위
- Pass key　한 개 층 객실만 열 수 있는 열쇠
- Par stock　일상적인 객실관리부의 업무를 위해 비치해야 하는 특정품목의 적정재고량을 말한다.
- Pet room　애완동물 보관룸
- Proof　미국의 알코올 도수 표시이며, 일반 알코올 도수를 2배 정도로 한 것으로 200Proof는 100%, 즉 100°라고 할 수 있다.
- Registration Card　숙박 등록 카드를 말하며, 고객의 주소, 카드번호, 성명, 객실 번호, 요금, 도착 시간, 출발 예정 시간, 지불 방법, 담당자 서명 등이 기재된다.
- Repeat guest　재방문 고객. 단골 고객
- Resident manager　호텔 남(여)지배인
- Residence Hotel(레지던스 호텔)　호텔식서비스가 제공되는 오피스텔 개념의 숙박형태. 객실 안에 세탁기, 주방이 설치되어 있음
- Room rack　객실상황을 포괄하는 것(객실 전체 투숙상황을 알 수 있음.)
- Room Service　투숙중인 고객에게 식사, 음료 등을 객실에 운반하여 서브하는 호텔 식음부의 영업 기능
- Safe deposit box　귀중품 보관 금고. 호텔 프런트에 맡기거나, 객실 내에 개인 보관금고가 비치 되어있다.
- Security officer　고객들의 안전과 재산을 보호하는 안전요원(직원)
- Sediment　와인에 가라앉은 앙금
- Shift　종업원의 근무 교대 조, 근무시간(보통 3 shift로 편성 / morning, day, night)
- Shot　단위 1온스
- Skipper　정당한 체크아웃 절차를 이행하지 않고 떠나거나 식당에서 식대를 지불하지 않고 몰래 떠나는 손님
- Sleeper　손님이 체크아웃하여 객실이 비어있는 데도 실수로 인해 객실 판매를 하지 못한 경우
- Spirits　독한 술로서 모든 증류수를 말함
- Station　식당종사원, 객실 각층마다 있는 룸 메이드들의 정해진 서비스 구역
- Stationary　객실 내 비치된 문구류. Stationary Folder; 편지지, 엽서 등 문구류를 끼워 넣어

둔 가죽판

- Steward(스튜어드)　주방에서 접시, 유리잔, 식기 등을 저장, 운반, 세척하는 일을 맡은 호텔 종사원
- Straight　아무것도 혼합하지 않은 순수한 주류
- Suite　특실을 일컬으며 보통 침실과 응접실을 갖춘 객실
- Sunny side up　앞면만 살짝 익힌 계란요리
- Table D'hote(테이블 도트)　정식. 세트 메뉴. 5가지, 7가지, 9가지 코스 등으로 세분화 · 약식화되어 제공. Appetizer, Soup, Fish, Entree, Dessert, Beverage 순으로 서비스된다.
- Table wine　식사 중에 마시는 Wine으로 이른바 White, Red, Rose Wine이 있으며, 일반적으로 육류에는 Red Wine, 생선에는 White Wine을 마시지만, 정해진 것은 아니다.
- Tariff　요금표
- T.I.P(To Insure Promptness)　민첩한 서비스를 보장 받기 위해 서비스 맨에게 베푸는 손님의 호의(봉사료)
- Tour conductor(Escort, Guide)　여행 안내자
- Tumbler　손잡이가 달리지 않은 글라스(Highball glass)
- Turn Away　객실 부족으로 고객을 더 받을 수 없어, 예약된 고객을 빈방이 있는 다른 호텔에 주선하여 보내는 것을 말한다.
- Turn down service　고객의 취침을 준비하기 위해 사전에 Bed 덮개를 벗기고 객실을 정리하는 Evening Service
- Twin Bed Room　1인용 침대가 2개 있는 객실
- Uniform service　현관서비스라고 함. 고객의 최 접전에서 유니폼을 입고 근무하는 종업원의 서비스로 도어맨, 벨맨, 컨시어져, 프런트
- Utensil　주방용 각종 기물류
- Up Grading　고객이 예약한 등급의 객실보다 비싼 객실에 투숙시키는 것을 말한다.
- Valet Parking Service　자가 운전사를 위하여 카 조키가 주차시켰다가 호출시 손님에게 갖다 주는 서비스
- Vintage chart　포도수의 생산년도를 알기 쉽게 표시해 놓은 표. 포도주 수확 연도를 표시.
- Walk- In Guest　예약 없이 들어오는 고객
- Waiting List　이미 예약이 만원되어 있는 좌석 또는 호텔 객실을 예약하기 위하여 이미 예약된 것 중 취소되는 것을 기다리고 있는 사람의 명부
- Zigger(Measure up)　칵테일 만들 때 용량을 재는 기구. 30m, 45ml를 잴 수 있는 삼각형 2개가 붙음

02. Ski Terms

- Alpine(알파인) 스키의 회전 경기와 활강 경기를 종합한 경기
- Angulation(앵귤레이션) 무릎과 힙을 슬로프 쪽으로 밀고 머리와 상체를 슬로프로부터 내미는 자세. 스키를 엣징하는 동안 균형을 유지하는데 사용
- Banking(뱅킹) 회전에 의한 원심력을 이겨내기 위하여 턴 중심 쪽으로 몸을 기울임
- Basket(바스켓) 폴이 눈 속에 너무 깊이 파고 들어가지 못하도록 된 부분. 링
- Beginner ski(비기너 스키) 가장 짧고 넓은 스키, 초보자나 중급자용
- Biathlon(바이애슬론) 소총 사격과 스키 레이스를 결합한 크로스컨트리 경주 종목. 점수는 스피드와 사격 솜씨로 심사
- Binding(바인딩) 부츠를 스키에 고정시키는 장치
- Boots(부츠) 스키용 신발
- Bogen(보겐) 스키를 벌린 채로 경사면을 회전하면서 내려감
- Button lift(버튼 리프트) 원반 모형의 고리를 다리 사이에 끼고 한 사람씩 타는 리프트
- Carving(카빙) 스키의 안쪽 에지로 눈을 통과하여 절단된 홈을 따라 최소한의 미끄러짐으로 턴하는 것
- Carving turn(카빙 턴) 턴할 때 미끄러짐을 최소로 줄인 턴의 형태
- Chair lift(체어 리프트) 앉아서 슬로프 위로 올라갈 수 있는 리프트
- Check(체크) 스키가 천천히 가게 하는 방법. 강한 엣징
- Christie(크리스챠니아) 스키를 평행하게 하여 스키 회전을 완전히 하는 것(= christiania)
- Comma(콤마) 앵귤레이션
- Compact ski(컴팩트 스키) 스키의 길이가 매우 짧은 초보자용 스키. 사이드 컷이 없음.
- Combination Ski(콤비네이션 스키) 대회전, 활강, 회전 등 공통으로 사용될 수 있는 스키
- Competition ski(컴피티션 스키) 스키선수용 스키로서 길이가 가장 길다
- Course inspection(코스 검사) 시합 시작 전 경기 코스를 선수들에게 개방하여 선수로 하여금 경기 코스를 점검케 하는 것
- Cross country skiing(크로스 컨츄리 스키) 일명 nordic ski(노르딕 스키). 다운 힐과 업힐, 그리고 평지에서 스키어들이 움직이는 산야 달리기 스키잉. 스칸디나비아가 스포츠의 기원.
- Crouching(크라우칭) 활주 속도를 높이기 위해 웅크린 자세
- Demonstrater(데먼스트레이터) 기초 스키 기술의 모범 연기자
- Diagonal side-stepping(다이애거널 사등행) 폴 라인과 대각선 방향으로 사등행하는 기술
- Down hill(다운힐) 활강

- Downhill racing(다운힐 레이싱) 알파인 스키 레이스 종목들 중 가장 빠름 조절 게이트로 지정되어 특별히 준비된 코스에서의 스피드 콘테스트
- Double poling(더블 폴링) 스키를 신고 힘을 가하여 중앙 부위가 오목하게 들어간 형태
- Dry slope(드라이 슬로프) 보통 플라스틱 브러시나 강모로 만들어져 실제 눈의 스킹을 재생시키도록 고안된 인공표면
- Dual slalom(듀얼 슬라롬) 평행 회전 활강 코스 나란히 놓인 두 개의 동일한 싱글 폴회전 활강 코스. 두 명의 경주자는 동시에 출발해서 각자 분리된 코스에서 레이스를 함
- Edge(에지) 스키의 바닥 면 가장자리를 따라 둘러져 있는 예리한 특수합금 모서리 바닥면과 같은 면에 측면 벽을 보강한다. 스키 활주면의 양쪽 모서리
- Edging(엣징) 스키 에지로 눈 위를 저항을 주는 동작. 스키 활주면의 양쪽 가장자리의 금속부분을 에지라 부르며 설면에 스키를 비스듬히 세워 접촉시키는 것을 엣징이라 함
- Fall line(폴 라인) 경사가 가장 급한 내리막길
- F.I.S point(피스 포인트) 선수가 랭킹 출발 선수를 결정하는 점수제. F.I.S에서 정함. 1위가 0.0
- Flexion(플렉션) 스키의 탄력성
- Free-jump(프리 점프) 급경사도의 지형을 지날 때 넘어지지 않도록 미리 점프하는 동작
- Free style(프리 스타일) 자유형 곡예 혹은 '트릭' skiing. 세 종목으로 구분됨. 발레, 모굴 skiing, 에어리얼
- Gate(게이트) 깃발과 막대 세트. 이를 통해 회전 대회전 경주자나 다운 힐 레이서들이 그들의 방식대로 코스 아래로 skiing함. 기문의 깃발이 대회전은 사각형, 회전은 삼각형
- Goggle(고글) 자외선으로부터 눈을 보호하기 위해 쓰는 장비
- Gelande(게렌데) 슬로프 연습장
- Grip(그립) 폴의 손잡이 또는 잡는 방법
- Glant slalom(그랜트 슬라롬) 자이언트 슬라롬 알파인 레이스 종목. 회전과 다운 힐의 교차. 특별히 마련된 게이트를 통한 고속 터닝 능력의 레이스 종목임
- Glide wax(글라이드 왁스) 글리이드 왁스 좀 너 쉽게 미끄러지도록 하기 위해 스키 바닥부분에 사용되는 경주의 왁스의 한 형태
- Helmet(헬멧) 경기 머리 부분의 상해를 방지하기 위해 착용하는 스키 장비. 대회전 이상은 의무적으로 착용해야 함
- Heli-skiing(헬리스킹) 신설 skiing 스키어들이 헬리콥터를 이용하여 정상으로 올리시 즐기는 스킹. 주로 북아메리카와 캐나다 록키산맥에서 즐김
- Ice bahn(아이스반) 적설이 다져져 언 상태의 빙설면
- Inner boot(이너부츠) 현대적 알파인 스키부츠의 바깥쪽 단단히 외형의 내부에 발을 부드럽

게 감싸주는 내형물

- Inside(내측) 폴 라인 방향으로 이동할 때 턴 중심 쪽
- Inter ski(인터스키) 4년마다 열리는 국제스키 Festival. 국제스키 지도자 협회에 의해 주도
- Jump(점프) 활주 도중 스키를 들어 올리는 동작
- Jump start(점프 스타트) 점프하여 출발 관문을 박차고 나가는 기술
- Jump turn(점프 턴) 활주 속도가 빠르지 않을 경우 점프하여 스키 방향을 바꾸는 턴 기술
- Kicker(킥커) 알파인 경기 중 프리 스타일 경기의 회전을 위해 설면에 볼록 튀어 나오게 설치한 것
- Kick turn(킥 턴) 제자리서서 180도 방향을 바꾸는 기술
- Lift(리프트) 스키어를 슬로프 위로 운반시키는 스키장 시설
- Mid-length ski(미드렝스 스키) 중간 정도 길이의 스키로 사이드 컷이 깊음
- Mogul(모굴) 자연적 또는 인위적으로 조성된 요철사면을 뜻함. 모굴스키는 상체를 최대한 안정성 있게 유지하면서 하체의 구부림과 폄, 비틀림을 순간적으로 사용
- Mogul Racing(모굴경기) 모굴 skiing 가파른 요철 설사면에서 행해지는 프리스타일 종목. 경주자들은 강하시의 스피드, 자세 기술적 솜씨에 따라 평가
- Out sid(외측) 스키가 폴 라인 방향으로 움직일 때 턴의 중심과 반대쪽
- Parallel turn(패러렐 턴) 두 스키를 나란히 하여 방향 전환하는 기술
- Pieste machine(피스테 머신) 스키 활동을 하기 좋도록 슬로프를 정비하는 기계
- Pole(폴) 인체 중심의 유지와 추진력을 얻기 위한 스키 장비
- Running wax(러닝 왁스) 경주왁스. 스키 아래쪽 바닥면에 쓰이는 특별한 왁스. 경주왁스는 두 종류로. 눈과의 마찰을 증가시키고 스키에 브레이크를 걸어주는 '그립' 왁스. 눈과의 마찰을 감소시키고 스키가 좀 더 자유롭게 미끄러지게 하는 '글리이드' 왁스
- Safety Binding(세이프티 바인딩) 과격한 충격 시 자동으로 풀리는 기구를 가진 안전식 바인딩의 종류
- Schuss(슈스) 직활강. 폴 라인을 따라 턴하지 않고 이동하는 기술
- Short swing(숏 스윙) 짧은 스윙. 하나의 턴의 종결 단계가 직접적으로 다음 턴에 대한 준비로 통하는 평행 터닝
- Short turn(숏 턴) 회전 반경을 짧게 하여 연속적으로 방향 전환을 하는 턴 기술
- Side cut(사이드 컷) 스키가 오목하게 패인 부분
- Side slipping(사이드 슬리핑) 스키를 폴 라인과 수직으로 놓고 옆으로 미끄러지는 기술
- Side stepping(사등행) 옆으로 계단을 오르듯 한 발 한 발 등행하는 스텝. 계단 등행
- Ski jumping(스키 점핑) 특별히 제작된 '점핑언덕'에서 스키를 타고 내려오다 점프를 하는 노르딕 종목. 점수는 점프의 길이, 스타일에 따라 주어짐

- Ski patrol(스키 패트롤) 슬로프의 안전점검과 스키어들의 안전을 위해, 그리고 산악 구조를 위해 책임을 부여받은 특별이 훈련된 스키어들의 그룹
- Ski pole(스키 폴) 손잡이가 부착된 한쪽 끝에서부터 내려오며 점차 가늘어지는 막대. skiing할 때 유지와 균형을 위해 사용
- Ski position(스키 포지션) 한쪽 스키와 다른 한쪽 스키에 대한 관계(가령 평행, 모으기), 그리고 눈에 대한 관계에(가령 평평함, 에징)에 있어 스키 위치를 말함
- Ski stopper(스키 스토퍼) 스키 브레이크 부츠가 바인딩에서 떨어져 나올 때 미끄러져 내려가는 스키를 정지시키기 위한 바인딩 좌우에 부착된 스키 정지장치
- Slalom(슬라롬 경기) 슬라롬 회전활강으로 노르웨이어인 '슬레일럼'이 기원. 게이트 설치에 의해 지정된 코스를 레이서들이 skiing하는 경주로 사용. 레이서들은 각각의 게이트(기문)를 양쪽 발로 통과해야 하며 가장 빠른 강하 시간이 승자를 결정지음
- Slope(슬로프) 스키 활동을 할 수 있도록 눈을 다져 놓은 곳
- Snow boarding(스노우보딩) 서핑과 스케이트보드에 그 기원을 두고 성장한 스포츠
- Snow maker(제설기) 눈 만드는 기계(snow machine)
- Start gate(출발 관문) 경기의 출발선
- Star turn(스타 턴) 제자리에 서서 스키의 앞이나 뒤를 벌려 방향을 바꾸는 기술
- stem(스템) 스키의 뒷부분을 넓혀 제동을 거는 동작
- Stem turn(스템 턴) 스템 동작을 이용하여 방향을 전환하는 턴 기술
- Step turn(스텝 턴) 한 발씩 교대로 옮기는 회전방법
- Straight edge(스트레이트 에지) 스키의 활주면이나 가장자리의 직각을 검사하는 기구
- Stick(스틱) 스키용 지팡이
- Slalom Ski(슬라롬 스키) 회전경기용 스키
- Giant Slalom Ski(자이안트 슬라롬 스키) 대회전 경기용 스키
- Super G slalom(슈퍼 G 슬라롬) 다운힐 스피드를 지니고 자이언트 슬라롬 기술과 복합시킨 알파인 경기의 한 종목. 1982년 월드컵에 처음 등장.
- T-bar lift(티-바 리프트) T자 모양의 막대가 케이블 위쪽에 매달리게 되는 리프트. 두 명의 스키어를 각각의 막대에 옮겨지도록 고안됨
- T Lever(티레버) 스키를 신은 채 와이어 또는 로프를 붙잡고 사면을 올라갈 수 있는 장치
- Traverse(트래버스) 코스의 사선방향
- Traversing(트래버싱) 선회 슬로프의 아래쪽 방향에 비스듬히게 통과하는 skiing, 사활강
- Turn(턴) 스키의 진행 방향을 바꾸는 동작
- Un-weighting(언 웨이팅) 몸무게가 스키에 미치는 압력을 스키어가 잠시 감소시키는 과정, 스키와 누 사이의 마찰을 감소시켜서 턴의 착수를 쉽게 해줌

- Up-down(업 다운) 활주하는 동안 인체중심을 위, 아래로 움직이는 동작
- Up-hill(업 힐) 스키가 폴 라인과 대각선 방향으로 움직일 때 산 정상 쪽을 말함. 역사면
- Vertical drop(버티컬 드롭/표고차) 출발선과 골인선 사이의 고도차
- V-turn(herring-bone turn) 스키를 벌리고 한 걸음씩 디디며 방향 전환하는 것
- Wedering(웨더링) 폴 라인과 근접하여 연속적인 패러렐 턴(평행 턴)을 실시하는 기술
- Wax(왁스) 스키 활주면에 칠해서 잘 미끄러지게 하는 밀초

03. Golf Terms

- Address(어드레스) Player가 볼을 치기 위하여 발의 위치를 정하고 클럽 헤드를 지면에 놓아 둔 채로 있는 상태. 보통은 볼에 클럽페이스를 가까이 겨루는 것
- Advice(어드바이스) Player에 대한 결단, 클럽의 선택, stroke의 방법에 대해서 조언하는 것(rule에 대한 조언은 해당하지 않음). Player에게 advice를 하거나 Player가 그것을 받아들이거나 하면 벌점 2타를 부가
- Albatross(알바트로스) 1홀의 기준타수보다 3타 적은 수로 홀인 하는 경우. 예) par 5의 홀을 2타로 넣었을 경우
- Approach(어프로치) green에 가까운 지역에서의 샷, 어프로치 샷, 칩, 피칭, 런닝 어프로치
- Arc(아-크) 스윙에서 클럽 헤드가 휘둘러지는 궤도
- Average golfer(애버리지 골퍼) 18홀에서 handicap이 18 정도의 기량을 가진 골퍼로 중정도의 기량을 지닌 일반 골퍼
- Average score(애버리지 스코어) 스트로크 플레이로 각 홀의 합계 타수를 평균한 스코어
  Back spin(백스핀) 볼의 역회전. 언더스핀이라 함. 로프트가 있는 클럽으로 올바르게 친 볼은 백스핀으로 나감
- Back swing(백스윙) 클럽을 후방으로 들어 올리는 동작
- Back tee(백 티) front tee, middle tee보다 뒤에 있는 tee. 코스의 정규 길이는 여기서부터 계산되며, front tee보다 5~6야드 뒤쪽
- Best ball(베스트 볼) 최소 타수의 공. 경기에서는 1인이 2인 이상의 사이드와 대항해서 상대방 사이드의 각 홀의 최소 타수를 얻은 사람과 대항하는 것을 베스트 볼 매치라고 함
- Birdie(버디) 한 홀에서 기준타수보다 1타 적은 타수로 홀인하는 것
- Blast(블라스트) bunk에서 모래를 폭발시키듯, 크게 치는 것으로 익스플로우션·샷과 같음
- Blind hole(블라인드 홀) 티 그라운드에서 그린이 가려져 보이지 않는 홀
- Blow(블로우) 강타, 힘을 들여 치는 것을 말한다.

- Bogey(보기) 한 홀에서 기준타수(파)보다 하나 많은 타수로 홀인하는 것
- Bogey player(보기 플레이어) 1홀 평균 스코어가 보기를 치는 골퍼를 말한다. 1라운드 90타전후의 사람으로 애버리지 골퍼와 같은 뜻
- Booby maker(부비 메이커) 최하위자
- Brassie(브라시) 우드 2번 클럽. 드라이버보다도 1인치쯤 짧고, 로프트도 많음(57.5°)
- Buffy(버피) 우드 클럽의 4번. 스푼보다 헤드가 조금 작고 또 로프트는 큼
- Bunker(벙커) 벙커의 3가지; 페어웨이에 있는 크로스 벙커, 사이드 벙커와 그린 주변에 있는 그린 벙커
- Bunker shot(벙커 샷) 벙커안의 볼을 그린 또는 페어웨이로 쳐내는 타법. 벙커 샷일 때에는 클럽을 모래에 소홀해서는 안 됨
- Caddie(캐디) 플레이어를 따라다니면서 클럽 등을 운반해 주는 사람. 캐디의 조언은 받아도 무방
- Caddie Cart(캐디·카트) 캐디·백을 싣고 다니는 소형 자동차
- Card(카드) 스코어 카드
- 18홀 거리, 파, 핸디캡, 홀 순위, 이름, 연월일, 어테스트(스코어를 동반자가 확인), 플레이어는 홀마다의 스코어를 기입, 경기에서는 마-커의 사인, 본인의 사인 후 경기위원회에 제출
- Carry(캐리) 볼이 공중을 날아가는 거리
- Carry Over(캐리오버) 경기가 규정된 홀의 수에서 승부가 나지 않아 다시 하는 것을 말한다. 또 1홀에서 동점일 때 승패를 다음 홀에서 정하는 것을 말함
- Champion Course(챔피언 코스) 공식선수권 경기를 할 수 있는 정규의 설비를 갖춘 코스로 홀수는 18. 전장은 6,500야드 이상으로 규정되어짐
- Chip in(칩·인) 칩·샷으로 볼이 홀에 들어가는 것
- Chip shot(칩·샷) 어프로치 샷. 극히 20m 이내의 그린 안팎에서 홀을 향하여 치는 샷
- Clean(클린) 아이언으로 잔디나 흙을 치지 않고 볼만 치는 것. 클린으로 쳤다고 말함
- Closed Stance(클로즈드 스탠스) 기본이 되는 스탠스의 일종. 볼의 비행선과 평행한 가정선에서 오른빌을 약간 뒤쪽으로 끌어 딛고 서는 스탠스
- Club(클럽) 골프용구로 볼은 치는데 쓰는 쇠(봉). 또는 구락부를 뜻함. 골프용구일 경우 14개 이상의 클럽을 갖고 라운딩하는 것은 허용되지 않음. 클럽의 유연도는 X.S.R(M).A.L 5가지. X(Extra); 스티브가 특별히 강한 것으로 강타자용, S(Stiff); 일반 강타사용, R/(M)=Regular(Medium); 보통의 경도를 가진 것으로 가장 일반적인 것, A는 Flexible로 노인, 여성 등 노약자용, L은 Ladies로 여성용
- Club Length(클럽 랭스) 클럽(채)의 길이. 플레이 중 규칙에 의해 구제받았을 경우 볼의 드롭지역을 클럽의 길이 내로 규정

- Club face(클럽·페이스) 클럽 헤드의 볼을 치는 타구 면을 말함
- Compact(컴팩트) 정확하고 빈틈없는 완전한 스윙
- Comming In(커밍 인) 코스 후반의 아홉 홀을 말하며, 인(in)이라고도 한다. 클럽하우스로 되돌아오도록 설계되어 있는 것이 보통이다.
- Country Club.(C.C 컨츄리 클럽) 대부분 회원제 골프·클럽에 이 명칭이 붙음
- Course(코-스) 골프 코스. 골프 플레이를 위해 만든 지역 전체를 말함. 코스는 Public Course, Country Club Membership Course, Semi-public Course 등이 있다.
- Course rating(코-스 레이팅) 코스의 거리에서 산출한 것은 파. 여기에 지형조건 등의 난이도를 합쳐 산출한 기준타수
- Course Record(코-스 레코드) 각 코-스에서 공식으로 인정한 최저스코어의 기록
- Cross Bunker(크로스 벙커) 페어웨이를 가로지르듯이 설치된 벙커
- Cross wind(크로스 윈드) 옆에서 불어오는 바람, 횡풍, 시사이드 코-스에 흔하다.
- Cup(컵) 그린 위에 있는 홀, 또는 우승컵
- Cup Up(컵 업) 공을 높이 올리는 것
- Cut(컷) 공을 비스듬하게 깎는 듯한 타법
- Double bogey(더블보기) 한 홀에서 파보다 2타 많은 타수로 홀인하는 것
- Double eagle(더블 이글) 파 5의 홀을 2타로 넣을 때를 말한다. 알바트로스와 같음
- Down(다운) 플레이중 지는 것을 말함. 플레이어가 상대방에게 지고 있는 홀 수 또는 스트로크 수. 매치플레이일 경우에는 원 다운·투 다운으로 세고, 스트로크인 경우에는 원 포인트 다운, 투 포인트 다운으로 카운트를 한다.
- Driver(드라이버) 우드 1번이라고도 한다. 최장 거리를 치기 위해 클럽 중에 가장 길고 수직에 가까운 로프트의 페이스를 갖고 있다.
- Driving(드라이빙) 드라이버로 친 공
- Drop(드롭) 규정에 의해 볼을 주워서 이것을 다른 위치에 떨어뜨리는 것. 떨어뜨리는 방법은 똑바로 서서 볼을 들고 어깨 높이에서 팔을 완전히 펴서 떨어뜨려야 한다.
- Eagle(이글) 한 홀에서 기준 타수(파)보다 2타 적은 타수로 홀인하는 것
- Edge(에지) 홀, 그린, 벙커 등의 가장자리
- Even(이븐) 타수가 같을 때나 승패를 서로 가리기 어려움. 이븐 파라 하면 파가 같은 수의 타수
- Explosion shot(익스플로션·샷) 벙커에 볼이 떨어졌을 때 모래와 함께 강타해서 그 힘으로 볼을 모래와 함께 벙커로부터 탈출시키는 샷
- Extra Hole(엑스트라 홀) 규정된 홀로 승패가 결정되지 못해서 연장전을 할 때 쓰이는 홀
- Face(페이스) 클럽의 타구면

- Fade(페이드) 친 볼이 낙하할 때 힘이 약해지면서 오른쪽으로 커브하는 것. 아이언 타법
- Fair way(페어웨이) 티와 그린 사이의 잘 손질된 잔디 지대
- Fast green(페스트 그린) 볼의 미끄러짐이 빠른 그린
- Finish(피니쉬) 타구 완료의 자세, 또는 경기 최후의 홀을 끝내는 것
- Flag(플랙) 깃발, 또는 홀에 꽂혀 있는 핀을 말한다.
- Fluke(플루크) 우연히 맞는 것. 예기치 않았던 행운의 샷
- Follow through(팔로우 스로우) 타구 때 클럽 헤드의 움직임이 정지되지 않고 비구선(공이 비행하는 선)을 따라 스윙됨
- Follow wind(팔로우 윈드) 볼이 날아가는 방향으로 부는 바람
- Forward Pressing(포워드 프레싱) 백스윙을 하기 전에 탄력을 얻기 위해 하는 예비 동작
- Gallery(갤러리) 골프 시합을 관전하는 관중
- General Rule(제너럴 룰) 기본이 되는 규칙. 골프 협회가 정한 규칙
- Gobble(고블) 그린 위에서 과감히 공을 홀에 강타해서 넣는 것
- Golf Course(골프 코스) 골프 플레이를 하기 위해 만들어진 그라운드
- Green(그린) 퍼팅 장소. 경기 규칙에서는 플레이하는 홀에서 헤저드를 제외하고 20야드 이내의 퍼팅을 하기 위해 잘 관리되어 있는 구역
- Green fee(그린 피) 코스의 사용료
- Green Keeper(그린 키퍼) 코스를 관리하는 사람
- Grip(그립) 클럽 샤프트의 손잡이 부분. 또한 샤프트를 쥐는 동작. 그립에는 오버랩핑, 인터록킹, 내추럴 그립의 3종류가 있다.
- Gross(그로스) 핸디캡 수를 계산치 않은 라운드의 총타수. total이라고 함
- Half(하프) 스코어가 동수임. 즉 홀이 동수의 스트로크, 핸디캡에 의해 양자가 동점이 됨
- Half Shot(하프 샷) 풀 스윙의 반 정도의 힘으로 치는 샷. 거리에 따라 백스윙을 줄여서 타구하는 것
- Handicap(핸디캡) 플레이어의 역량을 균등하게 하기 위해 기준타수를 기준으로 각자의 기량 능력에 따라 차이를 정함. 대개 1개월간 3~5매의 카드를 헨디캡위원에게 제출하면 위원이 이것을 결정. 줄여서 핸디라고 함
- Handicap differential(핸디캡 디퍼렌셜) 10매의 베스트 스코어 카드에서 야디지 레이팅을 뺀 것의 100분의 85를 핸디로 정하는 것
- Hazard(해저드) 코스 내에 설치된 개천이나 연못이나 벙커 등의 상애물
- Hole(홀) 그린에 만들어진 볼을 넣는 구멍
- Holable distance(홀레이블 디스턴스) 원 퍼트로 홀인시킬 수 있는 거리
- Hole in one(홀인원) 티 그라운드에서 1타로 볼이 홀에 들어가는 것

- Hole match(홀 매치) 홀에 볼을 넣어 한 홀의 플레이가 끝나는 것
- Hole Out(홀 아웃) 한 홀의 플레이가 끝나는 것
- Home(홈) 18번의 그린, 또는 후반의 홀을 가리킴
- Home course(홈 코스) 자기가 소속한 클럽의 골프 코스
- Honour(하-너) 티그라운드에서 제일 먼저 제1타를 치는 사람에게 주어지는 칭호. 그 후는 앞 홀에서 타수가 적은 사람이 다음 티 오너의 자격자가 됨
- Hook(훅) 우타자의 플레이어의 경우, 타구가 볼의 비구선보다 왼쪽으로 커브하는 것
- Imaginary line(이메지너리 라인) 볼과 홀을 이은 선을 그린 위에 상징하는 것으로 그 선상에 볼을 치는 것처럼 함
- Impact(임팩트) 클럽 헤드가 골프 볼에 맞는 순간을 말함
- In bound(인 바운드) 플레이 할 수 있는 구역. 플레이 금지구역(OB)의 경계선은 보통 흰색으로 표시
- In course(인 코스) 8홀 중 후반의 9홀 10번부터 18번까지를 말함. / 백 나인 또는 "인"이라고도 함
- In play(인 플레이) 플레이어가 티에서 볼을 최초로 스트로크하기 시작해서 홀에 넣을 때까지의 볼이 살아 있는 상태
- Inside out(인사이드 아웃) 클럽 헤드를 볼의 비구선 안쪽에서 바깥쪽으로 스윙해서 쳐냄
- Intentional(인텐셔널) 인텐셔널 슬라이스. 의식적으로 볼을 커브로 타구하는 것과 같음
- Interlocking grip(인터록킹 그립) 비교적 힘이 약한 사람에게 적합. 오른손의 소지를 왼손의 인지 밑으로 넣어 클럽을 쥠
- Iron Club(아이언 클럽) 헤드의 부분이 금속으로 되어 있는 클럽. 길이, 무게, 각도 등의 차이에 따라 1번 아이언부터 9번 아이언까지 있음
- Iron play(아이언플레이) 아이언 클럽을 사용해서 플레이를 하는 것
- Jigger(지거) 아이언 클럽의 일종. 미드 아이언과 매시의 중간 클럽을 말함
- Last Goal(라스트 골) 1년 중 가장 마지막으로 하는 경기. 대부분 그 해의 마지막 일요일에 행하며 그 해 경기의 우승자는 참가할 수 없음
- Lateral water hazard(래더럴 워터 헤저드) 홀에 병행해 있는 개천, 연못 등 장애물
- Lay Out(레이아웃) 코스의 설계. 코스의 배치
- Left hand Player(레프트 핸드 플레이어) 왼손잡이 플레이어
- Length(렝스) 거리
- Lie(라이) 떨어진 볼의 위치 또는 상태
- Line(라인) 방향을 정하기 위해 볼과 목표물을 연경하는 선
- Line of flight(라인 오브 플라잇) 볼의 비구선. 볼의 위치에서 판단해서 볼과 목표점을 연결한

직선 및 연장선

- Line up(라인 업) 퍼팅에서 볼과 홀을 연결하는 선을 눈으로 정하는 것
- Links(링스) 보통은 골프 코스를 의미, 원래는 해변 코스
- Local rule(로컬 룰) 각 코스의 특수 조건 때문에 그 코스에서만 적용되는 지역적 규칙
- Loft(로프트) 클럽 페이스의 경사 또는 각도
- Long iron(롱 아이언) 보통 1번부터 3번까지의 아이언
- Lock up(룩 업) 헤드 업. 볼을 친 순간 고개를 들어 목표 방향을 주시하는 것. 좋지 않은 버릇을 시정하여야 한다.
- Lost Ball(로스트 볼) 분실된 공
- Lost hole(로스트 홀) 진홀. 매치 플레이의 용어
- Maker(마커) 심판이 아닌 경기의 스코어를 기록하는 사람. 동행 경기자는 마커의 의무를 하게 됨
- Mashy(매쉬) 5번 아이언 클럽
- Massie niblick(매시 니블릭) 7번 또는 8번 아이어 클럽
- Master Eye(메스터 아이) 공을 볼 때에 주로 잘 쓰는 쪽의 눈
- Match Play(매치 플레이) 경기의 일종인 홀 매치. 2인 또는 2조로 각 홀별 승패를 정함
- Middle iron(미들 아이언) 4번, 5번, 6번의 아이언. 미디엄 아이언이라고도 함
- Middle Hole(미들 홀) 230~430미터의 홀. 여자인 경우는 190~360미터의 홀
- Mixed Foursome(믹스트 포우섬) 남녀 혼합의 양 사이드로 시합하는 플레이. 투 볼 포섬과 같지만, 짝은 반드시 남녀
- Nassau(낫소) 1라운드에서 아웃, 인, 토탈 3종의 승부를 하는 게임 방식. 주로 친한 플레이어 동지끼리 매치 플레이를 할 때
- Natural Grip(내추럴 그립) 그립의 한 방법. 야구배트를 쥐듯이 쥔다. 열 손가락으로 그립하며, 일명 베이스 볼 그립
- Neck(넥) 클럽 헤드가 샤프트와 연결되는 부분
- Net score(네트 스코어) 1라운드의 총 타수에서 자기 핸디캡을 뺀 나수. 네트라고 함
- Never up never in(네버 업 네버 인) 홀까지 오지 않은 볼은 홀에 결코 들어가지 않음을 뜻함. 퍼트는 홀에 가고도 남도록 볼을 쳐야 한다는 교훈의 말
- Niblick(니블릭) 9번 아이언
- No Return(노우 리턴) 경기자가 플레이를 포기하고 스코어 카드를 제출치 않는 것(NR.)
- O·B(오비) 아웃 오브 바운즈(Out of Bounds). 코스 주변에 흰 말뚝으로 표시한 플레이 금지 구역
- Obstruction(옵스트럭션) 장애물. 인공적 장애물을 코스에 설치했거나 방치한 것

- Odds(오즈) 이긴 수. 게임을 할 경우 약한 상대에게 주는 핸디캡
- Official(오피셜) 공식적인 경우를 말함. 오피셜 토너먼트 등
- Official handicap(오피셜 핸디캡) 공식으로 인정받은 핸디캡
- On(온) 볼이 그린 위로 있는 것
- One on(원 온) 1타로 볼을 그린에 온시키는 것
- One One(원 원) 1타로 공을 그린에 올려놓는 것
- One round(원 라운드) 코스를 한 바퀴 돌며 18홀을 플레이하는 것
- One shot hole(원 샷 홀) 티그라운 등에서 1타로 볼을 그린 위에서 올려놓을 수 있는 짧은 거리의 홀. 250야드 이내의 파3의 홀
- On green(온 그린) 볼이 그린 위에 올라 있는 것
- Open championship(오픈 챔피온 쉽) 남녀 따로 프로, 아마 누구든 일정한 출전자격이 있으면 참가할 수 있는 선수권 경기
- Open face(오픈 페이스) 클럽페이스를 수직보다 조금 벌어진 기분으로 놔두는 것. 어프로치 샷 등에서 사용
- Open game(오픈 게임) 프로와 아마추어가 함께 시합하는 것
- Open stance(오픈 스탠스) 오른발을 왼발보다 조금 볼 쪽으로 내놓고 목표를 향해 취하는 발의 자세. 스퀘어 스탠스, 클로즈드 스탠스와 함께 기본적 스탠스의 하나이다.
- Open tournament(오픈 토너먼트) 지역적으로 열리는 오픈경기
- Opponent(오퍼넌트) 매치 플레이에서 함께 경기하는 상태를 말함
- Out(아웃) 아웃코스, 18홀의 전반, 1~9번 홀
- Outside agency(아웃사이드 에이전시) 경기자 측에 관계가 없는 국외자, 마커, 심판원 등
- Out side in(아웃사이드 인) 클럽 헤드가 타구 라인보다 바깥에서 안쪽으로 휘둘러지는 것
- Over(오버) 볼이 목표로 하는 그린이나 홀을 넘어서 멀리 가는 것
- Over Par(오버 파) 규정 타수(파)보다 많은 타수
- Overlapping grip(오버래핑 그립) 오른손의 소지를 왼손의 인지와 중지사이에 넣고 클럽을 잡는 방법
- Over spin(오버 스핀) 볼이 날아가는 같은 방향으로 회전하는 것
- Over swing(오버 스윙) 톱 오브 스윙에서 클럽을 필요 이상으로 크게 휘두르는 것
- Palm grip(팜-그립) 야구 배트를 쥐는 것과 같이 양손의 손바닥으로 그립하는 방법
- Par(파) 각 홀에서 정해진 기준 타수. 보통 파 3, 4, 5타를 기준타수로 정함. 여성 골퍼의 경우 6타의 홀까지 있음
- Partner(파트너) 포어섬 경기 같은데서 자기와 한 조가 되는 사람
- Pass(패스) 통과. 앞 팀이 뒤에 오는 팀을 통과시키는 것

- Penalty(페널티) 벌타. 위반에 대한 여러 가지 벌칙이 규정되어 있음
- Peoria method(페오리아 메쏘드) 핸디가 없는 사람이 경기 참가 시 편법으로 시작 전에 비밀리에 18홀을 경기위원이 선택해 둠. 경기 후 6홀의 스코어를 산출하여 핸디를 정하는 편법
- Pick up(픽 업) 볼을 주워 올리는 것
- Pin(핀) 홀에 꽂힌 깃대
- Pitch and run(피치 앤드 런) 볼이 낙하 후에 구르도록 치는 타법. 어프로치 샷의 일종
- Pitch shot(피치 샷) 숏 어프로치의 기술. 아이언 클럽으로 백스핀을 걸어 볼을 높이 쳐올려 그린 위의 목표지점에 떨어진 후 정지하도록 치는 타법
- Pivot(피봇) 허리의 회전. 비트는 것
- Place(플레이스) 공을 들어 다시 놓는 것
- Play Off(플레이오프) 재경기 또는 연장전
- Plus player(플러스 플레이어) 핸디캡이 0보다 위인 플레이어. 플러스 1이라든가 플러스 2의 플레이어라고 함
- Point tourney(포인트 터니) 득점 경기. 파 1점 버디 2점 이글 3점 등으로 각기 몇 점으로 정하고 그 합계점수가 많은 사람이 이기는 경기
- Provisional ball(프로비져널 볼) OB나 워너 해저드에 볼이 들어가거나 분실했을 때 그 위치에서 대신 치는 볼
- Pull(풀) 오른손잡이의 경우는 친 볼이 왼쪽으로 곡선을 그리며 커브하는 것
- Push(푸시) 목표보다 오른쪽으로 쳐 내는 것
- Push shot(푸시 샷) 다운블로우로 미는 듯한 타법을 하는 것. 볼은 낮게 날아감
- Put(퍼트) 그린에서 공을 홀에 넣기 위해 치는 것
- Putter(퍼터) 퍼트(Put)용 아이언 클럽. 그린 위에서 직접 홀을 향해 공을 넣는 클럽
- Putting(퍼팅) 그린에서 볼을 홀에 넣기 위해 스트로크하는 것
- Putting line(퍼팅 라인) 그린 위에서 볼과 홀을 연결하는 선
- Quarter swing(쿼터 스윙) 백스윙을 풀 스윙의 1/4 정도로 하는 것
- Recall(리콜) 반칙에 따라 상대방에게 다시 치도록 요구하는 것
- Recovery shot(리커버리 샷) 실책을 한 나쁜 샷을 만회하기 위해 다음 잘치는 샷을 말함
- Referee(레퍼리) 심판원. 골프에서는 원칙적으로 플레이어 자신이 레퍼리가 됨
- Regular tee(레귤러 티) 일반적으로 사용하는 티. 백티 또는 프런트 티가 있을 때 씀
- Roll Over(롤 오버) 공을 친 후 클럽을 쥔 양손을 앞으로 돌리는 것
- Rough(러프) 그린 및 해저드를 제외한 코스 내의 페어웨이 이외의 바깥에 있는 부분. 풀이나 나무 등을 손질하지 않은 지역
- Round(라운드) 코스를 도는 것. 원 라운드라드(코스를 전부 일주), 하프라운드(전반 9홀을

플레이 하는 것)

- Sand iron(샌드아이언) 벙커의 모래에서 치기 쉽게 만들어져 있는 아이언클럽
- Sand wedge(샌드웨지) 벙커 샷용으로 설계된 클럽. 페이스 각도가 크고 바닥이 넓고 둥글다.
- Scoop(스쿠프) 아이언 클럽으로 볼을 떠올리듯이 쳐 올리는 것
- Score(스코어) 각 홀의 타수. 혹은 총 타수
- set(셋) 일체의 클럽 용품. 또는 경기가 종료된 것을 말한다.
- Set up(셋업) 공을 치기 위해 자세를 잡는 것을 말한다.
- Shaft(샤프트) 클럽의 자루. 현재는 대부분 스틸이나 합금이다.
- Short Approach(숏 어프로치) 가까운 거리의 어프로치
- Short Cut(숏 컷) 홀 순위를 무시하고 가까이 있는 다른 홀로 옮기는 것. 복잡한 코스에서는 허용 불가
- Short game(숏 게임) 6번 이하의 아이언을 사용하는 어프로치에 속하는 단거리의 플레이 방법
- Short Hole(숏 홀) 거리가 짧은 홀. 250야드(약 228m) 이하 즉 파3의 홀
- Short iron(숏 아이언) 7~9번의 짧은 아이언
- Shot(샷) 클럽을 잡고서 공중으로 멀리 치는 것
- Side(사이드) 투 볼 포어섬 또는 베스트 볼 매치인 경우의 일조로서 플레이하는 조는 두 개의 사이드로 성립되며 사이드에 속하는 상대방을 파트너라고 말함
- Side bunker(사이드·벙커) 페어웨이의 옆에 있는 벙커
- Side Blow(사이드 블로우) 공 옆을 쳐서 튀겨 보내듯이 치는 것
- Side Spin(사이드 스핀) 공이 옆으로 회전하는 것
- Side hill lie(사이드 휠·라이) 볼이 날아가는 선과 평행한 사면에 낙하된 볼의 위치
- Single(싱글) 경기에서 2인이 라운드하는 것. 또 핸디캡이 9이하 1까지의 플레이어
- Six Point Match(식스 포인트 매치) 3인 1조로 돌 때 쓰이는 것으로 각 홀에 6점식 배당되어 있는 것을 다투어 따면서 노는 것
- Slice(슬라이스) 우타자의 경우 볼이 오른쪽으로 스핀해서 비구선보다 오른쪽으로 커브함
- Slow back(슬로우 백) 천천히 여유 있게 클럽을 들어 올리는 것
- Snap(스냅) 볼을 친 순간에 손목에 힘을 주어 탄력을 갖게 함
- Socket(소켓) 샤프트와 클럽 헤드가 연결되는 부위. 또한 이 부분으로 볼을 치는 것
- Sole(솔) 클럽 헤드의 바닥에 닿는 부분. 솔 한다는 것은 그 부분을 지면에 붙이는 것을 말 함. 벙커에서는 솔 해서는 안 됨
- Spade massie(스페이드·매시) 6번 아이언 클럽

- Spoon(스푼) 목재의 클럽으로 3번 우드를 말함
- Square stance(스퀘어·스탠스) 스탠스의 기본이 되는 세 가지 중의 하나. 비구선과 평행하게 두 발의 위치를 정하는 자세
- Stance(스탠스) 볼을 칠 때 볼을 향해 두 발의 위치를 정하는 것. 발을 놓는 위치. 스퀘어, 클로즈드, 오픈의 세 기본 스탠스가 있음
- Stroke(스트로크) 한 번 치는 것으로 한 점. 쳤을 경우 한 Stroke되는 것으로 one shot과 비슷한 말
- Stroke Play / Match Play(스트로크·플레이 / 매치플레이) 정해진 홀의 수를 플레이해서 각 홀의 총 타수에서 핸디캡이 있는 경우는 그 수를 제하고 그 수를 비교해서 수가 가장 적은 사람이 승자가 되는 게임
- Sudden Death(서든 데쓰) 플레이오프 방법의 한 가지. 1홀씩의 스코어로 승패를 가림
- Swing balance(스윙 밸런스) 밸런스의 좋고 나쁨은 클럽의 좋고 나쁨을 결정하는 중요성 클럽이 좋고 나쁜 것은 이 밸런스의 좋고 나쁨에 관계가 있음
- Take Back(테이크 백) 클럽을 치켜드는 것. 백스윙과 같은 뜻
- Tee(티) 각 홀에서 제 1타를 치는 장소. 또한 볼을 놓는 자리도 티라고 함
- Tee ground(티 그라운드) 각 홀의 제1타를 치기 위해 땅이 잘 정돈되고 다져진 지역
- Tee Mark(티 마크) 타출(타구가 나가는) 지점을 표시하는 두 개의 표식
- Tee Shot(티샷) 티에서 볼을 치는 것. 경기시작 시 처음 치는 행위. Regular tee, Laddies tee, Back tee 등
- Tee up(티·업) 경기를 하기 위해 공을 받쳐놓는 핀 위에 공을 올려놓는 것
- Tie(타이) 동점. 경기에서는 최소 타수의 사람이 2명 이상 있을 때 이것을 타이라고 한다.
- To(투) 매치 플레이의 용어. 지금부터 플레이해야 할 남은 홀수에 to go 혹은 to play를 붙여서 계산. 가령, 이기고 있는 쪽에서는 (4 up 5 to go), 지고 있는 쪽에서는 (4 down 5 to go)라고 부르는 것
- To Go(투 고) 매치의 경우, 플레이가 끝나지 않은 홀수를 세는 데 쓰임
- Toe(투우) 발끝. 클럽의 경우, 클럽 헤드의 끝
- Top(탑) 볼의 상부를 치는 것. 백스윙의 정점
- Top of swing(탑·오브·스윙) 백스윙의 최정점
- Trap(트랩) 볼이 쳐 박히는 벙커나 웅덩이의 장애물
- Triple bogey(트리플보기) 한 홀에서 파보다 3타 많은 타수로 홀인하는 것
- Trouble shot(트러블·샷) 치기 곤란한 러프 등에서 치는 것
- Turf(터프) 잔디
- Turn Over(턴 오버) 클럽을 쥔 양손을 왼쪽에서 오른쪽으로 돌릴 때, 턴 오버시켰다고 함

- Two ball four some(투·볼·포우·섬) 2인 1조가 되어 한 볼을 번갈아가며 치고 똑같은 다른 조와 매치플레이를 하는 것
- Two on or Three on(투온 쓰리온) 샷을 두 번 내지 세 번 쳐서 공을 그린에 올려놓는 것
- Two Shotter(투 샤터) 2타로 그린에 온(on)시켜야 할 파4의 홀
- Uncock(언콕) 스윙할 때 콕(굽게)한 손목을 원상태로 다시 펴는 것
- Under handicap(언더 핸디캡) 핸디캡을 붙이는 것
- Under Spin(언더스핀) 공의 역회전, 백스핀과 같음
- Under par(언더·파) 규정(기준)타수보다 적은 타수(로 홀인시키는 것을 말함.)
- Unplayable Lie(언플레이어블 라이) 치기 불가능한 지역에 볼이 들어간 경우. 플레이하기 힘든 상태에 놓였을 때의 공의 위치
- Up(업) 이기거나 우위가 되었을 경우. 홀 수 또는 이긴 횟수가 상대보다 많을 때 원 업, 투 업 등으로 부름
- Uphill Lie(업힐 라이) 업 힐에 공이 정지되어 있는 상태
- Water hazard(워터 해저드) 코스 내에 있는 강, 호수, 연못, 습지등 물에 관련 있는 장애물
- Wedge(웨지) 바닥이 넓고 편평한 아이언 클럽. 피칭 웨지, 샌드웨지 등이 있다.
- Weight shift(웨이트 쉬프트) 스윙의 과정에 있어서 체중이동의 상태
- Wind up(와인드업) 백스윙을 하면서 신체를 함께 비트는 것
- Winning Shot(위닝 샷) 승리를 결정하는 타구
- Wooden club(우든 클럽) 클럽 헤드가 목제로 만들어진 클럽. 우드라고 부름

04. Casino Terms

- Ace(에이스) 주사위의 1. 카드 블랙잭 게임에서는 1 또는 11로 계산됨
- Baccarat(바카라) 2~ 3장의 카드의 합이 9에 가장 가까운 쪽이 이기는 게임. player, banker 둘 중 어느 한 곳에 베팅을 할 수 있다. Tie에는 추가로 베팅할 수 있다. A는 1, 10으로, 그림카드는 0로 계산되며, 그 외의 카드는 액면 표시된 숫자 그대로 계산된다. 카드의 합이 두 자리 이상이면 그 끝자리 수가 점수가 된다.
- Bank(뱅크) chips, card 등을 보관, 관리하는 장소
- Banker(뱅크~) 바카라게임에서 카드를 돌리는 딜러 측. 반대 측에 player가 있다.
- Bankroll(뱅크롤) 카지노 테이블에서 보유하고 있는 chips금액의 총 합계, 케이지의 보유 운영자금
- Bet(벳) 플레이어가 테이블 게임에서 칩스를 거는 행위

- Bet Down(벳다운) 테이블게임에서 "베팅 바랍니다"라고 최초에 딜러가 게임시작을 알리는 말
- Big Wheel(빅휠) 휠이 멈추었을 때, 휠 위의 가죽 띠가 멈출 곳을 예측해서 맞히면 고객이 이기는 게임. 휠에 배당률이 표시되어 있으며 당첨금액은 최고 40배까지 지불됨
- Blackjack(블랙잭) 카드 숫자의 합이 21이 넘지 않는 범위에서 21에 가장 가까운 쪽이 이기는 게임. 21이면 blackjack으로 1.5배의 배당금을 지불. 카드 A는 1 또는 11, J · Q · K는 10, 나머지 카드는 숫자대로 계산된다. 플레이어와 딜러는 서로 한 장씩 두 장의 카드를 받는다. (플레이어들의 카드 두 장은 모두 보여진다. 딜러는 첫 카드를 보이고 둘째 카드는 숨긴다.) 플레이어들은 21을 얻기 위해 원하는 만큼 카드를 받을 수 있다. 추가를 원하면 Hit, 원치 않으면 Stay를 부른다. 카드 숫자의 합이 서로 같으면 비기며, 21이 넘으면 자동으로 진다. 딜러는 카드의 합이 16 이하이면 의무적으로 카드를 받아야 하고, 17 이상이면 추가 카드를 더 이상 받을 수 없다.
- Bust(버스트) 블랙잭게임 카드 합계가 21을 초과한 것. 딜러의 카드와 관계없이 무조건 진다.
- Buy In(바이인) 칩스를 구입하는 것
- Cage(케이지) 케셔가 근무하는 창구
- Call(콜) 게임의 원활한 진행을 위해 딜러가 진행상황을 고객과 관리자에게 한 손을 들고서 콜이라고 불러주는 행위
- Cashier(캐셔) Cage에서 칩스를 현금으로 교환하거나 담당하는 직원
- Cash In(캐시 인) 칩스를 현금으로 바꾸는 것(cash out)
- Casino(카시노) 하우스라고도 함. "카시노"로 발음
- Security Monitor(시큐리티 모니터) 카지노 게임의 진행 및 각종 보안과 안전을 위해 설치된 폐쇄회로 모니터. = Eye in the sky(하늘의 눈)
- Chips(칩스) 게임 테이블에서 현금 대신 사용하는 것. money chips와 play chips가 있다. 머니칩스는 카지노에서 현금대용으로 액면가 1,000원 5,000원, 10,000원, 100,000원, 1,000,000원짜리가 있으며, 플레이 칩스는 룰렛게임에서 각각의 다른 플레이어들을 구분하기 위해서만 사용된다. 현금 대신 사용할 수 없으며 룰렛 테이블에서만 살 수 있다.
- Chips Tray(칩스트레이) 게임 테이블에서 칩스를 담아 두는 곳
- Color Change (컬러체인지) 게임진행 중 고액 칩스를 저액 칩스로, 저액 칩스를 고액 칩스로 바꾸는 것
- Commission(커미션) 바카라게임에서 뱅커 측이 이기면 5%의 커미션이 공제됨
- Comp(콤프) 게임 고객에게 제공되는 무료 서비스. 식음료, 숙박 등. Complimentary의 약어
- Corner Bet(코너 벳) 룰렛게임의 네 개의 번호 교차점에 베팅. 8배의 배당금이 지불됨
- Craps(크랩스) 주사위 2개로 하는 테이블게임. 두 개의 합이 나오는 수는 2~12이며, 경우의 수는 모두 36가지로 확률이 가장 높은 수는 7, 가장 낮은 수는 2나 12이다.

- Credit(크레딧) 고객에게 신용대출을 해주는 것
- Credit Line(크레딧 라인) 고객에 대한 신용대출 한도
- Cut card(컷 카드) 셔플한 deck을 반으로 가르는데 사용하는 카드로 인디케이터 카드
- Dead Card(데드 카드) 해당 게임에서 이미 사용된 카드
- Deal(딜) 카지노에서 고객과 직접 게임을 하는 종사원의 행위
- Dice(다이스) 주사위로 하는 게임
- Discard Holder(디스카드 홀더) 게임에서 이미 사용되었던 카드를 모아두는 통
- Double Down(더블다운) 블랙잭에서 고객이 처음 두 장의 카드 합에 관계없이 한 장의 카드만을 추가로 받는다는 조건 하에 추가로 베팅하는 전술
- Drop(드롭) 각 게임테이블에서 고객에게 칩스를 판매한 금액
- Drop Box(드롭박스) 게임테이블에서 칩스와 교환 후 현금, 수표를 넣어두는 박스. 잠금장치가 되어 있음
- Even Money(이번머니) 한 배의 배당금
- Face Card(페이스 카드) Jack, Queen, King이 그려져 있는 그림 카드. 블랙잭 ; 10 Value, 바카라; 0으로 계산. picture card라고도 함
- Fill(필) 게임진행 중에 칩스 부족분을 Banker로부터 가져와 칩스 트레이에 채워 넣는 절차
- First Base(퍼스트 베이스) 블랙잭에서 맨 먼저 카드를 받는 플레이어
- Floor Person(플로어 퍼슨) 테이블 게임의 룰과 각종 불법행위를 관리 감독하는 1차 간부
- Green Numbers(그린 넘버) 룰렛게임에서의 0와 00 사이
- Hand(핸드) 카지노게임(블랙잭)에서 플레이어에게 dealing된 카드
- High Roller(하이 롤러) 한 번에 많은 돈을 베팅하는 플레이어
- Hit(힛) 블랙잭에서 추가카드를 받겠다는 의사 표시
- House(하우스) 카지노 운영사 측을 가리킴
- Insurance(인슈어런스) 블랙잭에서 딜러의 블랙잭 가능성에 대비하여 플레이어가 원래 베팅금액의 반을 딜러 쪽에 추가로 거는 행위. 일종의 보험금으로 딜러가 블랙잭이 나오면 두 배의 배당금을 받게 됨. 딜러의 up card가 ace일 경우 플레이어가 선택을 할 수 있는 전략
- Jackpot(잭팟) slot machine 게임에서 지불되는 최고의 시상금액
- Limit(리미트) 각 게임 테이블에서의 베팅 한도금액
- Maximum Bet(맥시먼 벳) 테이블에 설정된 최대한도의 베팅 금액
- Minimum Bet(미니먼 벳) 최소한도의 베팅 금액
- Natural(네츄럴) 바카라게임에서 첫 두 장의 카드의 합이 8이나 9인 경우
- Outside(아웃사이드) 룰렛게임에서 테이블 레이아웃 바깥쪽의 베팅 구역

- Payout(페이아웃) 고객에게 지불되는 배당금
- Pit(핏) 서로 이웃한 게임 테이블로 둘러싸인 장소, 카지노게임 운영의 최소 행정단위
- Pit Boss(핏보스) Pit를 책임지는 최고의 간부, 게임의 흐름과 Floor Person을 관리 감독
- Pit clerk(핏클럭) 각 핏의 구역에서 행정을 담당하는 직원
- Player(플레이어) 바카라게임에서 Banker의 상대편. 카지노 게임 참가 고객
- Progressive(프로그래시브) 여러 대의 슬롯머신을 연결, 누적된 적립금으로 고액의 배당을 지급하는 게임. 미터기에는 투입된 코인의 일정액이 잭팟이 나올 때까지 누적, 표시된다. 미터기 금액을 따려면 반드시 동전 3개를 투입한 후 게임을 진행
- Push(푸쉬) 블랙잭 게임에서 딜러와 고객이 서로 승패가 나지 않음, 무승부, Tie
- Roulette(룰렛) 0과 00 및 1~36까지의 숫자가 적힌 휠에 룰렛 칩(게임 참가자별로 6~8개의 다른 색깔)을 사용하여 룰렛 테이블 레이아웃에 휠에 있는 번호와 동일한 숫자에 베팅하여 배당률에 따라 당첨금을 지불하는 휠 게임. American roulette - 00 채택 / French roulette - 0 채택. 게임이 끝나면 남은 룰렛용 칩(플레이 칩)을 머니 칩스로 교환한 후 환전을 해야 한다. 베팅이 끝나면 딜러는 시계방향 또는 반대반향으로 휠을 회전시키고 볼은 휠 반대방향으로 회전시킨다. 딜러가 No more bet이라고 할 때까지 베팅할 수 있다.
- Security(시큐리티) 카지노 안전요원
- Shift(쉬프트) 근무편성 스케줄, 보통 1일 3교대 morning, day, night time 스케줄 편성. 각각의 shift 근무지 투입 시 40분 게임진행과 20분 휴식시간을 가짐
- Shift manager(쉬프트 메니저) 일일 8시간의 정해진 카지노 딜러 시프트 근무 조 전체를 관리하는 책임자
- Shoe(슈) 바카라, 블랙잭 게임에 사용되는 카드를 담아두는 용기
- Shuffle(셔플) 게임시작 전 카드를 고루 섞는 행위
- Slot machine(슬롯머신) 핸들, 버튼을 사용하여 기계의 릴을 회전시키고, 결과에 따라 배당표의 시상액을 받는 게임이다. 지폐, 동전을 투입하고 핸들을 당기거나 버튼을 누르면 시작된다.
- Split(스플릿) 블랙잭에서 처음 두 장의 카드가 같은 숫자일 경우 두개의 핸드로 나누어 원래의 베팅금액과 동일한 액수만큼 새 핸드에 추가로 베팅
- Stack(스택) 20개의 칩스를 한 묶음으로 함
- Stay(스테이) 플레이어가 블랙잭에서 추가카드를 받지 않는다는 의사표시 = Stand(스탠드)
- Street Bet(스트릿 벳) 룰렛게임, 수직으로 되어 있는 세 곳의 번호에 베팅
- Surrender(스랜드) blackjack에서 플레이어가 베팅금액의 반만 잃고서 게임을 포기하는 것
- Surveillance(서베일리언스) 카지노 영업장 전 구역에서 일어나는 모든 행위(게임진행 등)를 모니터로 감시

- Table game(테이블게임) 카지노 테이블 이용게임, Black jack, Baccarat
- Table limit(테이블 리밋) 각 테이블게임에서 베팅의 최대, 최저 한도금액
- Tai Sai(다이사이) 셰이커(주사위 용기)를 덮고서 주사위 셰이커 안에서 주사위를 3번 굴려 3개의 주사위 가장 윗부분의 표면 숫자 값에 의해 승패가 결정이 된다. 세 개의 주사위와 일치하면 정해진 배당률에 의해 배당금을 지급
- Three number bet(쓰리넘버 벳) Street bet, 룰렛게임의 1:11의 배당금 지급률 벳
- Tie(타이) Player와 Dealer의 카드 합계가 동일한 점수로 서로 비김
- Win marker(윈 마커) 룰렛에서 위닝 넘버를 표시하는 기구

References

Hotel New OTANI, "English for the Hotel Business", Plaza Publishing, 1988

www.cra.gov.dg/upload_files Taisai-Casino Regulatory Authority

en.wikipedia.org/wiki/roulette Roulette-Wikipipea

저/자/소/개

정천석

- 강릉원주대학교 일반대학원 관광과 박사 수료
- 강릉원주대학교 경영정책대학원 관광경영학 석사
- 강원랜드 Duty Manager
- 세경대학교 카지노경영과 겸임교수
- 용평리조트 Front, 사내외국어 강사, 각종 국제대회 통역
- 오대산호텔 아웃소싱 인력관리 이사
- 일본 오사카 아사히상사

우성근

- 현) 세경대학교 카지노경영과 교수
- 현) 한국호텔리조트학회 고문
- 한성대학교 대학원 경영학 박사
- 경기대학교 서비스경영전문대학원 경영학 석사

저서

- 호텔객실관리실무(석학당, 2013)
- 카지노실무경영론(진영사, 2008)
- 호텔회계(대왕사, 2009)
- 호텔실무경영론(형설출판사, 1999) 외 다수

이명희

- (주)DSC대표
- 강원개발공사 사외이사
- 前휘닉스파크총지배인
- 용평리조트 객실 판촉부장, 인력개발실장 역임
- 한국관광호텔 리조트 전문경영인 협회 부회장
- 관광호텔 등급심사 평정위원
- 한국산업인력공단 NCS(국가직무능력표준화) 심의위원
- 한국관광공사 등급심사 자문위원
- 한국관광호텔 경영사
- 미국호텔협회 호텔 경영사 CIA

Hotel & Resort English

2017년 1월 30일 초 판 1쇄 발행
2020년 3월 20일 수정판 2쇄 발행

지은이 정천석 · 우성근 · 이명희
펴낸이 진욱상
펴낸곳 백산출판사
교 정 편집부
본문디자인 편집부
표지디자인 오정은

등 록 1974년 1월 9일 제406-1974-000001호
주 소 경기도 파주시 회동길 370(백산빌딩 3층)
전 화 02-914-1621(代)
팩 스 031-955-9911
이메일 edit@ibaeksan.kr
홈페이지 www.ibaeksan.kr

ISBN 979-11-5763-331-9 93740
값 18,000원